U0502531

重启城市的大门

千禧一代如何赢得“梦中情房”

[美] 马克斯·霍勒兰 著 吴艺蓉 译

YES TO THE CITY

Millennials and the Fight for Affordable Housing

Max Holleran

中国科学技术出版社

·北 京·

Yes to the City: Millennials and the Fight for Affordable Housing by Max Holleran,
ISBN: 9780691200224

北京市版权局著作权合同登记　图字：01-2023-0379

图书在版编目（CIP）数据

重启城市的大门：千禧一代如何赢得“梦中情房”/（美）马克斯·霍勒兰（Max Holleran）著；吴艺蓉译．—北京：中国科学技术出版社，2024.4

书名原文：Yes to the City: Millennials and the Fight for Affordable Housing

ISBN 978-7-5236-0442-7

Ⅰ．①重…　Ⅱ．①马…　②吴…　Ⅲ．①城市—住房制度—研究—世界　Ⅳ．① F299.1

中国国家版本馆 CIP 数据核字（2024）第 039541 号

策划编辑	刘颖洁	**责任编辑**	高雪静
封面设计	周伟伟	**版式设计**	蚂蚁设计
责任校对	焦　宁	**责任印制**	李晓霖

出　　版	中国科学技术出版社
发　　行	中国科学技术出版社有限公司发行部
地　　址	北京市海淀区中关村南大街 16 号
邮　　编	100081
发行电话	010-62173865
传　　真	010-62173081
网　　址	http://www.cspbooks.com.cn

开　　本	880mm × 1230mm　1/32
字　　数	215 千字
印　　张	10
版　　次	2024 年 4 月第 1 版
印　　次	2024 年 4 月第 1 次印刷
印　　刷	北京盛通印刷股份有限公司
书　　号	ISBN 978-7-5236-0442-7 / F · 1201
定　　价	69.00 元

目录

导论

在索福克勒斯[①]（Sophocles）的悲剧《俄狄浦斯在科罗诺斯》（*Oedipus at Colonus*）的开场中，背叛城邦的反派英雄俄狄浦斯（Oedipus）在女儿安提戈涅（Antigone）的指引下离开了底比斯（Thebes）。他双目失明、弑父、乱伦以及所辖城邦的瘟疫肆虐使他身败名裂、筋疲力尽。旅途中，这两个悲惨的人儿在科罗诺斯城邦的一块石头上休息。当本地人发现他们的身份时，立刻动手驱逐他们：因为他们被视为不祥之人。尽管科罗诺斯的居民同情这对父女，但是害怕他们会污染这座城邦，使科罗诺斯像雅典那样衰败。剧中的合唱如是警告：

看样子，你是命中注定
要受尽折磨活到老。
我劝你，不要祸上加祸了。
你进得太深了，太深了！
不要再走进那寂无人声的丛林中的草地[②]……[1]

---

① 索福克勒斯（约前496—前406），雅典三大悲剧作家之一，代表作有《安提戈涅》和《俄狄浦斯王》。——译者注

② 译文选自《罗念生全集》，上海人民出版社（2016年5月版）。——译者注

邻里关系和居住环境的问题长期困扰着我们。大多数美国人把自己的大部分资产都用于投资住房（在这个问题上古希腊人也一样）。在我们的生活中，房产构成了使用价值和交换价值的主要来源。[2]科罗诺斯的居民并不憎恨俄狄浦斯和安提戈涅，事实上，他们很同情这对父女。但他们只想置身事外，不希望这对受诅咒的父女玷污他们城邦的名声。

无论何时，人们总是不希望住在不体面的环境中，这就是“邻避主义”（not in my back yard，NIMBY；别在我家后院）：很少有人希望住在火葬场、废物处理厂或监狱旁边。[3]尽管有批评认为邻避主义者自私小气、精英主义，甚至种族主义，但这种行为依然屡见不鲜：从社区运动分子团结起来抵制使用水力压裂法开发页岩气，到郊区房主强烈要求修剪草坪。[4]这个术语贴切地反映了当今美国城市的现状，既批评了美国人对于私有产权的痴迷，又标志着种族和经济的两极分化。[5]富裕的社区把废物焚烧炉迁到更贫穷的地方，导致后者的居民哮喘病发率更高。美沙酮诊疗所、流浪汉收容所以及公共住房也从市中心迁移出去。独栋住宅的社区为了减少交通拥堵，或者因为不想和穷人为邻，开始抵制公寓楼。

20 世纪六七十年代，美国城市的人口密度开始降低，新兴社区的住户不仅利用规划好的邮政编码分区来阻止外人占用土地（这会令前者感到不快），而且还囤积资源。[6]整个大都市区曾经共享税源，如今税收仅用于为特定郊区的学校、道路和社区中心提供资金。[7]美国邻避主义的独特性在很大程度上也源自对20世纪70年代美国城市种族融合的抵制，[8]当时“白人大迁移”①（white flight）成为普遍的移民趋势，随后资产价格取代了赤裸裸的红线歧视②和限制性契约，形成了新的空间排斥。

今天，邻避主义已经声名狼藉，因为它不仅狭隘而且反对城市化。邻避主义者通常反对建造轨道交通、高人口密度住宅区和妨碍独栋住宅独享宽阔街道的其他任何事物。即使是在布鲁克林、奥斯汀、丹佛和西雅图这样快速发展的地方，许多居民仍然排斥外来人口流入，反对建造两层以上的建筑物或投资建设轨道交通。由于大部分美国城市的中心地带很小，周边往往是平房、联排别墅和农场房子，没什么人口密集的公寓楼，于是经济增长与个人利益的错位进一步加剧。这些社区的居民享受着往返于住所和市中心购物及娱乐区的便捷交通，习惯了郊区宽敞的路面。由于这些特点，现在这些城市的中心地带显得异常珍贵，许多地方在20世纪初就通了电车，属于精英居住的“有轨电车郊区”，其中有工匠平房、复兴哥特式迷你石头豪宅以及优雅的可可色褐砂石建筑等。诸如布鲁克林的

---

① “白人大迁移”指美国社会地位和经济地位较高的白人迁离了黑人聚集的市中心，移居城郊的好社区，以避免种族混居，并躲开城市日益升高的犯罪率和税收负担。——译者注

② 红线歧视最早出现在美国1934年颁布的《国家房屋居住法案》（*National Housing Act of 1934*）中。该法案允许社会服务机构将城市居住区按种族、收入等因素划成不同等级的区域。对于不予投资或提高投资要求的区域用红线标出，以示区别对待。——译者注

斜坡公园、加利福尼亚州的伯克利、克利夫兰的夏克海茨以及匹兹堡的松鼠山等社区，无论历史是否悠久，都已经不复从前那样的朴实无华，转而变成了城市中心供富人居住的田园小村庄。他们大部分人都愿意保持这样的生活方式，哪怕只是小规模的住房建造计划都会遭到居民的抵制，因为这将吸引更多的人口流入并可能导致社会和经济生活进一步多元化。[9]

在大多数情况下，居民担心接纳外来人口将会导致停车位短缺、学校人满为患、建设项目杂乱无章，以及在更抽象的意义上摧毁“社区特色”，于是将其拒之门外。但是新居民迟早会到来，只要有充足的就业机会和良好的生活环境，新居民就会涌入城市。这给城市住房市场带来了压力，促进新建楼房大量施工，同时旧小区出现绅士化[①]（Gentrification）。当然，由于老住户的邻避主义运动的施压，为限制人口密度的增长，许多城市只允许新建独栋住宅。由于旧金山的房租均价达到3500美元，其他城市也差不多，住房正义运动（housing justice movements）时不我待，有些城市规划专家甚至宣布“全球住房危机”已经到来。[10]美国每个人口超百万的城市，都有将近一半的租户每个月要花费超过30%的薪水用于住房开支。在过去10年里，全美新增租户超过900万，这是史上最大的增幅。[11]甚至连那些安稳的中产阶级也

① 绅士化又译中产阶级化、贵族化或缙绅化，是社会发展中的一个可能现象，指一个旧区从原本聚集低收入人士，到重建后由于地价及租金上升，从而引来较高收入人士迁入，并取代了原有的低收入者。——译者注

快付不起房租了，而买房依然是个遥不可及的梦想。新冠疫情导致收入波动，租户们的处境变得愈发困难，数百万人面临被驱逐的威胁。[12] 2021 年 7 月，每 7 名美国租户中就有 1 名付不起房租：他们之所以还有地方落脚只不过是因为政府暂停了驱逐令。[13]

本书重点考察了“可以在我的后院”（Yes in My Backyard, YIMBY）运动，其活动家认为只有提高城市的居住密度，才能解决可支付性住房危机。该运动的团体在多个城市获得了响应，在博尔德、奥斯汀、旧金山、波士顿和西雅图等地方拥有大批活跃的会员，在伦敦、温哥华和布里斯班还拥有海外分支。其中许多团体不仅倡议新的分区规则，支持提高居住密度，呼吁改善公共交通状况，而且在州等地方办公室提名了自己的候选人，他们已经在加利福尼亚州和科罗拉多州获得了重要的立法胜利。尽管“可以在我的后院”运动已经在旧金山、丹佛和波特兰等主要城市的民主党政治议程中成为重要议题，但其支持者仍坚称“可以在我的后院”运动是一个非意识形态联盟，旨在呼吁减少繁文缛节，尽快为建造更多大型住宅开绿灯，以解决当前紧迫的住房短缺问题。

“可以在我的后院”运动人士也呼吁提高人口密度，并且在更抽象的层面拥抱城市，比如接纳都市的繁华氛围，这与过去美国城市的宁静孤寂、相互隔绝状态截然不同。许多思想保守的房主把公寓楼视为一种异样的生活方式，尤其是把香港摩天大楼形成的城市峡谷视为公寓楼的终极图景，认为这将把城市变成拥挤嘈杂的迷宫；或者他们害怕重演2021年迈阿密冲浪公寓倒塌的悲剧，尽管这并不常见。[14] 相比之下，“可以在我的后院”运动人士经常对亚洲和欧洲的城市化颇为赞许，坚称开发新的住房将使城市空间变得更加生机勃勃。“可以在我的后院”运动人士采用许多常见的方式——调整分区规则，在优先考虑市场价住房的前提下把配建保障房作为解决之道，把租户的利益置于房主之上——但是他们认为这些都比不上公寓楼带来的体面和宜居。如果他们的行动仅聚焦于设计，那么姑且可称之为“高楼林立主义”（verticalism）。

“可以在我的后院”运动人士认为，提高居住密度可以减少道路上的车流量，他们鼓励利用更多的公共空间，同时坚信新建住房的规模能控制在适度范围内。他们还认为，购物、工作、娱乐与住宅一体化的多功能中心街区能够使萍水相逢的人产生社交和业务关系，尤其是在美国当下同质化的政治和文化场域中，人们渐行渐远，社交圈越来越小。城市社会学家路易斯·沃思①（Louis Wirth）在1938年写道：“居住密度的提高促进了人的分化与社会分工，增加了社会结构的复杂性”。[15] 对此，“可以在我的后院”运动人士深以为然，他们认为提高居住密度带来的社会复杂性将激发创造力、社会的有机整合以及文化熔炉作用——尽管美国人总是把比邻而居和贫穷、犯罪与

① 路易斯·沃思（1897—1952），芝加哥学派的代表人物之一，城市社会学的创始人。——译者注

疾病联系在一起，在历史上一度反对都市化。

“可以在我的后院”运动于2013年在旧金山发起，彼时猛涨的房租引起了千禧一代[①]的强烈不满。索尼娅·特劳斯（Sonja Trauss）原本是一名数学教师，她是该运动的元老之一，后成为该运动的全国性领袖。加入该运动后，她频频现身于审核新建住房的分区会议和议会会议上。她发现，规划评估中的公寓楼哪怕只是计划建两三层，也会招致邻居的强烈反对，比如认为公寓会影响平房采光，或者不符合社区的建筑风格。她看到很多计划被撤销或者被无限期搁置。对许多和她想法一样并且只付得起公寓租金的年轻人而言，这样的情况令人恼怒。许多高声反对住房开发的人都属于老一代左翼环保主义者，他们有着嬉皮士的审美，在政治上比较激进。他们希望保留一座与众不同的充满诗意和反叛精神的城市。但是当特劳斯和她的伙伴参观奥克兰、伯克利或者旧金山时，他们看到的不是一座城市，而是一个阶级分化、一分为三的社会，每一个群体都在刻意回避其他人：老一辈的房主要么住在租金稳定的公寓里，要么早年用低廉的价格购置了房屋（现在这些房屋价值上百万美元）；年轻的科技工作者租房（每月要花费4000美元的房租）或者按揭买了房；而清洁工、快餐店员工、护士、教师和

① 国际上有一个专门的代际术语，Millennials，指出生于20世纪时未成年，在跨入21世纪（即2000年）以后达到成年年龄的一代人。——编者注

公共部门雇员等则艰难地租房生活。即使是中产阶级的城里人也渐渐被甩到城市边缘。在郊区外环，廉价土地上仍在兴建新房（通常毫无规划），但是远离城市的办公地点，迫使这些艰难谋生的底层人化身为超级通勤者（super-commuters）——每天要花两个多小时开车或者搭乘公交和火车去上班。

旧金山的房价是美国平均水平的 6 倍！[16] 从 2010 年到 2019 年，旧金山的人口增长了 8 万，而同期新建房屋仅 2.9 万套。[17] 尽管旧金山湾区有时会提供“开发密度奖励”①（density bonus），通过允许开发商在同一个地点建造更多的公寓来换取他们对当地便民设施的支持。但最主要是分区问题：大部分社区只允许建造独栋住宅，如果想建造公寓，则不得不经历冗长的设计、社区和环境评估流程。“可以在我的后院”活动家反对的正是这种独栋住宅的“原教旨主义”——他们不仅会游说规划改革，而且会参与社区会议，争取说服反对住房开发的居民。在出席规划会议后，活动家索尼娅·特劳斯以迅雷不及掩耳之速建立了湾区租户联合会（Bay Area Renters Federation, BARF；单词“barf”意为“呕吐物”），当然这个命名有点幽默。她认为从经济学的角度来看，降低房价很简单，只要增加供给就行。特劳斯以及支持“可以在我的后院”的湾区租

① 开发密度奖励是激活发展权需求的重要政策手段，指的是开发者在购买发展权后，可以在其开发区域内的开发密度限制基础上额外增加一定的开发密度，其形式包括增加房屋建设的单位面积、提高房屋建设的楼层数量、减少要求的开放空间面积等。——译者注

户联合会的新成员表示，如果大家不希望城市变成身家过亿的科技新贵及其百万富翁员工的天价资产“飞地”，如果大家希望城市能提供各种各样的就业机会，就应该热情支持这一观点。

特劳斯及其同事早期都在酒吧和咖啡厅举行会议：年轻人济济一堂、集思广益，讨论如何将意识形态辩论的舆论风向从“房地产开发摧毁城市”转变成“适当开发有助于缓和房价增速，新老居民共谱社区华章”。他们计划出席各种会议，说服那些反对一切开发议案的房主转变态度，至少使他们支持某些措施。湾区租户联合会的成员都是些受过教育的中产阶级年轻人，他们也会精心筛选那些有助于提高居住密度、维护社会经济多样性、促进交通便利的开发项目。他们扮演着某种二级规划委员会的角色，坚定地支持住房开发，但也在每个项目中推动设计规范，争取配建保障房。他们拥护新城市主义的建筑理念。这一理念于 50 年前首次面世，主张更紧凑、热闹的都市生活，拉近人们的生活和社交距离。“可以在我的后院”运动人士用年轻人喜闻乐见的方式宣传这些理念，比如在地方议会就租户租房难发表演讲；在聚众餐饮的场所张贴关于提高居住密度和推动住房开发的标语，以此来引发讨论；不过最重要的方式是不断利用网络梗[①]（Internet meme）来曝光“邻避主

① 网络梗，又称“网络迷因”，指某个理念或信息迅速在互联网用户间传播的现象。——译者注

义”房主的自私自利和心胸狭隘。

随着都市新人持续涌入湾区，而过去几年间政客们尝试开发经济适用房却屡次受挫，各种繁文缛节闹得开发商不胜其烦（他们为了获得特定项目而亲近该运动人士），更为关键的是，科技企业的老板们（他们已经成为最大的资助者）急于解决其员工的住房问题，所以“可以在我的后院”理念迅速走红。在短短五年时间里，这个最初从旧金山公众意见座谈会（public comment session）崭露头角的运动已经拥有了国际分部，召开的会议座无虚席，加利福尼亚州参议员不遗余力地予以支持。最重要的是，它重塑了关于住房开发的公共舆论风向，从“去别的地方开发”变成“开发不可避免，我们该如何将其变得更好、更公平、更具可持续性”。

尽管“可以在我的后院”运动令人耳目一新，然而其联盟却问题重重。其活动家提倡更加紧凑的美国城市理念，他们从反绅士化住房运动（anti-gentrification housing movements）中借鉴良多，但是他们自视为尊重市场价格的中产阶级租户，呼吁开发新房而非只开发针对低收入者的保障房，他们的理念是“大兴建造”。“可以在我的后院”团体得到了开发商和房地产经纪人的鼎力支持，后者认为这个草根平台能够为建筑业提供有益的辩护，从而扭转公众对开发商的印象——从贪婪的奸商变成有公德心的企业家。与此同时，许多环保主义者也支持更紧凑的人居环境，认为这更加可持续，[18]他们认同应该限制土地的过度开发以防止水土流失，保护城市免受海平面上升、饮用水短缺和森林火灾的威胁。[19]

本书分析了反绅士化进步人士对“可以在我的后院”主义的尖锐批评，他们认为“可以在我的后院”团体只不过是披着社会正义的外衣在鼓吹财产权益。我们可以看到致密化[①]活动家（density activist）如何成功地将“城市开发”重构为“推进城市公平和可持续发展的进步性目标”。他们用代际冲突来取代阶级话语，把自己描述成千禧一代租客的代言人，追求比父辈更加都市化的生活。在这一话语框架下，他们以年龄为界来划分对郊区的意见分歧（年轻人认为城市安全又稳定，而父辈则认为城市死气沉沉、污染严重），他们同时也承认 2008 年金融危机后的收入差距扩大：如今千禧一代中的许多人已经到了而立之年，买房却仍然遥不可及。“可以在我的后院”运动尝试在住房保障活动家与大肆扩建的公寓开发商之间寻求折中立场，他们把矛头对准有房者，认为后者幸运地买入了优质房产，却只想着把新来者赶走。而他们的解决方案是，增加富裕和优质区域（这些区域长期抵制建造新房，尤其是公寓）的住房存量，从而全面推动美国的城市致密化。

---

① 即城市致密化，这是一个城市规划概念，指的是随着人口向城市集中，但由于城市地区的边界受到了诸如保护绿化带等政策的限制，因此城市的居住密度提高，建筑物向上和向下扩展，住宅变得更加紧凑和紧密。——译者注

城市致密化与城市社会学：陌生人、危险与繁华都市的刺激

1884 年《纽约时报》（*New York Times*）发表了一篇题为《这个城市的贫民窟》（*Slumming in This Town*）的文章，当时的纽约下东区是世界上人口最稠密的区域之一，文中描述了伦敦时尚潮流的西风是如何吹到“新世界”的，淑女、绅士只要去纽约包厘街转转，就能体验到猎奇的乐趣。[20] 不同于进步时代①（Progressive Era）的改革家在参观这里时的怜悯与羞耻感，这些来到贫民窟的绅士对这些充满生机的街道很感兴趣。他们厌倦了下第五大道古板的商业区，想寻找更有活力的街景，然后他们在公寓楼和出售旧衣服、土豆、鲱鱼以及各种小东西的手推车小贩的熙熙攘攘中如愿以偿。尽管密集的人口总是让人想到城市社会越轨行为②，但它仍值得一探究竟。

长期以来，城市社会学③家一度沉迷于将城市归类为一种不断演进的形式，不同群体的生存境况与其所处的客观环境息

---

① 进步时代是美国国家建设历史上至关重要的一个时期，大约是指从 19 世纪 90 年代到 20 世纪 20 年代。——译者注

② 社会越轨行为是指违反社会规范的行为，是指社会成员（包括社会个体、社会群体和社会组织）偏离或违反了现存社会规范的行为。——译者注

③ 城市社会学（或称都市社会学）创建于 20 世纪 20 年代，系统地研究城市社会学的是美国芝加哥大学的社会学家帕克、伯吉斯、麦肯齐和沃思等，因此通称他们为芝加哥学派。——译者注

息相关。一个人能否改善其社会经济状况取决于他住在哪里。芝加哥城市社会学派的拥趸在20世纪20年代最为活跃，他们将周围亲眼所见的种族和民族隔离、经济分层和社区团结进程描述为城市繁荣。当时的城市社会学家尤为感兴趣的是，迁移到人口稠密地区的人在经历了一番挣扎后，是如何在城市外围获得更好的工作和居住条件的。罗伯特·帕克[①]（Robert Park）、欧尼斯特·伯吉斯[②]（Ernest Burgess）、路易斯·沃思以及简·亚当斯[③]（Jane Addams）等一批社会学家描述了当时的移民过程：贫困人口为了摆脱过度拥挤的公寓以及多户家庭共住或几世同堂的生活，最终离开了繁华的城市中心，前往过渡地带，如果运气好的话他们还会前往沿铁路线建造的新郊区。这些学者并不满足于将城市按不同区域进行分类，而是致力于将城市社会学建成一门学科。他们用生物过程类比城市发展，帕克和伯吉斯在1925年合著的《城市》（*The City*）一书影响深远，书中写道，“城市发展（可能会让人想到）是组织的形成与解体的产物，类似于体内新陈代谢的合成代谢与分解代谢

---

① 罗伯特·帕克，美国社会学家，芝加哥学派的主要代表人物之一。芝加哥学派是20世纪美国社会科学领域内最有影响的学派。——译者注

② 欧尼斯特·伯吉斯，美国社会学家，芝加哥学派的代表人物之一，提出了同心圆模式。——译者注

③ 简·亚当斯，美国芝加哥赫尔宫协会的创始人。她因争取妇女、黑人移居的权利而获1931年的诺贝尔和平奖，也是美国第一位获得诺贝尔和平奖的女性。——译者注

过程”。[21]

在20世纪初期，人们都在抱怨城市拥挤，为了保障大都市的运转不得不将人口与资源集中到城市，但这也导致了人们普遍的健康不良、犯罪与社会越轨行为。[22]一开始，人们被塞进社区后彼此之间并没有形成忠诚和亲密关系。恰恰相反，正如路易斯·沃思所言：“没有情感纽带的人比邻而居、比肩而事，催生了攀比竞争和尔虞我诈的风气。”[23]总之，人们挤在一起，努力过日子，为了保护一点隐私而决定不过度关注彼此。他们专注于自己的进步，并不寻求与不同的人团结一致。然而，这种观点低估了战前拥挤的移民社区的成功之处。尽管芝加哥、纽约和波士顿的移民聚居区可能形成了贫民窟，但是这些地方的教育与工作机会带来了惊人的社会流动性（尽管应该注意到这仅适用于拥有欧洲血统的移民）。正如沃思所言，“尔虞我诈”的风气催生了都市厌倦感，但也出现了要求地主更负责任、保障工人安全和提高工资待遇的运动。[24]最终，人口聚集与城市文化融合产生了跨族群和跨种族的婚姻，政府与非营利组织的民间合作以及劳动者都变得更加灵活机动，甚至在今天的纽约下东区，游客们远道而来也不是为了围观贫困，而是为了到融合了各种文化的餐厅里去品尝犹太泡菜、冰激凌和小笼包（有时甚至在同一个下午就完成了这些）。

在第二次世界大战后，城市社会学家和城市规划者开始偏离了芝加哥学派的社区研究模式，他们不再集中关注单个社区的民族志肖像，而是展望未来，更多地关注城市的外向型发展和多中心主义。归根结底，正如约瑟夫·熊彼特①(Joseph Schumpeter）所言，美国城市的发展模式客观地反映了资本主义依赖扩张的本质：一旦停止对外扩张或内部停止更新，系统就会萎缩。早在20世纪20年代，帕克和伯吉斯就已经注意到了“比起不断增长的城市人口密度，更重要的是与其密切相关的城市外溢趋势，这导致城市扩张到了更大的区域，并将这些区域纳入更广泛的公共生活”。[25]新的城市化理论强调区域、连通性和无限增长，并尝试定义美国的城市经验，将拥挤的生活视为过时的、危险的和不体面的经验。

在第二次世界大战后美国的流行想象中，拥挤的街头生活总是与过去联系在一起：有些电影将其浪漫化为移民的自力更生、艰苦奋斗，但更多时候它被贬低为一种落后的生存状态。不仅城市空间因危险和肮脏而失格，而且许多观察者认为，他们对社区的亲密感以及在门廊、屋顶和楼梯间的公共街道生活是一种掩饰内心不适的强迫性亲密。到21世纪中叶，随着郊区的快速发展，大多数美国人都会同意理论家乔治·齐美尔②（Georg Simmel）的观点，他在1903年写道，在城市中：“人们身体上的毗邻和空间的狭窄使得精神上的距离更加明显。显然，在某些情况下，大都市的人群令人感到前所

① 约瑟夫·熊彼特，著名的美籍奥地利经济学家，一生最大的贡献在于提出了创新理论，被誉为“创新经济学之父”。——译者注

② 乔治·齐美尔又译作格奥尔格·齐美尔，德国社会学家、哲学家。主要著作有《货币哲学》和《社会学》，是形式社会学的开创者。——译者注

未有的孤独和迷失，这实际上是都市自由的另一个面向。”[26]

然而，郊区化解决不了问题。随着郊区在 20 世纪 60 年代成为美国人生活的一部分，在许多从郊区长大的人眼里，零散稀疏的建筑环境散发着一种独特的沮丧气息。郊区的生活看似光鲜，实际上徒有其表：没有什么步行街，住房的整齐划一预示着文化上普遍的墨守成规。尽管街道两旁绿树成荫，但是绿化带上通常都铺了砖，净化空气的效果与广告宣传相去甚远。建筑评论家简·雅各布斯①（Jane Jacobs）在她 1961 年的经典著作《美国大城市的死与生》（*the Death and Life of Great American Cities*）中首次流露出对人口聚集城市的怀旧之情。她在书中怀念社区中逐渐消失的“人行道芭蕾”，这些社区包括她的老家——纽约市格林威治村。[27] 这项对郊区缺陷的评估旨在呼吁恢复市中心社区的步行街，这些步行街在 20 世纪 20 年代被视为过时的，甚至是破败不堪的（事实上，这本书在很大程度上是对清贫行动的反应，当时的人们打着清除贫民窟的旗号提议夷平格林威治村的大部分地方）。

除了对西部村民精心安排的日常生活的浪漫化想象，雅各布斯还对小企业和本地化治理寄予厚望，希望它们能重建社会经济多元化的社区（这甚至可以说是左翼自由主义的观

---

① 简·雅各布斯，记者、社会活动家，代表作《美国大城市的生与死》。她被认为是新城市主义的代表人物之一，她反对建造大规模的高层建筑群，也抵制高速公路的兴建，相反，她非常重视城市社区的构建。——译者注

点）。[28] 这一梦想的前提是老城市恢复商业与住宅的混合划区。通过审视欧洲千姿百态的蜿蜒小巷——这与北美现代主义的高楼大厦形成了鲜明对比——雅各布斯看到了人口聚集方式的多样性。从人口构成到建筑风格再到经济功能，她试图创建一种人走景移、一步一景的城市景观，而非绵延数英里①都是功能单一的风景。随着时间的推移，这一构想不仅有助于睦邻共处的社会目标，而且将应用于更广泛的目标，比如移民融合、小企业孵化以及促进可持续发展目标的替代交通方式等。

简·雅各布斯和她所怀念的紧凑型城市曾被视为外行人对城市规划的指手画脚，但仅 20 年后，她的批评已经成为城市规划学说的基本信条。[29] 20 世纪 80 年代和 90 年代流行的新城市主义思潮重新关注了城市设计，建立了动态的公共空间，充分鼓励居民之间的互动交往。[30] 这意味着步行可及的小商店（或者至少分布于街道中，而不是被一大片停车场所包围）、绿树成荫的街道，以及对分区制进行大刀阔斧的改革，从而充分融合了商业和住宅功能。城市规划者热情地赞赏新城市主义，认为这是一种更可持续的城市建设思路，使城市回归汽车普及前的时代，使街道再度熙熙攘攘，而社区领袖则赞扬该运动鼓励人们重新在城市聚集，这有助于促进社交和民主。[31] 然而问题在于，新城市主义基本上仍是象牙塔内的纸上谈兵[32]，房地产开发商仍忙于在远离商店和公共交通的郊区绿

① 1 英里≈1.609 千米。——编者注

地建造千篇一律的独栋住宅，对新城市主义的理念视而不见。事实上，20 世纪 90 年代以来，美国城市持续扩张，没有任何城市致密化的迹象，甚至也没有公共交通投资或混合用地开发的迹象。一些评论家开始将新城市主义理念视为纯粹的设计幌子，它在商业街和郊区社区已经泛滥成灾：所谓的创新不过是加个长凳然后称其为露天广场，或者在一些小地块中建一些色彩缤纷的联排别墅并称其为“都市”。[33]

尽管在过去的 25 年里，城市政府、规划和建筑专业人士以及主要的全国性开发公司都象征性地高调赞赏新城市主义，但往往口惠而实不至。在决策过程中，城市分区法要远比纯粹的消费者偏好更有影响力。截至 2019 年，得克萨斯州阿灵顿市 89% 的区域规定只能建造独立式独栋住宅；芝加哥好一点，但这一比例也高达 79%。这意味着这种住房形式在美国城市不仅是一个既定事实，而且是一种法律规定。[34] 在绅士化的都市区域，紧凑的生活方式和公寓楼越来越常见，但这并没有迫使新建筑的设计理念产生系统性的转变。恰恰相反，这给战前建设的社区带来了更大的压力，这些社区的街头生活丰富、公共交通便利。对那些向往都市生活的人而言，过去的 25 年令人失望：许多人都喜欢适宜步行、户型紧凑和充满活力的街道，但政府几乎没有采取任何措施去鼓励开发此类住房。位于西雅图国会山或华盛顿特区杜邦环岛的高档社区变得越来越昂贵。普通人依然只能跑到偏远且单调的郊区才能买得起房，这让那些想要实现新城市主义梦想却被高房价现实挫败的人感到震惊。

在这段城市致密化受挫的历史中，“可以在我的后院”运动横空出世：运动人士深谙新城市主义的教诲，他们每个人的床头柜上都赫然摆放着一本《美国大城市的生与死》。这些受过高等教育的活动家将包括新城市主义在内的规划术语通俗化，进而向大众推广。他们致力于改革分区法规（zoning codes），以便在地价已经显著上涨的地方推动城市致密化。在20世纪60年代的贫民窟清理计划（slum clearance programs）中，为了给高层建筑让路，低收入人群的住房和公寓被夷为平地，导致人口密度显著下降。现在这些活动家尝试恢复市中心社区的自然人口密度。“可以在我的后院”活动家处于一种微妙的立场：一方面他们向富裕的房主保证新建住房不会导致居住环境恶化；另一方面，为打消低收入者的顾虑，他们又承诺新建住房不会进一步抬高房租并将其扫地出门。

供给侧福音

“可以在我的后院”运动因其市场原教旨主义的立场而招致许多进步主义住房保障倡导者的批评。用西雅图一位资深组织者的话来说：“这只是中间派政客的另一种说法，即公共选项不在台面上。”对那些捍卫或寻求建造更多公共住房的社会运动参与者来说，“可以在我的后院”不是一个好主意。更有甚者，它污蔑了国营住房的声誉，加剧了该行业长期以来的撤资和妖魔化困境。[35]“可以在我的后院”活动家通常表示对各种方案从善如流。他们坚称，尽管自己强烈呼吁建造符合市场价格的住房，但是在这些项目里也会要求配建保障房。“可以在我的后院”运动人士声称支持增税以建造更多的公共住房，或者支持更新颖的措施，例如合作公寓或社区土地信托。他们从两个角度论证其核心论点：一方面，公共住房的数量远不足以解决旧金山等地的住房危机；另一方面，增加供给将扩大市场，从而降低每个人的住房成本。

这种水涨船高式的住房供给观点不是本书的重点，但作为“可以在我的后院”运动的核心论点，仍值得加以深究，以便更好地揭示致密化活动家们是如何重构关于可支付性住房讨论的。该运动中有一小撮人认为监管机制存在问题——当然有效的监管通常需要大量的公众参与，他们认为如果自由市场占主导地位的话，那么只要增加供给便能解决需求问题。他们进一步表示，相较于城市规划的问题，住房可支付性危机不过是冰山一角。他们坚称，尊重自由和私有产权将增进每一个人的福利。[36] 在我的受访者以及参与在线对话的“可以在我的后院”活动家中，持这种观点的是极少数。相反，大多数“可以在我的后院”活动家都意识到城市住房市场是一个整体，各个细分市场（比如廉租房、公共住房、豪宅等）并非支离破碎、互不影响。因此，任何细分市场增加住房供给的措施都会拓宽整个市场的选择范围，进而压低房价，使较富裕的群体不必在社会经济转型地区与工薪阶层争夺房源，同时降低老房子的价格，显著减轻中产阶级社区的房租负担。

“可以在我的后院”主义所主张的住房经济学颇具争议，在过去10年里，随着“供给怀疑论”甚嚣尘上，相关争议变得更加激烈。[37]供给怀疑主义认为，兴建新住房有可能在实际上会增加被抑制的需求，特别是在那些面临地价上涨压力并已经造成流离失所的社区。该理论还质疑涓滴效应①（trickle-down effect）是否适用于可支付性住房，声称开发商为了追求更高的利润，宁可兴建豪宅，这对那些付不起租金的人来说几乎没有任何影响。[38]持这种观点的学者很快就对“渗漏”（filtering）的效果质疑，“渗漏”指的是老化的房子会从中产阶级市场退出，从而增加低收入群体的住房市场供给，这一概念还阐明了豪宅最终会贬值并惠及租房难的租户。[39]这些住房专家的讨论激起了房主以及担心房租上涨的租户对住房开发问题的强烈关注。[40]然而，仍有大量证据表明供需规律并没有被打破，其变化慢得令人沮丧。

现有的许多数据都表明，无论增加哪种住房的供给，包括高价住房的供给，都能降低住房成本。[41]该领域的大多数研究都表明，扩大供给能够缓慢降低所有细分市场的成本。纽约市的一项研究表明，特定社区的市场价住房数量每增加10%，就会导致租金价格下降1%。[42]但是这种供给效应并不足以使应对住房可支付性危机的公共政策官员感到乐观。然而，这项

① 涓滴效应又译作渗漏效应、滴漏效应、滴入论、垂滴说，也称作涓滴理论，指在经济发展过程中由优先发展起来的群体或地区通过消费、就业等方面惠及贫困阶层或地区，带动其发展和富裕。或认为政府财政津贴可经过大企业再陆续流入小企业和消费者之手，从而更好地促进经济增长。——译者注

研究并未考虑到许多新的住房项目，包括纽约在内的许多包容性分区法令（inclusionary zoning mandates）要求所有新建住房项目都必须配建保障房。其他拥有更多可用土地的城市也通过新的建筑规范（building codes）“温和地”提升分区（upzoning）用途，此举产生积极反响，同时新的建筑规范还允许提高容积率，比如建造联排别墅，或者在车库上方或后院建造附属居住屋①。[43]这些措施整合了更多的郊区空间，有助于增加住房存量，并减缓开发速度，缓和社区绅士化的附带影响。

所有的迹象都表明，由于地方和政府无法获得融资、组织建设能力不足而且难以获得关键性的公众支持，所以仅靠国家资助的方案是无法解决美国巨大的住房可支付性危机的。住房保障活动家发起了激进的公共住房扩建计划的愿望，它与联邦和州政府内部筹资建房的意愿之间存在巨大鸿沟。美国在意识形态上与新加坡或瑞典不同，由于历史上的公共住房建设规模都相对较小且年久失修，因此美国公众对此并不看好。[44]保障房的长期维护问题给政府提出了严峻挑战，因此反绅士化活动家要求新建可持续性的公共住房作为解决住房可支付性危机的主要解决方案。自 2008 年经济危机以来，出现了许多新的方法来取代 20 世纪 60 年代的“项目”，包括社区土地信托、非营利性住房或者成立联邦社会住房管理局（federal social

① 附属居住屋（accessory dwelling units，ADUs）指的是拥有独栋住宅的居民可以合法地在自家土地上进行房屋的加建、改建。——译者注

housing authority）来收购不良资产并去私有化。[45] 然而，“可以在我的后院”运动人士更倾向于只关注供应，而没有说明将优先考虑哪种住房。大多数人强烈怀疑像加利福尼亚州这样的地方能否找到政治资本来推动纯粹的“公共住房”。

“可以在我的后院”一边鼓吹只要增加供给就能轻松解决问题，并提醒民众统计数据显示热门城市的住房建设有放缓的趋势，另一边却忽略了过去 20 年发生的住房市场金融（housing market financialization）大趋势。[46] 推动住房需求增长的不仅有刚需租户，还有旅游服务平台（比如爱彼迎）、从国外购入房产作为资产保险箱却不入住的“幽灵租户”，以及越来越多通过房地产投资信托（REIT）来投资新公寓的大型金融公司。[47] 因此，“满足谁的需求”这一问题尤为尖锐。尽管如此，“可以在我的后院”运动仍将目光投向了单一可实现的目标：在全国范围内废除独栋住宅分区制，提高美国城市的容积率。持之以恒贯彻单一目标是他们的主要特点，这使其有别于此前推动可支付性住房的活动家。

尽管主流经济学认可“可以在我的后院”活动家的（在供应问题上的）主要论点，但这并不能保证他们的事业稳操胜券，尤其是在他们最活跃的旧金山等城市。他们的论点并不吸引人，即要求放宽针对独栋住宅的限制，以方便营利性开发商建造更多公寓。事实上，无房者的贫困化和工人阶级的广泛斗争，为湾区等地的租户解决保障房危机提供了更加激进的解决方案。这些选项有时会被纳入“绿色新政”（Green New Deal）旗帜下的可持续性提案中，吸引数百万人支持政府在建设和维护住房方面发挥类似富兰克林·罗斯福（Franklin Roosevelt）在大萧条[①]期间力挽狂澜的作用。尤其是在新冠疫情大流行对经济和公共卫生造成巨大破坏的情况下，许多住房保障活动家认为，现在应该采取大刀阔斧的解决方案，反对“可以在我的后院”运动的观点，因为后者认为只要打开供给的水龙头，就能清除住房保障最大的障碍，从而细水长流地解决危机。本书追溯了“可以在我的后院”与激进住房运动之间的紧张关系，后者认为基于市场规律、有序解决可支付性住房问题的时代已经一去不复返了。[48]

在争取可支付性住房的斗争中，没有睦邻共处的空间

2018年，“可以在我的后院”运动在波士顿召开了第三次全国会议，主题是“可以在我的后院运动小镇”（YIMBY Town），由位于罗克斯伯里的以黑人和拉丁裔为主的社区学院主办，观者如堵。来自美国各地的“可以在我的后院”运动人士齐聚一堂，谈论城市规划和城市致密化。然而，在当时，“可以在我的后院”运动与其他激进的住房保障组织之间的紧张关系已广为人知。一些波士顿的活动家甚至公开谴责“可以在我的后院”组织者选择在高档社区举办会议。对他们而言，

① 大萧条指资本主义国家的经济危机。——编者注

“大兴建造”的福音对那些交不起房租的人而言无异于天方夜谭。罗克斯伯里市的低收入群体并不希望看到更多新房，因为在他们眼里，住房开发意味着房价上涨。

由于组织者担心出现“不速之客”，所以在会议的最后一次演讲中，主办方将活动从剧院转移到了大楼深处的体育馆中。然而在演讲过程中，还是有近百名身穿亮黄色衬衫、打着鼓、吹着卡祖笛和呜呜祖拉喇叭的抗议者高举谴责驱逐租户的巨大标语冲向体育馆。组织方试图阻止他们扰乱主题演讲，但是失败了。抗议者涌入体育馆并立即走上台前，观众席上鸦雀无声（除了手机摄像头记录下入侵者的咔嗒声）。城市的权力（Right to the City）、禁止出售多切斯特（Dorchester Not for Sale）、城市生活（City Life）以及波士顿住房保障运动的其他进步团体站在台前，以羞辱性的姿态对着人群高举横幅，高呼道“我们有权利”（We've got the power）。这群不速之客带着一支铜管乐队和一个扩音器，但“可以在我的后院”主办方还是将麦克风交给他们以示屈服。台下的人礼貌性地鼓掌。

这次全国性会议上之所以发生对峙，是因为有色人种活动家进行了一场关于社区绅士化的小型讲座（“可以在我的后院”会议的主题非常多样化，以缓和该运动“白人不速之客”的形象）。一位女士告诫人们：“你在进入一个社区之前，总得先问问谁住在这里。”后来，其中一位活动家向《波士顿环球报》（*Boston Globe*）透露了他们的担忧：

> “我们不断地被告知，大兴建造将产生涓滴效应，为受影响最严重的社区提供保障房。但我们没看到任何证据。……事实恰恰相反，我们的伙伴因为付不起房租而流离失所。我们很难相信并支持一个对我们社区没用的运动。”[49]

最主要的不满来源于为了维持住房的可支付性，多年来当地的活动家一直致力于阻止兴建新房。而对此表示反对的大多是外来者，其中产阶级解决方案似乎服务于他们的中产阶级利益。当不速之客离开会议时，全场爆发出热烈的掌声。后来，组织方发表了一份声明，声援这些干扰会议的团体。他们似乎认为意外中断会议反而是最好的闭幕方式。

双方的这次摊牌构成了本书的核心关切：“可以在我的后院”运动人士寻求通过市场调节来实现城市致密化，希望以一种和而不同的姿态加入现有的住房保障运动中，而反绅士化团体则对此表示怀疑。前者认为自己在扩大斗争范围；后者认为前者缺少关键目标，没有为最需要帮助的人雪中送炭。这两个群体之间的冲突也揭露出美国政治和城市管理中存在着更广泛的鸿沟：中间派的立场已不再受欢迎。“可以在我的后院”运动以其折中主义和渐进主义为荣，但这在美国城市中并不讨喜，尤其是目前这些城市里充斥着经济不平等、种族紧张和年久失修的基础设施。这本书讨论了致密化活动家是如何构建城市问题的，以及他们如何致力于唤醒睦邻友好、和谐相处的理念，并且审视他们在推动建立新的租户政治联盟方面的得失成败。

本书结构

面对高不可攀的房价和蓬勃发展的科技经济，“可以在我的后院”运动在旧金山方兴未艾。有关可支付性住房的问题从工薪阶层迅速蔓延至中产阶级。本书第一章阐述了当同级城市在大量建房时，旧金山是如何逆势而行的。2014 年，“可以在我的后院”运动开始快速发展并获得广泛支持，随后通过会议、精心设计的网站、博客以及与分区规划局的巧妙周旋向其他城市传播其理念。本章表明，该运动最初起源于“可以在我的后院”运动的支持者与旧金山和伯克利的老一代文化左派嬉皮士房主之间的对峙，后者反对开发住房，致使进步派人士在邻里问题上出现了分歧。本章最后表明，尽管“可以在我的后院”运动的参与者欣赏教会区和奥兹克兰反绅士化活动家的工作，但仍保持独立发声，并且其参与者都属于中产阶级，这使得租户团体怒火中烧，后者认为中产阶级（大部分是白人）住房保障团体应该与有色人种的工薪阶层团结一致，而非只顾及自身的利益。

随着城市在 21 世纪初持续扩张并吸引人口，邻避主义的思潮日渐式微。邻避主义的支持者通常属于婴儿潮一代，出生于郊区（因为儿时的经历，他们将郊区化视为城市的典型模式），现在拥有价值不菲的房产，但这些房产可能会因为居住密度提升而贬值。反之，致密化活动家通常是千禧一代（不到四十岁），他们承受着高房租的压力，并被住房市场拒之门外。为了对比不同代际的人关于美国城市密度的针锋相对的观点，第二章展示了笔者在采访“可以在我的后院”活动家（大部分是千禧一代）以及少数房屋所有者（大部分超过 50 岁）时所获得的数据。

反对住房开发的人经常诉诸一些天然进步的价值，比如保护历史古迹，维护公园和开放空间，以及避免社区瓦解和绅士化。确实，“可以在我的后院”活动人士不喜欢利他主义和利己主义之间的联系。他们坚持认为，邻避主义者通常是一群富裕的进步主义者，对方尽管对绅士化表示惋惜，但对住房开发表示零容忍，这助长了住房短缺，导致高额的租房负担压垮了工薪阶层。在第二章结尾，笔者不禁发问：“可以在我的后院”运动是否意味着新一代对城市的态度彻底转变？如果该运动成功，能否彻底扭转美国城市的无序扩张，使其变得更加高楼林立和都市化？[50]

1967 年的立法使科罗拉多州的博尔德市得以保留大量交错纵横的登山步道，形成城镇绿化带，限制城市扩张，因此博尔德有时候被称为“博尔德人民共和国”或“嵌入落基山脉和现实世界之间的小镇”。在绿化带的限制下，除了蒸蒸日上的科技经济吸引的外来就业人口以及常年流入的 30 000 多名学生，博尔德的人口密度并没有显著升高。自 2013 年起，“可以在我的后院”团体进行了成功的游说，数个限制开发的公民表决提案均未能获得通过，以此抵制了反对住房开发的居民，后者认为在市区扩建公寓将会摧毁博尔德的独特之处。第三章分析了“可以在我的后院”团体成功反驳环保主义者反对住房开发的立场：[51] 他们支持开发的基本论据通常是，只有当城市里密集分布着可步行的核心区时（很多美国城市都不具备这一特征），城市才会开始进行真正的绿化。该市还有一个践行埃比尼泽·霍华德①（Ebenezer Howard）"田园城市"理想的历史遗迹。博尔德镇通过设立受保护的公有土地，成功践行了"田园城市"的理念，[52]但是如果没有达到适当的城市密度，该模式也难以有效地控制城市的无序扩张。

得克萨斯州的首府有一个被反复传唱的口号，"让奥斯汀市一直怪异下去"（Keep Austin Weird）。在规划委员会的会议上，人们穿着印有该口号的T恤衫并发出嘘声，呼吁人们提防美国部分地区快速的人口增长。[53]在第四章我们将看到，在奥斯汀市最初为争取扩建轨道交通而组织起来的"可以在我的后院"运动，是如何开始接受反对住房开发的居民的挑战，并就城市原真性②（urban authenticity）展开斗争的。[54]致密化活动家把大量建房视为缓解租房价格快速上涨的方法，在持续吸引新居民的同时保留了奥斯汀市的"古怪"特质。通过盘点有关都市艺术经济的文献，

① 埃比尼泽·霍华德，20世纪英国著名社会活动家，城市学家，风景规划与设计师，"花园城市"之父，英国"田园城市"运动创始人。于1898年出版《明日：一条通往真正改革的和平道路》一书，提出建设新型城市的方案。1902年修订再版，更名为《明日的田园城市》。——译者注

② 城市原真性指城市扩张导致人口流入与多元文化，冲击了原本的文化共性，触发关于"原真性"的讨论。莎伦·佐金（Sharon Zukin）在《裸城：原真性城市场所的生与死》中，认为"原真性"不仅包括物质、生活形态，还包括价值认同方面的原真性；不但包括过去（起源）的原真性，还包括一种当代（新开端）的原真性。——译者注

本章论证为何许多“可以在我的后院”活动家自视为奥斯汀市的原创艺术家，他们在艺术和酒店经济上的付出使这座城市在全国知名，但是他们也因此使自身沦为高房价的受害者。

“可以在我的后院”运动已经在全球各大城市获得响应，澳大利亚有 3 个团体，英国有 9 个，瑞典有 3 个。这些团体认为，城市生活已经不再是一种文化上的选择，而是实现向上流动的唯一途径。本书的第 5 章广泛讨论了“可以在我的后院”运动是如何超越美国国界并在全球获得支持的，以及这一解决思路对于许多国家应对住房可支付性危机有何新颖之处。以英国和澳大利亚为例，该运动使其跟上了其他英语国家的步伐，为住房开发和致密化提供声援，尽管有些国家在历史上并没有出现过激烈的反对建造公寓的邻避主义运动。

本书结语展望了“可以在我的后院”运动的未来，探讨了过去 10 年建立在脆弱联盟基础上的住房开发倡导者还能否团结在一起，为千禧一代选民提供一个统一且有吸引力的政治纲领。结语还分析了在新型冠状病毒大流行的背景下，高居住密度给都市生活带来的巨大挑战，审视了在一个普遍恐惧流行病的年代，公寓是否依然具有吸引力。

第1章

湾区住房可支付性的终结

究竟从何时起，喜迎八方的旧金山开始闭门谢客？在美国人的心目中，湾区曾一度是叛乱分子与格格不入者的迁徙地。旧金山前桂冠诗人劳伦斯·费林赫蒂[1]（Lawrence Ferlinghetti）热情地讴歌这里的性自由、药理学自由和社会实验，他在1958年的一首诗中写道：“金门公园……世界的草坪”，披头族[①]吹着笛子，给松鼠喂葡萄。

在20世纪50年代和60年代，湾区曾经是垮掉的一代以及后来的嬉皮士（hippies）创造新社会伊甸园的大本营。不同于林登·约翰逊（Lyndon Johnson）的“伟大社会”[②]（Great Society）计划，该计划主张扩大国家福利，这些反建制（anti-

---

① 披头族（beatniks）又称“垮掉的一代”或“疲惫的一代”，是第二次世界大战后出现于美国的一代人，他们不修边幅、奇装异服，拒绝陈规和资本主义统治，挑战体面的传统价值。——译者注

② “伟大社会”指的是1964年美国总统林登·约翰逊提出的施政目标。为实现这一目标，国会通过了包括“向贫困宣战”“保障民权”及医疗卫生等方面的四百多项立法，将第二次世界大战后美国的社会改革推到了新的高峰。——译者注

establishment）的作家和艺术家希望通过挑战资产阶级道德来推动认知变革。值得注意的是，在20世纪50年代，根据资产阶级道德塑造出的郊区中产阶级正迅速成为普通人成功的象征。事实上，随着湾区的扩张，大量独栋住宅拔地而起，旧金山作为一个随心所欲的港口城市声名鹊起。在这里，人们纵欲狂欢、无所顾忌，这不仅是一种信条，更是一种有效的商业模式。[2] 反主流文化起初高声拒绝城市自我宣传和资本主义赤裸裸的市场营销，但"反主流文化"自身很快就产生了强大的品牌效应，吸引人们源源不断地来到这座城市。[3]

像库比蒂诺区这样自诩"正派的"湾区郊区只允许建造独立式的独栋住宅，那些被拒之门外的人不得不住在城市里。[4] 他们大多是年轻的单身人士，有些人特意远离与这个港口城市相得益彰的、舒适宜人的郊区，并宣布与郊区决裂。1959年，旧金山进步党（San Francisco Progress）对城市与地区之间的新二分法表示惋惜，同时赞赏小型社区拒绝建造公寓，从而维护了社区"体面"的行为，表示："这座城市中的性偏离者（sex deviates）激增了上千人……而这在本地区的其他社区里已经销声匿迹。"[5]

旧金山已不再是非传统嬉皮士的天堂，如今它以科技大都市的形象涅槃重生，这让所有在过去50年中关注它的人瞠目结舌。这种翻天覆地的变化可部分归结于更广泛的文化和经济力量：城市撤资、城市与郊区的日渐隔离、制造业的衰落，以及企业家个人主义对嬉皮士社群主义的削弱。在废墟中，一个新的大都市崛起了，它以军事、高等教育、通信技术投资为支柱，很快孕育出了硅谷。正如弗雷德·特纳（Fred Turner）所指出的那样，一些曾经的嬉皮士乌托邦主义者参与了这些创新事业，在他们看来，随着计算机和阿帕网（ARPANET）技术的发展，不必创造新的社会关系，通过发明创造即能实现更好的社会。[6]然而，这一愿景并没有实现。

旧金山曾一度被誉为创新的基地，年轻的公司与“独角兽”投资者喜结连理，几年后异军突起，首次公开募股（IPO）就能募资数十亿美元。这座城市集中了硅谷地区公司的影响力，市区崭新的办公室使这些公司焕然一新，并为员工集中提供文化设施。到 2008 年经济危机爆发时，这种说法已经受到了普遍的质疑，在科技企业挣得盆满钵满的背后，贫困却成为普遍现象。那些试图从城市文化资本中捞金并逃离“硅谷区”的公司纷纷在市场街南区这样迅速绅士化的社区建立了自己的总部。然而，就在优步（Uber）、雅虎（Yahoo）和缤趣①（Pinterest）位于市场街南区的企业总部旁边，这个国家最严重的无家可归问题正像瘟疫一样暴露无遗。大批无家可归者在街上游荡，科技员工匆忙地穿过人行道，避之唯恐不及。旧金山湾区快速交通系统（Bay Area Rapid Transit，BART）高架桥下的空地，已经成为游民的营地，不由得让人想起拉丁美洲的非正规居住区（informal settlements），但这里是旧金山市

---

① 缤趣网是世界上最大的图片社交分享网站之一。——译者注

中心最昂贵的地段，2019 年的平均租金在全美创下新高，达到了每月 3650 美元。[7] 这个城市的反叛故事已成过往，残酷的神话取而代之。在这个残酷的城市里，高薪者令全国望尘莫及，赤贫者如蝼蚁般无立锥之地。

住房已经成为湾区的关键议题，早在 1995—2000 年科技繁荣之初，一代政治领导人就致力于解决住房成本和部分人无家可归的问题。由于旧金山的住房可支付性危机旷日持久，解决之日遥遥无期，互相指责的现象屡见不鲜。2019 年，唐纳德·特朗普（Donald Trump）总统想要通过环境保护局（Environmental Protection Agency）来解决加利福尼亚州无家可归者的问题，用他的话来说，无家可归者把这座城市变得“面目全非”。[8] 旧金山市市长伦敦·布雷德（London Breed）不得不承认，流浪汉随地大小便已经成为一个日益严重的问题，为此她还专门成立了一个特别工作组。[9] 具有讽刺意味的是，对被甩下车的人来说，美国经济的热点地区也是痛苦之源，这并不奇怪：这种二元对立意味着美国的繁荣正在发生分化，尤其是在经济成功的城市。在许多情况下，一个城市的成功不再仅仅意味着提供高薪的工作场所，而是成为记者亚历克·麦克吉利斯（Alec MacGillis）所说的超级繁荣城市（hyper-prosperous cities），它可以汲取整个地区的资源和资本。[10]

为了应对这种情况，湾区求助于两项独立的基础设施：一个是包括租金控制、公共住房和公共交通的历史遗留体系；另一个是基本上属于私有的新体系，包括优步等共享乘车应用程序、按市场价格定价的昂贵公寓和谷歌巴士（Google Bus）等由公司赞助的交通服务。尽管谷歌巴士配备了全新的 Wi-Fi 系统，但是它却因占用现有的公交站点专门接送谷歌公司员工而引发了人们的不满。这座贫富分化的城市及其基础设施表明，随着私有化的蓬勃发展，国家福利正在经历收缩：一方面，数字平台正在迅速扩大其用户基础和股东价值；另一方面，公共交通和社会福利住房系统却疏于维护、日渐破败。在旧金山市田德隆区①，少数租户拼命想保住他们的单间公寓，但是当这些公寓被改造成豪华阁楼之后，出手大方的新来者开始与老租户展开竞争。

我们在对“双城记”的讨论[11]中常常会遗漏中产阶级的故事。许多评论员都忽视了这一群体，在旧金山这样物价高昂的美国城市，中产阶级已经变成“濒危物种”，但与无家可归的风险相比，他们的困境显得不那么紧迫。在湾区，那些在为技术部门提供服务工作的人——清洁工、餐馆员工、零售商，甚至教师、消防员和警察——都被赶出了城中心甚至远离繁荣的郊区。他们已经成为“超级通勤者”阶级，通常会从斯托克顿等前中央谷地的农业城镇出发，通勤三个小时到达工作场所。[12]他们没有资格申请廉租房，尽管能够付得起市场价格的房租，但也仅限于奥克兰这样种族隔离的集中连片特困地区、

① 田德隆区：旧金山市内最穷乱的区，但是它就在旅游区和商业区的边上，该市的财富悬殊惊人。——译者注

安条克市这样的后工业化郊区，以及更远的农业城镇。湾区的中产阶级在远郊申请抵押贷款时，曾被鼓励“开车到符合条件为止①”（drive until you qualify），现在他们却与这些地区的房屋所有权无缘。圣何塞市的平均房价为120万美元。与此同时，湾区其他9个县的房价均有所下降，但哪怕是萨克拉门托市边缘的房价最低也要近50万美元。[13]那些在湾区辛苦谋生的人往往最容易被忽略：他们对财富分配感到不满，因为买不起房子而不得不离开城市，但他们也看到公共服务和更广泛的住房讨论的焦点只注意到赤贫者。

作为湾区的夹心层，越来越多的中产阶级认为住房危机并非自然现象，而是科技经济蓬勃发展导致了住房的供给不足。然而，许多旧金山人却认为房价暴涨是现有房主反对兴建新房而导致的。2018年，旧金山新房批准与新增就业岗位之比为3.45∶1，为全国最低水平。[14]西雅图的人口比旧金山少200 000人，但是2010年至2016年的新增住房数量却为旧金山的两倍。[15]这得益于西雅图更便捷的审批程序，它比欣欣向荣的经济更有助于缓和住房压力。在城市发展方面，旧金山下放了更多权力，这使得街坊四邻在批准新房的设计时拥有更多的话语权。尽管该政策的初衷是阻止兴建规模过大或样式不雅

① “开车到符合条件为止”指的是，如果买不起优质地段的住房，那就顺着高速路往市区外寻找，直到找到能负担得起房价的地区，在房价和通勤时间之间做出取舍。——译者注

的新建筑，但经常被用于阻止一切新住房的审批，尤其是在富裕地区。

本章探讨了"可以在我的后院"运动的兴起与发展，该运动始于 2014 年旧金山倡导兴建更多市场化的住房。与之前倡导保障房的活动团体不同，"可以在我的后院"运动团体是供给侧改革的拥趸，提倡"大兴建造"，这迥异于此前的住房权益团体，后者致力于维护公共住房，以防止教会区等地绅士化并驱逐穷人。[16] 当索尼娅·特劳斯、劳拉·富特（Laura Foote）和布莱恩·汉隆（Brian Hanlon）等"可以在我的后院"运动人士以亲开发商的姿态在分区会议（zoning meetings）上慷慨激昂地支持大型建筑项目时，他们为住房讨论中被忽视的群体开辟了一条道路：年轻的专业人士也承受着高房租的压力，尽管他们没有赤贫者那么大的负担，但也面临着流离失所的威胁。"大兴建造"这一简单的理念很快获得了湾区数千名志愿者的响应，一时间，分支团体和区域性初创组织在加利福尼亚州和美国其他地方如雨后春笋般涌现出来，并迅速形成规模。到 2021 年，仅在加利福尼亚州就有 30 多个"可以在我的后院"运动团体，拥有近 5000 名活跃成员。本章探讨了这场运动在旧金山的起源，以及为何该市的住房危机给致密化活动家敲响了警钟。正如"可以在我的后院"运动的东湾区组织者维多利亚·菲尔斯（Victoria Fierce）所言："住房是基础设施……无论是为了解决当前的住房危机，还是为了稳定长期的住房市场，都必须建造更多的住房。"[17]

在湾区，一个由中产阶级参与并且倡导中产阶级政策的社会运动是一个新奇的现象。该运动最初提出的目标是增加各种类别住房的总存量，以期有朝一日可以与反绅士化团体达成合作，兴建更多公共住房，同时为与开发商合作推进市场价住房建设（采取适度比例，通常为15%~20%，并保持在可支付的水平上）打开了大门。“可以在我的后院”的湾区运动人士承诺，他们的运动范围仅限于抵制提高居住密度的富裕社区，但这在湾区显然是不现实的，许多运动人士不得不在奥克兰和教会区这样的社区花费大量精力去倡导兴建大规模新住房项目，这引起了当地居民和反绅士化运动人士的强烈不满。正如旧金山租客联盟（SanFrancisco Tenants Union）的迪帕·瓦尔马（Deepa Varma）所指出的那样，新运动只在乎供给：“意见领袖们声称‘只要兴建新房就行了’，这无疑误导了州政府的决策，事实上市场并未回应加利福尼亚州家庭对保障房的需求。”[18] 本章展示了“可以在我的后院”运动如何从一个新奇的活动家新兴团体，演变成保障房运动内部甚至美国政治日益扩大的裂痕的先兆。

由于或多或少依赖自由放任的市场，“可以在我的后院”运动激起了旧金山进步人士的愤怒。然而，许多该运动的支持者据理力争，指出最强烈抗议其建造更多住房的，是那些坐拥百万房产、沉迷“财富幻觉”的既得利益者，这些支持者谴责房主与反绅士化组织之间的联盟，认为这种伙伴关系使那些囊中羞涩又损失惨重之人的处境进一步恶化。最后，本章描述了“可以在我的后院”活动家是如何重整旗鼓的，他们不仅作为公民主导的草根阶层在会议上发言，反击专家引用的法律条款，甚至还在专门解决住房问题的平台上竞选公职。他们希望通过这些方式在城市管理机构获得更大的控制权，倡导城市化应作为一种生活方式，并成为千禧一代的政治旗号。

住房可支付性危机的根源

旧金山是典型的西部新兴城市。1849—1851 年它曾六次被火灾毁于一旦，后来为了服务淘金者和护卫舰而被疯狂重建。新居民是如此渴望到达金矿，以致水手们有时集体弃船而去，船长们别无选择，只能将船搁浅，船只被抛弃到新港口巨大的沉船墓地。事实上，这在后来几乎成为一种模式，该市基本的基础设施始终没有到位。地方政府和股份制公司在貌合神离的联盟下完成了码头的建造，该联盟雇用廉价的爱尔兰籍或澳大利亚籍“蒸汽帕迪”①，他们开着蒸汽驱动的挖掘机来填埋港口土地。[19]

到 1906 年地震时，旧金山已成为美国西部事实上的首府，值得不惜一切代价重建。它是通往亚洲商品和市场的经济多元化门户，并得益于西部华尔街的地位，将航运和银行资本引进

① 帕迪（Paddy）是对爱尔兰人的蔑称，“Paddy”是爱尔兰常用人名“Patrick”的昵称。——译者注

了蓬勃发展的房地产经济。到 20 世纪中叶，当城市核心区的增长模式濒临枯竭时，这座城市发动了一台新的增长机器：[20] 借助于联邦公路资金，旧金山欣然接受了国家资助的郊区化运动，同时也接受了城市更新基金（urban renewal fund），建造了更多高层建筑，进一步改造了市中心。1960—1981 年，旧金山建造了 3000 万平方英尺[①]的办公空间：[21] 这个速度在当时首屈一指。[22] 20 世纪 70 年代，旧金山的人口只有 67.9 万，并且偏居半岛一隅，宛若立于圣何塞食指上的顶针，在美国大都市的名单中微不足道。[23] 然而到了 20 世纪 80 年代，与其他无序扩张的地方一样，旧金山大都市的总人口约有 520 万人，[24] 分布于 9 个县里，而这些县之间往往未能适当协调人口增长、交通、税收和环境政策。

1958 年，该市由开发商、地方政府和零售企业组成的促开发联盟首次遭到反对，此前该联盟曾接受联邦资金并鼓励新建住房。关于设立金门管理局（Golden Gate Authority）——类似于纽约和新泽西的港务局——监管区域交通的提议也遭到强烈质疑。即便是伯克利市长这样左右逢源的城市化支持者也提出反对意见，并建议成立一个没有实权、仅负责提建议的湾区政府协会（Association of Bay Area Governments）。[25] 那些反对区域控制的人提出了类似于简·雅各布斯的论点，强调更高级别的区域性协调组织将会演变为一个大财团，并将摧毁他们现

① 1 平方英尺≈0.092 平方米。——编者注

有的社区。他们成功阻止了金门管理局的设立，这是对房产开发和交通进行精简管理的第一次打击，为今日的情形埋下了伏笔。

正如历史学家艾莉森·伊森伯格（Alison Isenberg）所表明的那样，还有很多情况令人担忧：为了重建城市，房地产支持者常常试图拆除历史遗留的港口仓库，拆除现有街道，为扩建购物中心腾挪空间，同时以人为压低的价格来实现城市私有化。20 世纪 60 年代，住房保障活动家日渐活跃：他们能够迅速动员起来，抗议那些规模太大或者可能会导致租金上涨的建筑项目；甚至连翻新公共住房的项目也被他们视为可能会加速流离失所而遭到抵制。旧金山的城市发展一把手贾斯汀·赫尔曼（Justin Herman）对这些激烈的抵制行动感到困惑，他以罗伯特·摩西（Robert Moses）式的语调评论道：“只有那些拥有足够多的时间和精力、能够彻底厘清复杂问题的公民，才能对社会议题进行有意义和卓有成效的参与——否则他们可能都不知道自己在谴责什么。”[26]

与 20 世纪 60 年代经历了类似变化的其他城市不同，旧金山的城市重建面临着艺术家、（古迹或环境等）保护主义者、设计师和民间城市学家联盟的挑战，后者高声反对大规模的建房项目。他们不信任城市重建专业人员的专业知识，并且厌恶现代主义玻璃高墙的规模和审美。旧金山芳草地租户联盟（Yerba Buena Tenants Union）、西部扩建项目区域委员会（Western Addition Project Area Committee）和旧金山社区法律援助基金会（San Francisco Neighborhood Legal Aid Foundation）等住房保障活动家要求市镇政府改善现有住房的质量，同时又怀疑政府解决城镇贫困问题的意愿和能力。[27] 该市 1969 年建造的泛美金字塔①（Transamerica Pyramid）引发了强烈的舆情，公民联盟应运而生，要求限制高楼大厦的开发。[28] 这样的高楼被视为破坏了该城市一望无际的平坦景观，一封来信甚至嘲讽这是“拉斯维加斯的梦中情楼”。[29] 旧金山各行各业的人开始偏爱本地的城市景观，在他们眼里，码头、维多利亚式的老房子以及砖砌仓库并不破旧或者过时，他们认为大肆开发很可能会导致人们流离失所。因此，他们致力于维护田德隆区等市中心社区的公共住房和租金控制，包括在旧金山住房管理局组织大规模的租户抗议。[30]

由于加利福尼亚州温带海岸天堂的形象在美国太过于深入人心，在整个 20 世纪 60 年代，加利福尼亚州人民始终反对房地产开发。尤其是在旧金山，人们普遍呼吁停止将这个城市“曼哈顿化”。但是，城市无序扩张完全失控的却是洛杉矶，它是旧金山在南方的对手。早在理查德 · 尼克松（Richard Nixon）就任总统或者罗纳德 · 里根（Ronald Reagan）当选州长之前，这两个城市就已经开始针锋相对，二者不仅在政治上而且在城市景观上都大相径庭。反对住房开发的声音来自

① 泛美金字塔（全美金字塔）是美国旧金山现存第二高的摩天大楼和后现代主义建筑。——译者注

各色人等：既包括圣克拉拉县的郊区房主，那里 70% 的土地分区规定只能建造独栋住宅[31]；也包括马林县的环保主义者。一些针对已规划高速公路和住房建设项目的抗议甚至毫不掩饰其种族主义偏见：1964 年加利福尼亚州废除了立法机关的《公平住房法》(*Fair Housing Act*)，这意味着地主可以继续种族歧视。这项选举性提案①先后被加利福尼亚州最高法院（California State Supreme Court）和美国最高法院（US Supreme Court）否决，但是在此之前，反对开发住房的民意引起了全国性关注，该州选民支持一项似乎更符合密西西比州或亚拉巴马州政治的法律，这引发了时任州长埃德蒙·布朗（Edmund Brown）的严厉指责。[32]其他反对开发住房的理由则强调应在更广泛的意义上维持住房价格的区域竞争力，保留乡村田园风光，以及缓解公共服务的压力。简言之，经过一个世纪的野蛮发展，加利福尼亚州成了邻避主义的实验室。

邻避主义者的反对意见不仅反映了房主的自私自利、疑神疑鬼，唯恐其房产贬值，而且往往有理有据。他们常常会通

---

① 加利福尼亚州选举性提案（California ballot proposition）是一种通过发动公民创制（initiative）或复决（referendum）来修改州法律和宪法的方法。州法可以直接由公众提案，州宪法也可以通过公众请愿（public petition）或者立法机关来向选民提议宪法修正案的方式而被修改。由公众（public）提议立法或宪法修正案的过程就被称为创制（initial），而由州立法机关来提议宪法修正案的过程就被称为复决（referendum）。——译者注

过深思熟虑的社区活动来表达自己的邻避主义态度[33]，运用与环境治理和社会凝聚力相关的实地知识来强调土地承载力的问题。但是，这逐渐变成一种思维定式，拒绝一切大规模的变化，选择性地接受美式联邦主义和地方自治权中的糟粕。保持地方独立性和下放决策权的诉求，源自对“大政府”普遍的怀疑主义，同时也源自潜在的种族主义或者不情愿与他人分享空间和资源的心态。在加利福尼亚州，这种情况始于 20 世纪 70 年代，随后重塑了加利福尼亚州的税码（tax codes）和住房政策，并且成为巴里·戈德华特①（Barry Goldwater）和里根的共和主义中的主要思想。出于对地区协调的恐惧和对税收的反抗（种族主义者通常谴责累进税是一种不公平的再分配，使税收流向市中心的非裔美国人），加利福尼亚州人躲到郊区，抵制用于广泛公共用途的基础设施建设。

1978 年，随着第 13 号提案（Proposition 13）的通过，加利福尼亚州的“缓慢开发运动”（slow-growth movement）取得了惊人的立法成功，从根本上重新定义了美国的城市发展和财产税。该公民表决提案即《人民限制财产税的动议》（*People's Initiative to Limit Property Taxation*），其发起人是反税收的百万富翁霍华德·贾维斯（Howard Jarvis），他致力于限制房产税。他不仅对房价失控表示不满，而且厌恶他所认为的政府

---

① 巴里·戈德华特，美国政治家，共和党人，在 1969 年至 1983 年曾担任加利福尼亚州的众议员。——译者注

暴政。[34] 正如该提案所表述的那样，其初衷是保护固定收入的加利福尼亚人，尤其是退休人员。但是，正如许多政治分析所显示的，[35] 该提案为累进退税背书，使得富裕的房主可以收回曾经用于支持市政服务的税款。在通过这项法律之后，城市为填补预算缺口而疲于奔命，这又导致土地使用问题变得更加敏感。地理学家艾利克斯·沙夫兰（Alex Schafran）的研究表明，第 13 号提案标志着土地使用的金融化程度提高，然而其意识形态起源应更多地追溯至传统自由主义和“地方自治权”而非新自由主义市场化。它创造了一种新经济，一种最可取的发展愿景：商业街购物中心位于金字塔顶端（因为它们向社区支付了开发影响费①和关联费②，这些资金可以用于支持资金匮乏的公共服务），而几乎没有税收的保障房则位于金字塔底端。[36] 这加速了郊区的不平等：一些地区招徕了高端商店和豪华住宅，而其他地区则日渐沦为蓝领阶层的工人城市。由于经常性预算捉襟见肘，城市管理者尽可能地从新开发项目中获得更多收益，却未意识到，如果城镇中充斥着商业街、缺少公寓综合楼，将会导致何种社会后果和环境后果。

尽管城市管理者起初对第 13 号提案感到恐惧，但真正受

① 开发影响费也称影响费（impact fee），或开发费（develop fee），是一种“开发同时付费”，指地方政府要求土地开发商为新开发项目提供或扩建公共资本设施而支付的款项。——译者注

② 关联费（linkage fees）指开发者为换取土地高密度利用的权利，向政府项目支付的费用。——译者注

到冲击的其实是市民，而其他州也照葫芦画瓢地将类似政策写入立法。旧金山尤其将缓慢开发投票议案视为民意转向限制开发的信号，尽管这意味着向经济发展说“不”。1986 年，该市通过了 M 提案，规定每年新建的办公建筑不得超过 950 000 平方英尺。这在当时是全美最严格的规定。到 20 世纪 90 年代，政治科学家理查德·德利翁（Richard DeLeon）指出，旧金山的邻避主义思潮变成了某种“城市封建主义”（urban feudalism），结果往往是维系了区域性权力的复杂化。这种立场之所以吸引人，是因为一种激进的传统理念，即阻挠大规模的规划项目既能阻止精英集中权力，又能保护平头百姓。德利翁表示，旧金山创建了一种“通过阻碍发展来进行监管”的“反政权”，而非通过温和的开发来驯服典型的城市增长机器①（urban growth machine）。这种反政权行为远远超出了简单的质量控制，变得狂热起来，德利翁坚持认为：“这种反政权具有保护性、防御性和阻碍性。在土地利用规划和实质性开发领域，其理念一言以蔽之——拒绝一切。”[37] 然而，这个“拒绝一切”的联盟出乎意料的多样化且长寿。

这种要求缓慢开发的新诉求对住房产生了不可低估的影响。其支持者联盟包括：寻求价值最大化的市中心商业地

① 城市增长机器是城市政体论的一个重要命题。它指的是以土地资源为纽带结成的城市政体，为实现增长目标，政府与各种城市利益体结成伙伴关系，以土地资源为城市经济增长的主要手段。——译者注

产房主、来自低收入社区唯恐流离失所并抵制绅士化的活动家、环保主义者，以及富裕的房主。他们中许多人早在20世纪60年代就已经团结起来，抗议双层结构的滨海高速公路（Embarcadero Freeway）。当时他们动员了成千上万名抗议者，并最终阻止了该项目关键部分的施工。到了20世纪70年代和80年代，这个联盟的反开发诉求变得更加强烈和极端。他们反对大型项目和新的住房开发项目，甚至反对配建大量保障房的项目。他们起先选出了自由派市长阿特·艾格诺斯（Art Agnos），随后又因为阻挠他钟爱的住房和经济振兴项目成为后者的眼中钉。例如在1990年，一项为艺术家建造91套住房和29套低收入公寓的提案遭到了社区居民的强烈反对。“零开发联盟”失败后，他们声称这片区域可能是稀有蜘蛛“盲蜘蛛”（Harvestman spider）的栖息地，这进一步拖延了项目进度，增加了建设成本。[38]

旧金山的“缓慢开发”活动家的拿手好戏是阻止住房规划法规为更大规模的高层建筑开绿灯，城市规划者将这种对住房规划法规的大规模修改称为“提升分区用途”，即随着城市的发展和居住密度的提高，需要新建多层建筑以美化城市社区（也可以将住宅用地变更为商住混合用地）。20世纪90年代，许多社区组织起来并成功阻止了提升分区用途，当时对新开发项目的大规模反对浪潮令人震惊，比如20世纪90年代教会湾的邮轮码头混合用地项目。与此同时，科技经济突飞猛进，给市场街南区等低收入旧社区带来了巨大压力。即使是像田德隆区这样的高犯罪率社区也有租户源源不断涌入，这使得许多社区居民担心自己会流离失所。市场规划北部联盟（North of Market Planning Coalition）等反绅士化团体成功守住了单间（SRO）住宅（相较于其他美国城市）。1985 年，该团体还成功地降低了田德隆区的区划规模（downzone），将所有新建楼房的层高上限从此前的 130 英尺①至 132 英尺降低至 80 英尺。[39] 这在市中心形成了一条独特的黄金地带，尽管周边城市变得越来越富裕，但这些地段的开发仍受到保护。这导致了本章开头描述的荒诞画面：富裕的科技员工在上班途中不得不经过田德隆区周边几个充斥着贫困和瘾君子的社区。尽管低收入居民暂时还能租得起田德隆区的房子，但更富裕的社区正在广泛运用暂停开发的策略，这无疑将限制住房供给。

当 2000 年第一个互联网泡沫破灭时，旧金山许多面临绅士化威胁的社区都曾短暂地实施过暂停驱逐令。由于地理位置以及几十年来的缓慢开发立法规定，住房成为旧金山的一个核心关切。在城市便利设施的吸引下，轻足迹②（light footprint）的科技公司开始从硅谷迁往市区。由于科技企业更关注生活方式带给人的影响，它们逐渐认为在郊区设立办公室只会培养出“硅谷呆子”而非具有国际化视野的人才，因此把办公室迁移到市区不仅仅是为了营造更舒适的办公环境，更是为了培养出

---

① 1 英尺≈ 0.304 米。——编者注

② 轻足迹管理的核心是领导力模块化、合作灵活化。——译者注

理想的员工。[40] 许多搬到市中心的公司要么是只有不到 100 人的创始团队，员工薪资优渥，要么是那些相较于其他行业，在住房支付能力和住房数量上能为员工提供更多保障的企业。

直到 2008 年经济危机时，这些公司也获得了城市政策的帮助。公司有充分的理由搬到旧金山市中心了。市长李孟贤[①]（Edwin M. Lee）致力于将田德隆区开发成一个经济发展项目，哪怕没多少居民能在科技行业找到工作。由于推特公司威胁放弃其位于市场街中心社区的总办公室，2011 年李孟贤设立了“市场街中区工资税豁免项目”（Central Market Payroll Tax Exclusion），免除了大公司 6 年的工资税。此后 10 年，这些公司一方面依赖公共资金，另一方面却回避当地的基础设施：它们建造自己的高端自助餐厅、提供内部健身服务、打造可以举办宴会的办公室，取代本地的娱乐休闲设施。谷歌等公司甚至提供私家公共汽车，其他科技员工宁可使用共享出行小程序也不使用公共交通系统，许多公司还拥有自己的共享单车，削弱了公共共享单车项目的存在感。它们唯一没有提供的必需品就是住房——至少现在还没有。

当然，私有基础设施完美契合了某些品牌的技术狂自由主义（technophilic libertarianism）。20 世纪中叶的国家福利公共基础设施显得过时，有时候甚至被视为新型“小城市”的绊脚石，后者通过新的空间和在线互动获得了流动性、就业和服

---

① 李孟贤，华裔美国人，旧金山市第 43 任市长。——译者注

务。[41] 这些新的私有制度通过取消集体所有权意识，剥夺了基础设施曾具备的国家属性。许多人认为这是件好事，毕竟没多少人会为破败过时的联邦政府体制感到自豪。正如建筑理论家凯勒·伊斯特林（Keller Easterling）所言，州等地方政府甘愿放弃基础设施资源调配方面的主权，它们或是削减成本，或是承认在数字时代力有未逮。[42] 公共基础设施正变成一种时代痕迹，标志着一个逝去的时代，大政府进步人士对此痛心疾首，小政府保守人士则欢呼雀跃。[43] 旧金山的技术公司更支持后一种意识形态，它们试图为其已经建成的数字制度打造全新的、私有化的物质基础设施。[44] 问题在于，它们无法掌控市镇政府。因此，它们眼下只能在垂死的公共制度上建立一些辅助性基础设施。尽管许多技术公司热心参与城市问题并尝试利用大数据寻找解决方案，但收效甚微，它们所提供的系统与公共系统曾经的重要作用不可同日而语。

从硅谷的商业办公区到旧金山市区，这一迁徙浪潮暴露了基础设施私有化的致命缺陷：技术员工不想生活在郊区的科技园区中。他们希望置身于蓬勃发展的市中心，好坏照单全收。在住房选择方面，技术员工通常醉心于维多利亚式的海景房，在这里他们不仅能感受到城市原真性[45]，而且可以从社会经济不断变化的社区租金差距中发现值得考虑的投资潜力。[46] 他们的老板既能享受搬迁的税收优惠（比如李孟贤市长提供的优惠），同时也可以从昂贵的硅谷郊区迁往新兴的——绅士化的——城市用地。这使得越来越多住在市中心的低收入城市居民被迫迁移出来，导致城市出现“白人化”，有色人种正在消失。事实上，1990—2010 年，旧金山的非裔美国人口数量下降了近 40%。[47] 长期为低增长问题头疼的市政府，终于对反开发联盟做出反击：由于大部分轻足迹的科技公司（在最初阶段）青睐于翻新老房子，因此像李孟贤这样的官员无须兴建大量新住房或新的办公大楼，就可以迎接新企业入驻。

从这个意义上说，欢迎科技企业入驻旧金山市中心是为了促进就业和税收，从而维持摇摇欲坠的基础设施。地理学家斯蒂芬·格拉汉姆（Stephen Graham）和西蒙·马文（Simon Marvin）提醒我们，基础设施规划“不是不动脑子的物质堆砌……毋宁说它需要深思熟虑的统筹”。[48] 2008 年经济危机之后，政客们仍希望拯救公共交通和其他市政服务，于是他们寄希望于在市中心发展技术产业。然而，尽管就业增长飙升，并顶住了经济大衰退的冲击，但是旧金山在建设新住房方面仍旧步履维艰。很快，这个问题就成了这座城市的痼疾，解决方案难产将使市政机构瘫痪，并导致社会严重分裂。

大兴建造

“可以在我的后院”运动诞生于 2014 年，最初的名字是“湾区租户联合会”（BARF），有点难登大雅之堂。命名者是来自费城的教师索尼娅·特劳斯，她试图吸引人们的注意力，充分表达了对旧金山住房现状的关切：这太可怕了，人们一想到住房问题，就感到反胃。特劳斯和“湾区租户联合会”的其他创始成员认为住房保障运动需要采取更加灵活多变和务实的态度：活动家必须尝试接纳不完美的开发项目。这意味着他们要支持市场价住房和保障房混建的拟建公寓楼，不能寸步不让地坚持让整个项目都建保障房。“湾区租户联合会”活动家支持公共住房、社区土地信托，以及其他提供非营利住所的新方案，但是他们认为，应用程序科技公司向旧金山市中心扩张带来的房地产繁荣只不过是昙花一现。正如该团体的一名早期志愿者史蒂文·巴斯（Steven Buss）所言：“为了加入‘可以在我的后院’运动，你必须表示‘廉租房和市场价住房我都需要’。因为如果你坚持非此即彼，那是行不通的。市场无法为收入很低的人提供住房，而美国政府也无法建造足够的住房来满足我们的需求。”

“湾区租户联合会”的早期组织者起初为志同道合的租户安排快乐时光讨论会，讨论城市的居住密度问题。巴斯从2014年起就开始参加这些会议，他和许多人一样在科技行业工作，他说这些会议的规模很小且完全自助：

> 我们在市场街南区的这个仓库碰头。这个仓库没有取暖和制冷设施，我很确信我们是在仓库外非法集会的，这非常符合我们的调性。许多和我一样的人济济一堂：大家都很年轻，都对这个城市的管理不善表示很愤怒。

巴斯已经从洛杉矶搬到了旧金山，他对旧金山的房价感到瞠目结舌。在搬到湾区之前的六个月，他就开始为自己和未婚妻寻找公寓，但是他每次查看房租表格后都会发现，房租在持续上涨。最后他的一位同事表示自己的室友正打算搬走，腾出的房间可供巴斯小情侣入住（租金比他俩在洛杉矶租住的整套一居室公寓还稍微贵点）。几个月后，巴斯和未婚妻分手，他不得不再次寻找落脚的地方。他记得这次经历极其令人沮丧：

> 我又一次开始找房子，什么都涨价了……最后我不得不在我前任的公寓里睡了几个月的沙发，那太不爽了……那是我最不想待的地方。正是这件事让我变得激进。

对于许多“可以在我的后院”运动人士而言，激进主义的话语是相对的：他们的解决方案与城市规划的主流信条保持一致，符合市镇政府的想法，完全迎合了开发商的利益。许多“可以在我的后院”运动人士都经历过一个思想转变的过程，因为他们都是生活舒适的中产阶级，此前并未意识到需要捍卫自己的利益。然而城市租房难的问题持续蔓延，迫使他们开始担心自己的财务安全，不得不以更坚决的态度来拥护自身的利益。在“湾区租户联合会”的早期会议中，巴斯认识了其他“可以在我的后院”运动人士，他们对租房市场一样愤怒。许多人都是科技员工，薪水颇丰，就是单纯不能理解为什么旧金山的房租会失控到这种地步。他们很快确定了原因：新建楼房不足，晦涩难懂的审批程序使现有居民能够阻拦开发新住房。正如巴斯所言：

> 自由裁量审查（discretionary review）流程意味着城市里随便谁都能投诉任何项目。他们只要支付几百美元，就能说“我不喜欢这个”，然后迫使项目搁置好多年。真的要等好多年。大部分时候，这不是真心的反对，而是百万富翁之间的斗争。偶尔也有百万富翁与亿万富翁作对。

“可以在我的后院”会议一贯认为，旧金山的邻避主义思潮不过是精英之间的龃龉。如果他们不得不做出选择，那么“可以在我的后院”运动人士更倾向于支持富裕的开发商，至少开发商在追求私利的同时也能产生对社会有益的后果（比如建造更多住房）。他们尤其愤恨那些以优惠价格购入豪宅的进步人士，当时这座城市的房价要便宜得多。劳拉·富特是旧金山“可以在我的后院”的一名重要成员，她表示：“每个人都讨厌被当成新来的，就因为他们三十年前不住在这。”在新建住房的分区会议上，她进一步表示邻避主义有两种类型：一类人全盘拒绝任何开发项目，他们说“我觉得我生活的地方没什么需要开发的，所以没必要考虑开发问题”；另一类人并不清楚房子是从哪来的，“如果你问他们我们需不需要更多的住房，他们会回答‘当然需要’，但是如果你问‘我们需不需要更多的开发项目’，他们会回答‘一点也不’。”这种想法也反映了富裕社区的居民会经常混淆社区开发和建设施工，他们认为这都是低收入社区才会发生的事。

早期的会议主要由“可以在我的后院”运动的两位新秀劳拉·富特和索尼娅·特劳斯主持，她俩一唱一和，有时候开会几乎只是为了喝酒和吃零食发泄情绪。巴斯记得，早期在市场街南区寒冷的仓库里有这样一次会议，当时他们拿出包肉的厚纸，记下各自的想法。他们也会在酒吧举行会议，目的是吸引进店短暂停留或留下来喝点酒的散客聊一聊住房或其他话题。对富特而言，这样做都是为了创造一个低调的空间，欢迎那些不太热衷于组织活动的人参与，她说：“人们会过来点杯啤酒，但不要对他们抱太大希望。社区运动人士宁缺毋滥。”乔·里瓦诺·巴罗斯（Joe Rivano Barros）是“可以在我的后院”运动的另一名早期参与者，他证实了富特的说法，他说会议可能会长达三小时，“‘可以在我的后院’运动人士非常热衷社交，如果你不把政治实践变成社交活动，别人就不会来，所以点心和饮料不能缺席”。富特等人都说社交纽带——甚至是对房价的抱怨——对于团体凝聚力来说至关重要：共同的不满让人们行动起来。正如她所言：

> 有些人参与的第一次，是因为他们真的生气；他们参与的第二次，是因为他们觉得不好意思；但是如果他们玩得不开心，或者和其他人没混熟，感到不被欣赏或者不被重视……那么他们就不会再参与了。

早期采取这种平易近人的会议方式，是为了让尽可能多的人参与进来。这成功地吸引了不同政治倾向的人，包括从房地产从业人员到反资本主义组织者的各色人等，尽管这种妥协好景不长。

“可以在我的后院”活动家在旧金山的第一个目标是为租户创造一个发声的平台。2018 年，旧金山 65% 的人口租房住。这些租户中近六成享受到了租金控制福利：对一个美国城市而言，这个比例相当之高。然而，剩余的四成租户则必须要承受不断上涨的房价，其中一些人租住在廉租公寓里，随时可能租不起房。[49] 特劳斯和其他“可以在我的后院”活动人士认为，在旧金山——奥克兰——海沃的租客花费近四成的收入用于租房，他们处境艰难却不被重视。[50] 他们只能在绅士化辩论中发声，而在讨论扩大住房存量的城市规划会议上却难觅其音。相反，这些会议充斥着房主反对建造公寓的声音，他们的理由无非是交通不便、影响采光以及破坏“社区特色”。“湾区租户联合会”活动家对所谓的社区特色心存怀疑，每每提及社区特色，他们听到的都是些自私自利的观点，这些人只想维持现状，而非为了维护社会关系纽带下具体人群的利益。乔·马修斯（Joe Matthews）是加利福尼亚州的一名作家，他支持“可以在我的后院”运动的观点，表示：

> “保护社区特色”这一论点秘而不宣的天才之处在于，援引这一论点的人可以回避蓄意阻挠的责任。他们

> 把自己描述成“利益相关者”，只是为了避免社区利益受损。更糟的是，在支持行动主义的时候，这些口口声声维护社区特色的人又伪装成了正直的社区活动家。[51]

“可以在我的后院”运动人士自视为真正的活动家，批评那些抵制变化的人自私自利、与城市发展脱节。正如马修斯所言：“在正常情况下，社区特色都是一个糟糕的辩护论点，因为无论是特色还是社区都不是一成不变的。住房、建筑物、街道、经济和公共空间都会老化，都需要维护、更新和翻新。”[52]在“可以在我的后院”关于住房话题的各种趣闻中，有一个是海绵宝宝站在发臭的垃圾桶前考虑邻避逻辑，它说“无人知晓的自助洗衣店要求该市提名一个历史遗迹”。这个表情包牵扯出一桩陈年旧事，当时在城市主管的带领下，教会区就历史遗迹的提名（Historic Designation）展开了真正的斗争。[53]由于对社区特色心灰意冷，并认识到需要维护空间和审美现状，“可以在我的后院”运动人士决定派自己的联盟成员出席规划会议，他们大部分是按市场价租房的租客，既不用担心租金控制失效后的房租上涨，也不需要为按揭房产维持月供。

“湾区租户联合会”的首批成员许多刚搬来旧金山，疲于寻找并租下价格合理的公寓。他们经常感到囊中羞涩，希望摧毁现有社区。一名技术员工把这个团体描述为避风港，他们“一方面很幸运能支付得起每个月 4000 美元的房租，另一方面却还是担心房租上涨……在这个会议上，没有人会对你说‘你不属于这个城市'或者'你不过是一个技术民工'"。

早期的"可以在我的后院"运动人士鄙视邻避主义活动家，认为后者竟然没意识到住房危机是供给侧的问题。他们也不喜欢目前那些丑化一切新来者的社区团体。蒂姆·雷蒙德（Tim Redmond）曾为现已停刊的《旧金山湾卫报》（*San Francisco Bay Guardian*）撰稿，这是一份关注城市文化的左倾报纸，对"可以在我的后院"运动的评价不高，认为之前旧金山的移民都是为文化慕名而来的披头士、嬉皮士和同性恋人士等，而现在的新来者纯粹是为捞金而来。[54]"可以在我的后院"活动家迅速反唇相讥，他们批评雷蒙德一边主张对"贪婪的"新来者关闭湾区的大门，一边却住在价值 140 万美元的房子里，而自他买下这栋房子以来，其价格已经翻了两番。多亏了第 13 号提案，雷蒙德每年只需要为他的房子支付 0.4% 的税[55]，却还抱怨"当你深陷坑中，就不要再继续往下挖。当你处在危机中，就不要恶化危机。现在，建造豪宅对于这个城市有百害无一利。"[56]在"可以在我的后院"运动人士看来，旧金山守旧派对于住房可支付性问题的惺惺作态显得虚伪做作，他们声称后者与其说是担心出现社区绅士化，不如说是纯粹不喜欢拥挤的环境和高楼大厦。这些活动家尖锐地嘲讽那些"只为文化而来"的人自私自利，完全不了解住房经济学，他们墨守成规只为证明自己的乡愁。"城市早晚需要扩张。"一名在奥克兰和旧金山出席"可以在我的后院"会议的女性技术员工这样说。她还表示：

> “我们最烦别人对我们说‘有钱人闭嘴’，因为我们中的很多人一点也不觉得自己有钱。房价这么高……总得有人在这个城市里消费以促进经济。所以，城市吸引高收入群体流入有什么不好的？”

在很多情况下，“可以在我的后院”运动人士认为他们的教养和成就足以使他们成为好邻居：他们能够积极投身于有城市规划知识门槛的活动，他们认为自己有能力把社区建设得更宜居。[57]

到2016年，旧金山“可以在我的后院”运动已发展至数千人规模，并扩张到新的组织和社区中。特劳斯把“湾区租户联合会”更名为更严肃的“加利福尼亚州租户法律宣传和教育基金会”（California Renters Legal Advocacy and Education Fund），同时还腾出手来帮助劳拉·富特启动“可以在我的后院行动”（YIMBY Action）运动，后者鼓励支持致密化（pro-density）的政治候选人，而加利福尼亚州“可以在我的后院”团体则在萨克拉门托市游说新的住房政策。除了这些大型组织，湾区周边各种社区团体层出不穷，为寻求分区批准的单个项目提供协调和支持。这些团体包括：扩建里士满（Grow the Richmond）、奥克兰“可以在我的后院”（Oakland YIMBY）、每个人的东湾（East Bay for Everyone）、帕洛阿托向前看（Palo Alto Forward），以及宜居伯克利（Livable Berkeley）。许多媒体都将特劳斯视为“可以在我的后院”运动的发言人兼创始人，她推动权力下放并建立分支机构。这不仅意味着该运动具有属地化（localism），而且还意味着该运动海纳百川、兼容并蓄："可以在我的后院"运动人士既有社会主义者，也有市场主义者。到了2016年唐纳德·特朗普当选总统的时候，该运动突飞猛进，这得益于社区利益诉求、言简意赅的名称，以及科技企业捐献的数百万美元，其中就包括Yelp① 和脸书② 的创始人的捐款。[58]由于早期受到科技企业的资助，"可以在我的后院"团体不得不费尽心思地协调其内部的社会主义者和自由主义者，小心翼翼地维护由"愤怒的租房者"自发团结起来的草根形象。[59]

"可以在我的后院"运动成员在地方会议上主张其有权留在旧金山，并通过成员支付小额会费、在线品牌建设以及依靠志愿者而不是聘请专业人员来发展他们的地方组织。他们不断吸引这个城市的新来者，后者为住房和就业之间的不匹配感到震惊。从经济机会的角度解释，人们有权迁移到技术就业市场的中心，并从繁荣的经济中分得一杯羹。此外，特劳斯等人经常将邻避主义定义为一种酷似特朗普仇外主义的内部地方主义。2016年11月，特劳斯在旧金山监事委员会（San Francisco Board of Supervisors）为教会区社区的一个公寓项目做辩护，她说："特朗普上台之后，美国各地都被排外主义搅得不得安宁……当你表示……你的社区不欢迎新人和新气象，

① Yelp是美国著名的商户点评网站。——译者注

② 脸书（Face book）现已更名为元宇宙（Meta）。——编者注

那么你和全国各地反对移民的美国人就没什么不同，二者如出一辙。”[60]对于“可以在我的后院”运动人士而言，拒绝开发住房或拒绝新来者，无异于高呼“建墙”。然而，对拉美人和其他旧金山“黑户”来说，这种观点荒谬无理地贬低了他们得不到法律保护的生活经历。

“可以在我的后院”活动家试图证明每个人都有权追求机会，但是他们四面出击的态度很快使自己在旧金山声名狼藉。“可以在我的后院”的早期成员觉得这不值一提。索尼娅·特劳斯说她出席各种会议只是为了听听人们反对开发住房的“狗屁借口”，然后“针锋相对”。劳拉·富特也表达了类似的看法，她说：

> 那些说什么乐观友好、考虑本地邻居的人，都是站着说话不腰疼……我们不是在过家家。如果想产生真正有意义的变化，我们就必须高声疾呼，你的声音要足够尖锐才能吸引到坐在沙发上的人，他们才是你的观众。出席会议的人无关紧要，因为他们不会改变自己的决定。

不同于大部分活动家的一板一眼，这种毫不妥协的风格和诙谐幽默确实使“可以在我的后院”运动人士在旧金山声名鹊起。一些资深的住房保障团体指责他们招摇过市，制造不必要的仇恨，比如他们会研究对手，宣传自己住房理念的价值，而且这种高调的策略卓有成效，特别是在社交媒体和在线论坛上，在那里礼貌克制可并没什么用。

大部分支持住房保障行动的社区讨厌“可以在我的后院”运动还有另一个原因，即后者认为解决可支付性问题最好借助开发商的力量。反绅士化活动家认为开发商根本不在乎租户的死活：为了抬高地价，他们肆意驱赶租户。在旧金山，这意味着要把奥克兰和教会区等地的租户从五十多年房龄的小房子里赶走，推倒这些建筑物，然后在原地建起大型公寓楼，而且哪怕开发商在项目规划协商中配建了少量价格合理的公寓（如果有的话），大部分前租户也根本没有机会租到。

“可以在我的后院”运动人士尝试改变辩论的基调。他们认为诋毁开发商只会适得其反：没有开发商，怎么建房子？“可以在我的后院”运动人士推断非营利机构和市政府无法大规模地兴建新房，更务实的策略是仔细审查开发商的项目价格是否合理，并帮助能够建造廉价住房的开发商获得规划审批。这种更宏观的观点让传统的住房保障活动家备感沮丧，因为这正是其反对的城市规划者和经济发展组织多年来解决房价上涨问题的论调，实际上：“没错，人们将不得不离开社区，但新楼房是整个蓝图的一部分。”正如奥克兰一名反绅士化活动家所言：“‘可以在我的后院’运动的观点一言以蔽之，‘我们走着瞧——住房可支付性指日可待，但是在等待过程中，你能不能向外挪个30英里，远离我的视线？’”确实，“可以在我的后院”团体坚称只有与开发商合作并尽量争取最优交易，才能增加住房存量以满足所有人的需求，但这一承诺在反绅士化团体看来实则虚无渺茫：对他们而言，“可以在我的后院”运动人士并没有在与开发商谈判，他们本身就是由开发商伪装的活动家。

从怒发冲冠到玩世不恭：用网络流行梗赢得人心

在关于旧金山住房危机的大部分记述中，普遍弥漫着一种伤感而非荒谬的情绪。为了让政策制定者和公众理解湾区住房问题的严重性，活动家讲述了关于驱逐、无家可归和社区被毁的故事。然而，许多“可以在我的后院”运动人士却采取了滑稽甚至玩世不恭的策略。在刚成为“可以在我的后院”运动斗士的时候，索尼娅·特劳斯就对湾区的反住房开发力量深感失望，抱怨后者会因为微不足道的理由去阻止在一块空地上建房。[61] 其他活动家喜欢用表情包对付邻避主义对手。一个表情包中火柴人戴着邻避主义面具，一个路人问：“你为什么总是戴着这个面具？”追问无果后路人揭开了面具，面具底下写着“去他的穷人”。路人于是拉下邻避主义的面具，说道：“我们继续。”这些表情包在照片墙（Instagram）、脸书和几乎天天更新的各种博客上迅速传播。这说明，如果想支持开发和提高居住密度，那么幽默感比起正儿八经的对话更能打动人心。[62] 但是，对于旧金山“可以在我的后院”主义的许多批评者而言，这反而证明了他们不够严肃，更有甚者，这种粗鲁和刻薄的戏谑已经把住房政治变成一种新的敌对情绪。正如一个跟帖所指出的，对于这种做法：“我实际上认同‘可以在我的后院’活动家的大部分观点，但是他们的很多策略和态度像极了特朗普。”[63]

“西葫芦女士”事件是一个高光时刻。在2017年伯克利市的议会会议上，一位房主希望把一个独栋住宅改建成两层楼房，这正是致密化活动家所青睐的并且不会对邻居造成损失的那种微观层面的措施。在会议的公众评论阶段，一位与拟议改建地块毗邻的房主起立并挥舞着西葫芦，嚷嚷道：“我种了西葫芦，因为我喜欢种菜。”这名妇女表示：“种菜需要阳光。我能种出西葫芦，是因为现在我隔壁没有高大的两层楼房影响采光。”[64]这一刻为观众席上的“可以在我的后院”活动家提供了网络新梗的绝佳素材——他们当机立断在社交媒体上嘲讽这位邻居，并随后在公众评论环节中发表演讲。对于该妇女的发言，千禧一代的一位观众表示：“我没有西葫芦——那确实是个极好的道具——但我有借记卡……卡里有差不多800美元。这是我的全部家当。”他还说自己这辈子都买不起一所带花园的房子。[65]

用诙谐的手法表达愤怒并不是什么新战术，[66]但这成为“可以在我的后院”主义的核心策略，即让反对者看起来滑稽可笑、顽固不化，即使是在鸡毛蒜皮的小事也会上纲上线、寸步不让。这种策略旨在吸引年轻的数字原住民加入这场运动。

他们的政治敏锐性是通过影像塑造的，比起《60 分钟》[①]（*60 Minutes*），他们更喜欢看《每日秀》[②]（*the Daily Show*）。这或许在城市主义群体中最明显，比如那些搭乘公共交通出行的青少年组建了新城市主义迷因[③]（New Urbanist Memes for Transit-Oriented Teens，NUMTOTs），这个团体在脸书上拥有 20 多万粉丝。树洞（poster）为那些乘坐公交和其他交通工具的年轻人提供了对城市规划问题宣泄不满的机会，对他们而言，买房遥不可及。这种语气上的转变嬉笑怒骂地揭露了伪善的现实：它让潜在的支持者不再相信“缓慢开发”倡导者的说辞，后者总嫌弃建筑规模太大。他们把街坊邻居刻画成“歇斯底里的嬉皮士”，比起他人的流离失所，他们更关心自己种的菜。

“可以在我的后院”主义采取幽默策略，主要是针对伯克利等富裕社区中反对开发住房的人，但也是为了与住房保障进步团体竞争。许多受访的“可以在我的后院”活动家都表示对左翼的“纯度测试”感到沮丧。他们认为这无异于作茧自缚，即追求完美的项目获批（比如 100% 保障房项目）而不是降

---

① 《60 分钟》或《60 分钟时事杂志》为美国的一个新闻节目，由美国哥伦比亚广播公司播出。——译者注

② 《每日秀》，是由美国喜剧中心频道（Comedy Central）于 1996 年开播的深夜政治吐槽节目。——译者注

③ 迷因（meme），即当下流行的网络梗，指在同一个文化氛围中，人与人之间传播的思想、行为或者风格。这里指的是城市主义者在 NUMTOTs 这个团体中，传播和衍生出的各种关于公共交通的梗，以此来表达不满。——译者注

低保障房比例、推动更多住房项目。比如，在2019年的监事会（Board of Supervisors）上，左翼活动家阻止在已经绅士化的、繁忙的市场街南区建造一栋63套房的公寓（配建15套廉租公寓），理由居然是这会影响维多利亚马纳洛·德拉维斯公园18%的采光。[67] 当被问及为何使用网络表情包进行嘲讽时，一名“可以在我的后院”活动家表示：“好吧，这可是旧金山，所以他们基本上是在嘲讽自己。”劳拉·富特告诉我“一些环保主义者快把我逼疯了！有一次，有个人真的为一棵树举行了葬礼。”她补充道，这就是支持开发的活动家（pro-growth activist）不得不面对的情况：一旦对他们的生活质量稍有轻微的冒犯，他们就会喋喋不休地嚷嚷房主的权利。富特经常自嘲是“土地阴谋论者”，她相信土地是稀缺的，必须提高居住密度，但这听起来像是把“地平说”这一科学术语与“地球是平的”这一互联网阴谋论混合在一起的笑话。这表明如果信念过于僵化便会反噬自身。对“可以在我的后院”运动人士而言，意识形态上的灵活变通有利于解决问题。

“可以在我的后院”行动主义反映了线上政治参与的新趋势，这迥异于过去上门访问式的社区活动。此前关于住房可支付性的运动都是以社区为单位展开的，“可以在我的后院”运动突破了社区界限，因为他们代表的是还没租到房或者因为房租太高而被迫搬走的人。这使得对话的焦点从居无定所转移到机动性上。与此同时，由于“可以在我的后院”运动的许多支持者都是千禧一代或年轻人，于是网络行动主义成了他们的第二天性。这给住房保障运动带来了新基调，摒弃了一些进步分子道德绑架式的一本正经，采用了互联网流行的讽刺与幽默。劳拉·富特说，旧金山"许多'可以在我的后院'主义者都反对传统左翼的道德说教"。城市规划者必须认识到提高居住密度利大于弊，但"可以在我的后院"运动人士认为，必须通过一系列幽默的推文来宣传这种观点，比如挖苦邻避主义者的目光短浅，而不是洋洋洒洒地写出 200 页的报告。

"可以在我的后院"运动人士经常遭受社区团体的人身攻击，后者不欢迎新来者进入自己的社区，比起别人租不租得起房子住，他们更在乎自己舒不舒服。一个"可以在我的后院"团体对一个湾区缓慢开发团体的负责人喊道："恭喜他不需要为自行车或四联排别墅烦恼。"[68] 城市致密化斗争的日趋个人化恐怕不可避免，因为"可以在我的后院"的行动计划就是要曝光特定个人在旧金山湾区委员会和分区规划局审查项目时的嘴脸。这也意味着无法对问题进行任何程度的抽象化以推进慎重的讨论：因为这事关具体的个人和他们居住的房子。尽管"可以在我的后院"活动人士标榜自己热衷于揭露旧金山左派的道貌岸然，但他们实际上炒了 20 世纪 60 年代兴起的城市行动主义的冷饭，当时从雅皮士①（Yippie）的街头剧场到穿着大

① 雅皮士与嬉皮士都兴起于 20 世纪 70 年代，一般是指都市里较为追求时尚生活的"唯美"男士。他们思想前卫、懂得享受，虽容易接受新事物，但缺少离经叛道的精神。——译者注

型兽装的环保主义者都用戏剧化的形式来表达不满。他们迫切地想在群体构成和策略上画出一条代际分界线，目的是将自己塑造成新开端，而不仅仅是一种极端的行动主义流派。[69]

“去他的社区控制”

“错了，你无法完全控制这宛若小型封地的社区空间。你必须先服从其中的条条框框，才能为所欲为。总而言之：去他的社区控制。”一日午后，我独自一人在旧金山一家酒吧里喝着特卡特啤酒时，一名“可以在我的后院”活动家如是说。我们一开始讨论“可以在我的后院”主义对政府管控规模提出的基本挑战，讨论很快渐入佳境，她言简意赅地指出，郊区化的全部历史就是精英对其选择的社区行使最大限度控制的过程。现在，草草喝完第三瓶啤酒，她已经不再客气：“地方控制在我看来是最危险的信号，但我不能这么说，因为这会让我看起来像是在反对草根立场……而且，好吧，这里是美国。无论是左派还是右派，美国人都标榜自己热爱地方主义……好吧，我把话撂下了——我不一样。”尽管这位女士认为她的这些观点不会得到同事的认可，但她还是用更活泼的语言重申了“可以在我的后院”活动家的观点：地方主义滋生了自私自利、效率低下和目光短浅。相反，他们认为城市规划必须跳出社区共识，着眼于整个大都市的范围。尽管很多人感觉这种观点不民主，但它不仅是务实的，还对历史做出了回应：人们住在哪里并非偶然，社区也不是自然形成的集合体，而是有着强烈的种族和阶级界限。[70]

认为旧金山城市治理四分五裂并非什么新观点：许多政策措施都曾尝试在湾区的开发问题上实行更统一的法规，但都铩羽而归。2019年，湾区九县打破僵局，提出CASA一揽子计划（CASA Compact），大都会交通委员会（Metropolitan Transportation Commission）将成立9家大都会房企（Metropolitan Housing Enterprises），在每个县建造更多住房，但是资金将被集中使用，以便为贫困地区提供额外支持。[71]“可以在我的后院”活动家热烈支持这项计划，因为这既可以在交通便利的地区快速建房，又能维持租金控制，避免租户被驱逐。当然，他们希望步子迈得更大一点，彻底取消社区对住房开发流程的控制才好。他们认为，在市一级进行决策能够减少人们各扫门前雪的行为。这次改革还将住房决策的临时程序规范化。与此同时，CASA一揽子计划的“3个P”——维护（preservation）和建造（production）保障房，保护（protection）租户免遭驱逐——也是“可以在我的后院”运动人士与其他住房保障活动家的主要分歧点：对许多人而言，“大兴建造”的理念与保护脆弱的低收入社区这一最终目标背道而驰。

奥克兰一名年轻的“可以在我的后院”运动人士说道：“我们希望更多规则而非反之。有人觉得我们的目的就是摆脱城市规划，这简直是天大的误会，”他一边说，一边还提及自己在伯克利学的就是城市规划，“事实上，我们只是想要可以遵守的规则。”索尼娅·特劳斯也表达过类似观点，这反映了为何统一的地区规则能够让开发问题变得更透明：

> 规划和设计审查不需要那么多外行指手画脚。让专业人士来就够了。只要照章办事，时间长点无所谓，但是我们不认为每个人都有权利对别人百叶窗的颜色指指点点，进而导致项目进度搁置好几年，就因为你住在旁边。没人在乎你对别人百叶窗颜色的“高见”。

特劳斯和“可以在我的后院”的许多其他活动家都相信，这些所谓的社区诉求不仅愚不可及，而且舍本逐末，毕竟问题的关键在于建造更多住房。在更基本的意识形态层面上，这些活动家反感社区福利评估流程（community benefits process），即开发商提出建设方案，地方政府为项目中的保障房讨价还价，或者要求建造新的公园和学校。他们觉得这套流程适合资源丰富、地处优势地段且有竞争力的社区。但是，为了保证每个项目都是独一无二的，各方围绕社区福利争执不休。劳拉·富特赞同这一说法：“我们需要破坏超地方主义（hyper-localism）的叙事……许多人相信我们只在后院组织起来就行，但是‘可以在我的后院’主义一贯认为，凡事都是牵一发而动全身的。”

当论及城市政策时，区域合作的意义不仅在于规模效益，而且在于打破社区藩篱以及社区中滋生的利己主义。在旧金山“可以在我的后院”运动人士看来，地方和社区的情感纽带弊大于利：它使得人们的行为变得自私和不理性。乔·里瓦诺·巴罗斯自称是“可以在我的后院”运动的进步人士，他深切关注住房供给和社区绅士化，表示湾区富裕地区的社区团体常常四面树敌，因为每当提及社区变化时，他们都拒不接受任何妥协：

> 他们完全无法想象人口密集的社区会是什么样子。你或许在金融区见过二十层的高楼遮天蔽日，但这并不常见。我们说的是只有几层高的楼房，就像在欧洲城市里常见的那样，社区风景宜人、生活舒适，还建有步行街。现在有太多的人在制造恐慌。

随着“可以在我的后院”团体的规模和能力不断增长，他们开始把目光转移到旧金山市区以外的地方，认为新建住房的负担必须平均分配：最主要的是富裕的郊区，一直以来，除了独栋住宅，他们抵制一切住房类型。索尼娅·特劳斯创立了名为“起诉郊区”（Sue the Suburbs）的团体，利用鲜为人知的州法律对住房可支付性的规定，威胁富裕城镇建造更多住房。2015 年她在拉斐特市一战成名，当时“可以在我的后院”运动人士起诉了市政府，要求兴建更多保障房。他们代表住房工程（housing project）发起请愿，连开发商都同意缩小建造规模，他们却仍据理力争，要求维持最初的保障房套数，认为应该批准开发商建造整个项目。[72]尽管这一诉求最后还是失败了，但是这让“可以在我的后院”运动人士一炮走红，促成了他们与湾区其他郊野城市的谈判，包括索萨利托、卡拉巴萨斯和洛斯阿图斯，这些城市都在试图避免类似的诉讼以及媒体的负面关注。当特劳斯被问及其在圣布鲁诺咄咄逼人的策略时，她对《下一代城市》杂志（*Next City*）表示：“我们没有制造冲突——我们只是揭露冲突……这是马丁·路德·金的第 101 次行动——这是第 101 次政治行动。这些人在加剧住房短缺。当你咒骂着‘去他的吧，我每天通勤两小时，回到家的时候孩子已经熟睡’时，冲突就产生了。”[73]

“可以在我的后院”运动人士并不相信郊区纯粹是一种生活方式的选择，尽管如此，他们还是觉得，如果靠近铁路或者离城市更近，很多郊区可以变得更热闹。劳拉·富特澄清了这一分歧：“城镇和郊区的区别在于，城镇有公寓，而郊区只有杂乱无章的住房。”当然，这种非难部分沿袭了对 20 世纪分区制度的广泛抨击，该制度规定居民区和商业区应该分开。正如史蒂文·巴斯所言：“如果我必须做出选择，那么基于类型的分区（form-based zoning）能带来最高效的变化。这顾及了旧金山的政治现实。根据这种分区，一栋建筑一旦符合了特定的物理特性，就不再限制其住房类型和居住密度。这摆脱了排他性的分区。居民区和商业区的划分将不复存在，只需要考虑城镇里特定区域能建多大的建筑即可。”这个观点听起来似乎平平无奇，但事实是，它与当前美国大部分城市规划中主导的基于用途的分区（use-based zoning）方式大相径庭。这一模式目前只有小规模试点，一旦大范围推广，这很可能意味着我们熟悉的纯住宅区将不复存在。除此之外，还可能会出现建筑用途杂糅，比如车库旁边的瑜伽馆毗邻着种植园。但是，大部分人并不期待出现这样的大杂烩。实际效果可能更倾向于许多“可以在我的后院”运动人士提出的解决方案，即规划当局长期提倡的中间路线，但他们用更俏皮的语言和动图对此重新进行了包装。

回避补贴

旧金山“可以在我的后院”运动在斗争中不断壮大：其成员一开始与抵制开发的房主们对峙；后来又长篇大论地斥责只允许建造独栋住宅的市政府；最后还嘲讽知名的住房保障活动家不仅一事无成，还阻止增加住房存量。“他们真的开始四处挑衅，”奥克兰市一名60多岁的住房保障活动家这样告诉我，“人们会想‘这些伙计是谁？他们为什么要对投身住房保障运动20多年的人大呼小叫？’这真的使人困惑。”对她而言，“可以在我的后院”运动人士根本不是什么活动家，只不过是一帮愤怒的有钱人，利用不可靠的住房经济学来哄骗大众支持社区绅士化。事实上，她注意到“可以在我的后院”运动人士在有意地疏远旧金山其他住房保障活动家，但“可以在我的后院”运动人士却说这完全是无稽之谈。

索尼娅·特劳斯和劳拉·富特指出，她们的运动是公共住房运动的必然补充，但是她们很快在细节问题上与当地团体产生了分歧。特劳斯言简意赅地说：“对于那些认为开发住房解决不了问题的人，我想问他们，‘你们觉得我们该怎么办？’他们提供不了可供替代的解决方案。事实上，除了建房子没有其他方案。”除非是在非常富裕的社区里，不然对许多人而言，开发住房也就意味着社区绅士化。这正是“可以在我的后院”运动人士在其纲领中所承诺的：他们试图在人们趋之若鹜且房租已经高不可攀的最优质地段要求提升分区用途。作为受过良好教育的中上阶层白人，他们会对经济社会背景类似的其他人施压，让他们“移开”，以便在其优质社区中建造一些公寓楼。而这反过来又能够减轻教会区和奥克兰等地的压力，这些社区里的低收入有色群体却因为中产租户的快速流入而面临租不起房的威胁。但是在 2016 年左右发生了两件事：“可以在我的后院”活动家背弃了只在富裕社区推动住房开发的承诺，而在他们提倡的所有住房项目中，他们开始淡化对住房可支付性的承诺。

“可以在我的后院”运动刚兴起时，他们对成员的宣传是，将帮助他们与新开发商达成最有利的交易：如果有人想在旧金山市中心建造一栋含三十套房的公寓楼，他们会提供协助，让社区和监事会开绿灯，但是他们也会施压，让开发商尽可能多建几套廉租公寓。那些坚持建造 100% 保障房的人对此并不满意，并开始成立“我家后院的公共住房”（Public

Housing in My Backyard）等团体闹分裂。索尼娅·特劳斯和其他几名受访者表示这是个错误的选择：“我们被误导着相信市场价住房必须要与保障房竞争，因为没有足够的空间去建造这两种住房。但事实上，空间是足够的。”其他活动家表示，可以在富裕的西湾地区向建造市场价住宅征税，然后用于补贴东湾的廉租房（subsidized housing），实现互利共生。然而，“可以在我的后院”团体的主流态度也开始发生微妙变化，他们表示，新建住房有利无害，哪怕整栋建筑都是月租金 4000 美元的公寓，能够租得起这些公寓的人也不会搬到过渡社区（并导致穷人租不到房子）。新住房项目的选址至关重要。最初的承诺是在曾经封闭的富裕社区里建造更多新住房。对此“可以在我的后院”运动人士与反绅士化活动家达成了默契，前者会远离后者的“地盘”，而且承诺不会为可能改变社区人口结构的大型房产开发项目宣传造势。但随着“可以在我的后院”运动人士开始把教会区中以拉美人为主的低收入社区——它们在过去 20 年间被快速绅士化[74]——作为运动重心，这一默契很快被打破。

“可以在我的后院”运动人士早在 2015 年就开始在教会区为具体项目做背书，并在该地区与反绅士化活动家发生了一次正面交锋。以年轻白人为主的“可以在我的后院”运动人士与年长的拉丁裔占主导的反绅士化活动家在城市会议上形成强烈对比，这使前者产生了令人反感的联想，更不用说前者曾因为接受科技巨头的资助而饱受非议。索尼娅·特劳斯对教会区的建筑不感兴趣，她告诉我其团体随时准备与任何社区中的任何人通力合作，只要对方能踏实做事，她说："我们希望建造更多住房，这是最重要的事情。我不在乎对方是自由派人士还是开发商，抑或是倡导住房正义的反绅士化人士。听其言不如观其行。"其他网友则没这么灵活变通。一名红迪网①（Reddit）博主表示："我真是受够了这些人，明知住房短缺还阻止开发住房，事后还要假惺惺地发表长篇大论，说这些房子有问题。完美是优秀的敌人，他们才是社区绅士化的罪魁祸首。我们只想要更多的房子。都别废话。"[75]

特劳斯把"可以在我的后院"主义建构为后意识形态的尝试不尽如人意，尤其是对那些日益付不起房租的人来说。她的咄咄逼人显得徒劳无功，尽管吸引了很多的注意力，却也带来了不必要的争论。特劳斯在 2016 年发表推文称"社区绅士化重估了黑土的价值并奖励了这些土地的所有者"，[76]她的意思是有色群体房主从房价暴涨中获得了意外之财。这引起了其他人的谴责，认为特劳斯在批评那些"因为软弱而不能坚持到底"的人，却忽视了社区正在逼走绝大部分的黑人租户。"可以在我的后院"运动的评论家迅速指出，这则推文不仅麻木不仁，而且暴露了特劳斯并不理解他们的斗争是为了维护社区的社会纽带，哪怕卖掉房子搬走能挣一大笔钱，他们也不会卖，因为这样做会切断他们重要的友谊和社会支持网络。[77]

---

① 红迪网是一个社交新闻平台。——译者注

个别“可以在我的后院”团体也开始在教会区、奥克兰和其他低收入社区为大型住房项目摇旗呐喊。教会区布莱恩特大街 2000–2070 号项目就是其中之一，在“可以在我的后院”运动人士背书的最初规划中，其中 16% 为保障房。反对者将其称为“布莱恩特大街的野兽”（the Beast on Bryant），哀叹这将迫使当地表演中心“细胞腔”（Cellspace）剧场拆迁。一名艺术家对当地报纸说：“在教会区，我们的使命是保护旧金山的灵魂。”[78] 当地许多其他居民表示所见略同。然而，“可以在我的后院”运动人士反驳道，新建筑利大于弊，并且能解社区的燃眉之急。开发商也承诺新的开发项目中将会留有艺术家空间。2015 年至 2016 年，社区团体和“可以在我的后院”运动人士就规划选址爆发了公开冲突，引得当地媒体争相报道。[79] 但是，当项目最终获批时，保障房的比例达到了 41.5%，共计 139 套，[80]“可以在我的后院”运动人士将其宣布为巨大胜利。对他们而言，冲突反而帮他们向开发商进行了施压。他们解释道，倘若反对者赢了，建房计划再次流产，当地的拉美裔家庭早晚还是会流离失所，但是现在又有了 139 套新的保障房可供低收入家庭入住。与许多其他城市的模式类似，从这次冲突可以看出，在绅士化地区对住房开发争执不休的双方不一定是低收入的常住人口和新来者，也可能是第一批和第二批房价上涨的受益者，前者对其波希米亚风的休闲场所恋恋不舍，后者则批评前者虚伪。

教会区的另一个大型住房项目借鉴了“可以在我的后院”

运动式的战术，它们批评一座拟建的高层建筑，只不过这一次的批评者是一家房产公司。2017 年，教会街 1979 号的开发商在安排听证会之前，斥资 340 000 美元营销其住宅工程。[81] 该规划被称为“教会街的怪物”（Monster in the Mission），开发商试图扭转这一形象，不仅建立了网站，还在火车站张贴广告，在“我不是怪物”的标语下旧金山的各色人等齐聚一堂，包括教师、护理人员和工会工人。[82] 教会区的地方报纸称这“完全是奥威尔式的语言”，但也注意到了其明智之处，用一位市政官员的话来说，这宣告着开发商不再乐意干坐在后排并听凭其反对者肆意批评。[83] 许多“可以在我的后院”活动家也支持该项目，该项目包含 331 套豪宅，并承诺会额外购买两块地块，配建 192 套保障房（很可能由市政府出资建造）。[84] 该项目于 2019 年 2 月 8 日在规划委员会的会议上举行听证，会上座无虚席，反对者的人数是支持者的两倍。[85] 社区居民批评这个开发项目无异于“城市种族隔离”，对其增加工作机会和住房库存的说辞嗤之以鼻。此后不久，该项目被迫回炉重造，但是面对如此毁灭性的批评，其于 2020 年年初被正式宣告死亡。[86] 这个“怪兽”成了“可以在我的后院”运动大兴建造理念的试金石，该项目引起争议的理由有二：一是该项目含混不清；二是开发商自己的公关公司试图借鉴“可以在我的后院”运动的说辞。这种拙劣的模仿不仅冲淡了该运动自身的信息，可能坐实了该运动为开发商爪牙的观点，即认为它们是伪装成社会运动的“草根营销”（astroturfing）。

教会区的住房开发也开始动摇旧金山“可以在我的后院”运动中自由派人士与进步人士之间的权宜联姻。对前者而言，似乎致密化活动家现在已不满足于诉诸市场力量，转而深刻介入了建造保障房的宣传造势。本·沃斯利（Ben Woosley）在旧金山工作，自认为是“可以在我的后院”主义的自由派人士，自称市场城市主义者，并不热衷于保障房，他说：“本地有非营利性住房保障组织，它们得到了政府的大量资助，至少有几百万美元之多，它们有动力推动住房开发以获得政府的持续资助。”在他看来，其他团体在这方面已经做得很好了。其他“可以在我的后院”运动人士则对该组织选择在社会经济过渡性社区进行活动感到失望。乔·里瓦诺·巴罗斯指出，在贫困地区建房子的诱因有很多：“这个城市唯一可能提高居住密度的地方，就是低收入群体和非白人群体居住的社区。”他认为，这部分是由于分区制造成的，但他同样不满于“可以在我的后院”运动人士把精力集中在教会区。他和其他人在2016年左右就“可以在我的后院”运动成立了一个新分支，命名为“可以在我的后院”社会主义者，通过在网络上创建标签和表情包来宣传公共住房、包容性分区（规定在社区建造任何新建筑都要配建一定比例的保障房）以及为廉租公寓提供补贴的重要性。他说道：

> 我们的目的是在“可以在我的后院”运动内部为左翼成员开辟空间，他们对在已经绅士化的社区建造房子

不感兴趣。我们感兴趣的是建造保障房，以及保障租户权利。但是这个分支仅维持了几个月，看样子这个组织对左翼的观点不感兴趣。

为了回应“可以在我的后院”进步人士的做法，史蒂文·巴斯等人建立了另一分支，命名为“可以在我的后院之新自由主义者”。然而巴斯表示这个名称“完全虚有其表”，大部分成员都支持补贴和社会住房，但他们并不想粉碎资本主义。他们希望确保这个运动认同他们的观点，而非社会主义的观点。巴斯表示：“这最初在推特上爆发，是为了捍卫进步民主，回应美国民主社会主义者（Democratic Socialists of America, DSA），后者表面上是个民主团体，但谁知道呢，如果去看美国民主社会主义者的政纲，他们似乎想终结资本主义……我很失望，‘可以在我的后院’的社会主义者似乎在走下坡路，他们对所有的政策都不满意，也不想看到人们流离失所。”确实，冒险涉足教会区关于社区绅士化的斗争使得不少成员离心离德，永远离开了“可以在我的后院”运动。乔·里瓦诺·巴罗斯的看法相同，表示“可以在我的后院”运动人士开始投奔反绅士化团体，他们关注社会正义和贫困城市居民的斗争。在一群围绕气候变化和“黑人的命也是命”进行斗争的进步组织中，“可以在我的后院”主义仍坚持中立立场。

劳拉·富特并不关心旧金山“可以在我的后院”组织总部内日益加剧的冲突：“或许我们的成员中社会主义者比自由

主义者更多。我们坚定地支持保障房的行为可能使自由主义成员感到格格不入。但是我们并没有赢得正统社会主义者的支持。"特劳斯和富特都表示，如果人们"并不怨恨你，那么你可能做得不够多"，这一结论对于内部也是成立的。然而，到了 2017 年,"可以在我的后院"的主要领导人变成了清一色的中左派游说集团，他们支持公共住房，但是将其置于次要地位，以便把注意力集中于能够提供保障房的新开发项目。这些领导者越来越不满足于议会会议和网络活动的小打小闹，他们认为自己的运动已经拥有了忠实的支持者，于是下一步竞选公职也就显得顺理成章。

在州议会大厦里的住房运动：重启技术统治

大部分社会运动在公众中获得广泛支持后，并不急于参与政治选举。[87] 但是旧金山的"可以在我的后院"活动家并不在意自己是否表现得像草根。他们已经接受了科技企业数十万美元的资助，并且与开发商通力合作，因此他们对积极和消极形象的感知都迥异于湾区的大部分活动家。此外，比起"脚踏实地的"普通人，他们更青睐受过高等教育的"圈内人"采取的行动。2016 年在社区绅士化问题上出现过几次失误后，他们尝试将自己的网络重新定位于公共政策，充分利用其成员的专业知识。在许多方面，他们希望建立一个活动家智库，既能草拟政策，又能向更广泛的公众解释其提案的益处。

布莱恩·汉隆（Brian Hanlon）作为“可以在我的后院”运动的一名早期成员，是打造智库的负责人之一，他领导的团体“加利福尼亚州可以在我的后院”（YIMBY California）堪称一流。这给加利福尼亚州立法者在批准附属居住屋时带来了压力，该智库支持以公共交通为导向的开发①（transport-oriented development），对于那些受制于独栋住宅分区制而无法建造公寓的市镇，试图在区域范围内运用“起诉郊区”战略。最重要的是，“可以在我的后院”运动新的选举策略意味着它们开始寻求制定区域性规划，最终对湾区的土地法规进行整合统筹。

将“大兴建造”的想法整合进政治纲领的契机是2016年的一次州参议院选举，选举最后在旧金山监事会的两名民主党候选人斯科特·维纳（Scott Weiner）和金贞妍（Jane Kim）之间展开角逐。候选人金贞妍被视为更倾向于进步主义，反对社区绅士化。维纳则与索尼娅·特劳斯统一口径，表示为了遏制房价的快速上涨，必须建造更多房子。维纳当选后，迅速成为“可以在我的后院”运动的政治吉祥物，他在州议会上一心一意地关注着住房问题，把自己打造成提出住房法案的最佳人选。他常常与南希·斯金纳（Nancy Skinner）和邱信福（David Chiu）（两人都来自湾区）等其他支持致密化的议会议员合作，许多

---

① 公共交通为导向的开发（transit-oriented development，TOD）是在规划一个居民区或者商业区时，使公共交通的使用最大化的一种非汽车化的规划设计方式。——译者注

“可以在我的后院”活动家将他的当选视为分水岭时刻，至此围绕着公共交通、租户权利和保障房等问题形成了政治联盟。“可以在我的后院”运动的早期成员乔·里瓦诺·巴罗斯表示：

> “可以在我的后院”运动势如破竹；我们只用了很短的时间就取得了全国性的影响力，而非营利组织通常需要几十年才能做到。但是因为这里的住房危机如此严峻，许多行动主义初出茅庐便获得了关注。这让“可以在我的后院”运动人士有信心认为自己拥有坚定的重要支持者，并且能够在市长选举中扮演某种角色。

乔·里瓦诺·巴罗斯坚称只要人们仍然担心租房压力、无家可归和野火摧毁房子，左翼就可以利用住房危机来通过全面的全州性法律。他将“可以在我的后院”运动在加利福尼亚州议会的兴起视为住房成为人权的第一步，但他也意识到了将这个运动与个别政客联系在一起的危险性，因为后者在任期内可能名声扫地。

维纳本人是“可以在我的后院”运动的完美人选，充分代表了他们追求的那种政治理念。虽然他拥有一些典型的“政客”特质，比如拥有哈佛大学法学博士学位，身材高大，但作为一名公职人员，他并不讨人喜欢，甚至有点一板一眼。他一丝不苟，热衷于制定复杂的议案。在这个意义上，他之所以认同“可以在我的后院”运动，是为了寻求折中主义，从技术角度解决住房危机。但是，尽管他得到了诸多主流政客的支持，他的提案也常常是竹篮打水一场空。他在从政早期（2017年）曾成功地通过了参议院第 35 号议案，该议案精简了公寓楼的审批流程，规定符合《区域住房需求评估》（*Regional Housing Needs Assessments*）的城市可以建造更多保障房。然而，该议案的最终版本却乏善可陈，不仅没什么强制执行权，还招致了加利福尼亚州南部各市的强烈反对，因为后者希望保持地方控制。到目前为止，根据该议案在湾区配建廉租公寓的新开发项目屈指可数。

随着参议院第 35 号议案的出师不利，维纳和他的“可以在我的后院”盟友寻求长算远略，试图通过一项立法迫使不配合的市政当局建造更多公寓。劳拉・富特表示，维纳才是深知旧金山住房开发紧迫性的政客，她说：“有些政客已经意识到我们早该多建房子，因此当有团体站出来为其搭台、供其唱戏时，他们感激不尽。斯科特・维纳就是这样的政客。”州参议员邱信福明确表示，“可以在我的后院”运动人士为政客在这个城市推动住房开发提供了天时地利人和，有太多社区会议充斥着拒绝居住环境发生变化的声音，他对《卫报》（*Guardian*）记者说：“我认为他们起到了平衡作用，他们不仅在地方层面而且在州府层面都改变了对话的风向。”[88]

维纳在“可以在我的后院”运动人士的幕后支持和润色下，提出了更全面的住房改革提案——参议院第 827 号议案。该议案试图重审加利福尼亚州社区的居住密度：规定拒绝建造多层住宅的社区将无法继续享受便捷的交通。参议院第827号议案寻求在繁忙的公共交通停靠站（大部分是火车站）方圆半英里内以及公交站四分之一英里以及45英尺至85英尺范围内，机械地提升分区用途，具体视位置而定。这意味着在邻近公共交通的独栋住宅附近，很快就会建起4~8层的高楼。不出所料，这个议案很快在贝弗利山等富裕社区招致了排山倒海的反对，这些社区在20世纪80年代和90年代一栋公寓也没建，后来也没建多少。[89] 该议案还允许新建的公寓无须满足最低的停车需求，迫使新居民多去乘坐公共交通。他们希望这样全面的措施能瓦解社区抵制开发多层住宅的力量（旧金山75%的分区规定只能建造独栋住宅，整个旧金山58%的分区作如是规定）。[90] 这一立法不仅将改变换乘枢纽附近的城市地段（这些地段通常会受到规划者的重点审查），而且将对整个建筑环境造成深远影响，即在开发商过去想都不敢想的郊区建造紧凑型公寓。

对参议院第827号议案的反对如疾风迅雷。反对声不仅来自南加利福尼亚州富裕社区的房主，他们不欢迎“住公寓的人”入住自己的社区，而且令人意外的是，伯克利进步派市长也表示“这无异于对我们的社区宣战”，甚至连全国塞拉俱乐部①（Sierra Club）也表示反对。[91] 最重要的是，它使支持提高

---

① 塞拉俱乐部，或译作山岳协会、山峦俱乐部和山脉社等，是美国的一个环境组织。——译者注

住房开发密度（pro-density growth）活动家与反绅士化群体之间不断扩大的裂痕公开化。一名洛杉矶的活动家将该议案描述为“种族清洗”，将其与安德鲁·杰克逊①（Andrew Jackson）驱逐北美印第安人的行为②相提并论。[92] 拉美裔和非裔美国人社区的许多社区活动家都认为该法律若生效执行，并不会真的在新开发项目中建造更多保障房，或者说他们标榜的可支付性只针对中等收入者，而社区内原本的低收入者将在事实上被扫地出门。他们将其视为促进社区绅士化的兴奋剂、房地产业的特洛伊木马。索尼娅·特劳斯说，这些法律常常会引起那些警惕“公司共和党人”（corporate Democrats）的人反对，许多政客害怕疏远车主和房主。她坚称，“可以在我的后院”运动人士是真正的进步人士，他们对反绅士化团体与房主之间的联盟感到很遗憾。劳拉·富特深表同意，她说一旦住房存量停止增长，低收入社区的居民将会被踢出局。

参议院第827号议案在一次委员会会议上被否决，只剩下斯科特·维纳不厌其烦地以参议院第50号议案的形式力挽狂澜，调整后的议案规定，即使没有交通枢纽，富裕社区也必须建造更多住房。[93] 到2018年，当新的议案取得进展时，“可以

① 安德鲁·杰克逊是美国第7任总统。在美国政治史上，其执政时期的第二党体系以他为极端的象征。——译者注

② 1830年安德鲁·杰克逊政府颁布了《印第安人驱逐法案》，将大批印第安人赶出家园。印第安人在被驱赶的路上不是被屠杀，就是病死或饿死。——译者注

在我的后院”运动已经赢得了更有分量的政治盟友：旧金山的新市长兰顿·布兰德（London Breed），她公开承认支持“可以在我的后院”运动，在建房的问题上，采取比她的竞选对手更宽容的姿态。但是，布兰德的当选也让进步主义住房保障活动家躁动起来，后者现在把“可以在我的后院”运动的任何背书都视为开发商介入和公司利益的红色警告。维纳提出的参议院第50号议案尤其令人生疑，并开始引起反资本主义活动圈子的强烈愤慨。“他修改了策略，表示兴建住房能防止气候变暖，”教会区的一名拉美裔活动家说，“但这不过是微不足道的副作用，主要受益方还是开发商。”

针对参议院第50号议案的抗议此起彼伏，来自有色人种社区和主流立法者的反对声音为其推波助澜，其中关于保护脆弱（低收入）社区的条款尤其饱受争议。这些社区有五年的时间为致密化做规划，但它们寻求永久豁免。它们开始组织起来，甚至得到了倡导以公共交通为导向开发的团体的支持，后者通常是此类议案最热衷的支持者，这次却说社区绅士化的风险大于收益。与此同时，进步团体猛烈抨击该议案和维纳本人，提醒人们注意开发商对其连任竞选的贡献，表示当维纳就职时，“专业人士，尤其是有权有势的房地产行业的专业人士，认为他们赢了”。[94] 由于对该议案的负面声音与日俱增，许多最初认为该措施能够解决加利福尼亚州住房危机并对此表示支持的政客转而选择明哲保身，包括加利福尼亚州州长加文·纽瑟姆（Gavin Newsom）和洛杉矶市长埃里克·加希提

（Eric Garcetti）。到 2018 年 6 月，活动家们出席了维纳的大多数公开活动并谴责他，包括在加利福尼亚州大学洛杉矶分校（UCLA）的一次活动中，抗议者安静地站在“维纳是大型房地产企业的人”的标语旁边。[95] 到了 2019 年，洛杉矶市议会一致决定反对该议案。[96]

2020 年 1 月，参议院第 50 号议案正式宣告流产。尽管“可以在我的后院”运动形成了广泛的联盟支持建造更多新房，但是同仇敌忾的反对声也更加排山倒海。奥兰治县坐拥豪宅的保守派加入了低收入社区拉美裔活动家的队伍。争议的焦点是新法律无视具体情况的一刀切（尽管执行机制实际上相当薄弱）及其要求兴建新房的法律效力。进步人士中潜在的支持者担心这只是新瓶装旧酒：拥有资源优势的富裕社区将动员起来维持现状，而在人口流入地区，新开发项目将会蜂拥而至，使得当地居民措手不及。正如美国房地产网站的一名作者所言：“在我看来，我的社区总是首当其冲，兴建的新房已经远远超过了其应当分摊的数量，它已经比洛杉矶大多数社区承担了更多的变化。”[97] “可以在我的后院”运动的一些旧盟友感觉到，维纳在立法过程中做出的妥协太大了，他们开始质疑后者是忠于住房可支付性的理念，还是纯粹只想推动住房开发。

然而，“可以在我的后院”活动人士在终结独栋住宅分区的主战场上战绩丰厚：萨克拉门托和伯克利最近通过法律终止了这一操作。在伯克利的胜利对于“可以在我的后院”运动人士而言具有尤其重大的象征意义，因为独栋住宅分区在伯克利已经有100多年的历史。而他们的团体依旧饱受争议，“可以在我的后院”运动的使命是渗透进公共政策中。俄勒冈州也全面禁止了独栋住宅分区，州参议员维纳也于2021年9月推动通过了两项长期竞选的议案：一项旨在减少对家庭住房的漫长而费用不菲的环境评估（主要由邻避主义者主导），另一项则允许在任何独栋住宅地块上兴建复式住宅。如果按书面规定执行，这将在加利福尼亚州终结独栋住宅分区。但值得注意的是，该议案在加利福尼亚州议会获得通过之后，州长加文·纽瑟姆在罢免选举失败两天后才签署，这释放了一个强烈的信号，即打破住房现状仍旧需要大量的政治资本。

基础设施的诅咒

随着参议院第50号议案的落败，许多住房活动家开始扪心自问，住宅附近便利的基础设施是否反而成为一个负担：这些基础设施不仅负荷过重，而且也成了新住房开发项目的焦点。尽管湾区有些人觉得住在旧金山湾区快速交通站点附近很幸运，但是其他人担心交通的便利使这些社区更容易被盯上。事实上，那些对“可以在我的后院”运动和以公共交通为导向的开发议题保持沉默的人表示，类似的议案如果获得通过，可能会导致未来在富裕社区建造交通枢纽更加困难，因为这些社区的居民将组织起来反对建造高楼大厦。这进一步危及了已经举步维艰的公共交通系统，因为其将吸引更多（很可能是低收入的）居民涌来。一边是科技城崭新的私有化基础设施，一边是20世纪至今破败的公共基础设施系统，这座城市处于撕裂状态，该议案所提出的战略将面临一场硬仗。

尽管“可以在我的后院”运动人士宣传在湾区提高土地利用率，多建高楼大厦，但是他们从未以自己希望的方式获得租户权益组织的认同。他们并未成功地将自己的纲领定位为扩大租户的选择权，使后者能够自由选择留下或迁走而不是被高房租赶走，反而越来越被视为“建房吧，宝贝，建房吧”运动，已经自绝于其他住房保障活动家。在某些方面，他们之所以声名狼藉，是因为尽管其在为推动新住房开发和建设正常化社区的摇旗呐喊方面取得了巨大成功，但是这些宣传造势往往不那么温情脉脉，不再讲述旧金山每天都在发生的关于租房负担和流离失所的令人动容的故事。

湾区“可以在我的后院”运动人士毫不含糊地将关于住房可支付性的争论焦点从阶层和立场上转移到了代际上。他们越来越将自己的运动营销为一种与过去的决裂，否定满是独栋住宅的郊区，肯定遍布步行街的紧凑型社区。然而，正如他们在教会区和其他社区所做的努力那样，将住房可支付性之争改写成婴儿潮一代房主与千禧一代租客之间的斗争，尽管突出了代际争端，却无视了大量低收入租户被逐出市中心的经济现实。

第2章

千禧一代“可以在我的后院”运动人士与婴儿潮一代邻避主义者[①]

---

① 本章节曾于修改后发表，请参见：马克斯·霍勒兰，“千禧一代‘可以在我的后院’运动人士与婴儿潮一代邻避主义者：关于美国住房可支付性的代际视角”，《社会学评论》（*Sociological Review*）第69期，2021年第4期。

随着美国城市面临史无前例的住房可支付性危机，许多评论员以代际为界来划分住房矛盾，即婴儿潮一代的房主（1945—1965 年出生）和千禧一代的租户（1980—2000 年出生）。通过这种分类，我们可以看到每一代人是如何管理自己的财务和规划未来的。有一种说法是，“勤奋刻苦的”婴儿潮一代买房成家，在一个单位工作到退休，[1] 而穷困潦倒的（或用心不专的）千禧一代不停换工作，三十岁还不结婚（可能会闹着玩），和别人合租公寓。住房尤其成为千禧一代畅想未来时的头等大事。分析千禧一代买房难背后的经济和文化原因，我们可以发现关于家庭结构、自我期许、工作规划，甚至城市组织方式的沧桑巨变。千禧一代尤其憎恨老一辈批评他们“长不大”，愤而提出对抗叙事，强调婴儿潮一代对经济改革和低工资应负什么样的责任，[2] 要求对限制市中心新房建造数量、推动房价上涨、抑制购房能力的城市规划政策做出更具体的改变。

千禧一代住在郊区的时间不像婴儿潮一代那样长，[3] 他们人到中年时也不太可能拥有自己的房子。[4]与此同时，拥有高薪工作的美国热门城市的房价越来越高不可攀。正如第一章讨论的那样，在 20 世纪 60 年代，旧金山曾为勉强糊口的婴儿潮一代提供了另一种退路，现在它已经成为全世界生活成本最高的城市之一。[5]在美国，自有住房并与核心家庭生活在一起是中产阶级成年人的必备条件。千禧一代的彼得・潘①（Peter Pan）这一比喻——以牺牲稳定性和长期规划为代价，沉迷个人享乐——说的正是那些自己买不起房又没办法回家和父母一起住的人。年轻人反唇相讥，表示正是父辈创造的世界破坏了稳定的基础：[6]里根及撒切尔时代推行的社会和经济政策导致工作更加不稳定，剥夺了社会安全网，中产阶级的工作机会需要更高等（往往也更昂贵）的教育，住房也成为一种投资工具，而不再是主要基于其使用价值的资产。

关于住房争论最大的焦点包括新建公寓的数量、位置和高度。对更多住房的需求导致房主焦虑不安：他们担心快速建造公寓楼会压低房价并摧毁他们社区的特色。[7]在更根本的层面上，许多在战后郊区长大的房主更喜欢车辆畅通无阻的住宅区，尽管这被批评为精英主义并且不利于生态。反住房开发活动家（anti-growth activists）大多属于婴儿潮一代，他们动员

① 《彼得・潘》是苏格兰小说家及剧作家詹姆斯・巴利（James Barrie）创作的长篇小说，小说讲述一个会飞的淘气小男孩彼得・潘和他在永无岛（也译为梦幻岛）的冒险故事。——译者注

了社区团体和房主协会的强大力量，在美国郊区空间和辖区大肆扩张的背景下，[8]建立了强大的游说集团，抵制提高居住密度的分区制，执行建筑限高，限制高入住率，以“社区特色”为由否决开发项目。迫切渴望市场投放更多新住房的千禧一代强烈谴责了邻避主义的社区团体，他们坚称邻避主义者占尽便宜——市中心优质地段或近郊社区的住房为其带来了高收益，并谴责邻避主义者将年轻的购房者和租客拒之门外，迫使他们越搬越远直到城市边缘。

“可以在我的后院”活动家支持提高居住密度，改善公共交通以及全面放宽社区团体奋力维护的分区法规（zoning laws）。他们坚称自己向往内城区的生活并不仅仅是受到生活方式的吸引，更用令人信服的数据证明，城市住房市场的繁荣往往伴随着高薪工作机会，而这令非城市地区或衰败的城市望尘莫及。[9]对这些活动家而言，能够生活在布鲁克林、洛杉矶或西雅图不再意味着他们身处一个文化场景中（而这正是婴儿潮一代所追求的，他们常常将城市与独特的反主流文化相联系），反而是为了更接近实现财务流动性所需的资源。[10]这一论点得到以下宏观观测的支持，通过将“赢家”城市与“输家”城市进行分类，人们发现在发展更成功的城市里，文化本身已经成为一个重要的经济因素。[11]

本章考察了支持开发的住房保障活动家（他们自封为“可以在我的后院”活动人士）与社区团体（批评者口中的“邻避主义者”）之间的争论：两派人在分区会议、社区对话、地方选举甚至是法庭上针锋相对。上一章主要关注旧金山，然而自2014年“旧金山湾区租户联合会”（SFBARF）成立以来，美国各大城市涌现出了几十个“可以在我的后院”团体。事实上，在撰写本书期间，我在“可以在我的后院”会议上遇到的大部分成员都是千禧一代甚至年纪更小的人，在我采访的65名活动家中，80%的人都不到40岁。本章探讨同代人的联结是如何影响该运动并且与年长于自己的房主作斗争的。本章通过将参与社区团体的得克萨斯州、科罗拉多州、加利福尼亚州、马萨诸塞州和纽约州房主纳入谈话中，对致密化活动家的观点进行了补充。最后，本章表明了年长的房主是如何使用社区绅士化概念来抵制其社区开发新住房的，他们有时会与反绅士化团体合作，常常与住在繁华城市社区的中年（常常是白人）富裕房主和苦苦挣扎的城市居民（主要是非裔族群和拉美人）形成联盟，尽管后者居住的社区彼此毗邻但经济地位迥异。

本书中采访的所有人都担心中产阶级的萎缩，但许多人都不约而同地使用“婴儿潮一代”“千禧一代”这样的年龄组别而非阶级概念框架来描述政治斗争。[12] 尽管买不起房的情况主要是受到经济基础的限制，但是关于住房的争论却在使用代际讨论框架：这种焦点的转移或许更能令人接受，因为在美国的政治辩论中，常常会营造出美国遍地都是中产阶级的美好幻想。[13] 这一讨论框架对代表租户和公寓住户的游说团体尤其有利，因为可以回避种族和阶级偏见，但弊端是，它把辩论的焦点从完全被排除在住房权益之外的人（无家可归者、公共住房的住户以及面临被驱逐威胁的人），转移到了为房租发愁或买不起房的更接近中产阶级的群体。

支持住房开发的活动家（pro-growth activists）常常认为房主协会和社区团体垄断了市政权力，压制了租户的言论。尽管围绕“可以在我的后院”主义的大部分辩论都侧重于更具体和技术性的议题，但是它引爆了对代沟的关注，在关于“美国城市应该是什么样子”这一问题上激化了婴儿潮一代与千禧一代的价值观（以及资产情况）之间的代沟。关于保障房的问题同样取决于每一代对城市变化的亲身经历、他们心中理想的城市面貌，以及他们期待家庭和社区将会提供何种规范性作用。从这个意义上说，“可以在我的后院”主义不仅在经济层面上是属于中产阶级专业人士的社会主义运动，因为其回应了住房供给的波动和匮乏；还颇具情绪化，该运动相信城市能够解决各种问题[14]，无论是减轻环境危害，还是在一个崇尚地方优越性的时代培育出更具国际化的前景。本章从婴儿潮一代和千禧一代活动家的视角解构了这些观点，表明了他们关于未来美国城市的不同愿景是如何影响到住房可支付性危机的。

婴儿潮一代的“郊区记忆”：邻避主义、种族以及 20 世纪 60 年代的郊区居民

第二次世界大战后的美国城市被称为郊区集合，一改过去单个核心的布局。[15] 为鼓励参加第二次世界大战的（白人）

退伍老兵，由联邦公路拨款和抵押贷款为郊区化提供了大量补贴。关于郊区化究竟是一种文化上的选择——把核心家庭、私人财产以及城市与自然的中间地带放在第一位——还是出于纯粹的经济考量，这仍是一个争论激烈的问题。[16] 郊区化与城市动乱之间的关系更清晰了。尽管第一波无序开发的浪潮可能只是响应了州政府提供的财政激励，但是在 1968 年发生暴动和暴力之后出现了第二波浪潮：在马丁 · 路德 · 金遇害之后，[17] 市中心的黑人社区迅速被隔都化①（ghettoization），联邦军队迅速对这些社区进行了军事化占领。[18] 城市暴力和种族焦虑的经历成为婴儿潮这一代人重要的童年事件，[19] 无论他们是身处纽瓦克、底特律还是洛杉矶。对非裔美国人而言，城市动乱显示了州政府背叛了在民权运动时许下的诺言，此外州政府的军事回应很快被称为“内部殖民主义”，并与越南战争的失败联系了起来。[20] 郊区尽管一直是国内稳定和性别角色僵化的代名词[21]，却从一种经济选择（在 20 世纪 40 年代住房短缺时，在郊区买房比较容易）日渐成为文化和政治飞地，远离动荡不安的美国城市，成为安全的港湾。[22]

邻避主义的第一次流行要追溯至战后郊区社区的房主团结起来阻止自己住宅周边的土地用于令人不快的用途，比如用于工业[23] 或者（在更常见的情况下）用于必要的基础设施，

---

① 隔都化指少数族裔在物质层面和文化层面上遭受排挤的过程。——译者注

比如垃圾焚烧厂、水处理厂和垃圾场，推动了分区法规进一步规范化。富裕社区总是更有能力动员起来，以阻止对他们的房产投资或总体福利造成任何可能的损害。但是，在美国的语境下，它也带有明显的种族主义色彩。在20世纪60年代的大规模郊区化之前，由于红线歧视操作（practice of redlining），郊区社区早已出现种族分界。银行拒绝在特定“仅限白人的”边界内为符合资格的非裔美国人（有时还包括犹太人和天主教徒）提供抵押贷款，市镇政府也通常对此心照不宣。[24]富裕社区还用“限制性契约”（针对新建房土地的地方性法规，禁止特定种族和民族购买住房）将其视为“令人讨厌的人”拒之门外。[25]如此一来，这些郊区往往设立了自己的小型地方政府，并就房屋和庭院的外观做出了一系列规定。于是，在20世纪60年代之后，房主通过距离和房价将郊区的白人中产阶级房主和内城区的非白人租客区别开来。与此同时，新的郊区社区开始将其财产税用于房主的排他性福利，在美国城市支离破碎前终结了税收体系的再分配功能。[26]这一历史遗产恰好说明了为什么美国的不平等并不像人们认为的那样仅仅是区域性的（比如在沿海和铁锈地带①之间），而且在很大程度上也是资源囤积不均的结果，比如康涅狄格州布里奇波特这样的城市在2019年的人均年收入为24 000美元，而同县不到10分钟车程

① 铁锈地带（Rust Belt）最初指的是美国东北部的五大湖附近，传统工业衰退的地区，现可泛指工业衰退的地区。——译者注

外的西港市在 2019 年的人均年收入则为 114 000 美元。[27]

为维持郊区房价而拒绝其土地用于对环境不利的用途，这种行为被称为"邻避主义"，这同样适用于因担心低收入者（常常也是非白人）入住而阻止建造公寓楼的美国第一代郊区（比如纽约长岛）的房主。邻避主义与美国的产权法律框架密切相关，后者支持将独栋住宅视为社区稳定之源和价值投资。这一逻辑常常用于为大幅减免抵押贷款做辩护，这种减免为房主提供了税收冲销，租户却得不到什么好处，联邦政府每年为此花费 1000 亿美元以上，[28] 这充分定义了什么是累进退税。住宅受保护且神圣不可侵犯的观念也引申出了美国独特的安全措施，[29] 比如佛罗里达州的《坚守阵地法》(*Stand Your Ground Law*）允许房主使用致命武器来保卫其财产，该法因豁免了杀死特雷沃恩 · 马丁（Trayvon Martin）的凶手而闻名，2012 年这名手无寸铁的少年在奥兰多市的一个封闭式住宅小区被枪杀。简而言之，在城市规划领域，邻避主义常常作为形容词使用，并且与州政府支持的郊区主义（suburbanism）政策密切相关，郊区主义不仅是一种生活方式，还是一种个人向社区集体福利主张权利的哲学。[30]

婴儿潮一代在一个房地产经济快速发展的时代度过了童年，当时新房不断开工，越来越多的人买了房，[31] 这使得房产投资超越了居住属性，房产可以用于抵押贷款、退休养老或者传给下一代。随着婴儿潮一代长大成人，由于社会保障体系日渐瓦解，尤其是面对美国高昂的医疗成本，拥有自己的房子已成为抵御风险最重要的手段。[32]是否拥有二次抵押贷款（second mortgage）能决定你生病后是会因病破产还是能保持偿付能力。买房成为一种最基本的创业方式：人们开始对房地产市场进行长远预测，或者购买第二套房。房主关心其房产投资的保值增值效果，他们加入社区团体，事无巨细地积极监督社区情况，从社区保洁到社区建设规划，再到雇用武装警卫在郊区街道上巡逻。婴儿潮一代的一个人这样描述她在得克萨斯州的社区团体：“我们喜欢最低级别的政府，但不喜欢常规的城市政治，在做决策时我们都可能会遭受损失，即我们房子的价值可能会出现下降。”

尽管众所周知婴儿潮一代对郊区生活感到窒息——尤其是“男主外、女主内”的父权制社会和家庭分工——但他们仍深受郊区建筑形式的影响。虽然许多婴儿潮一代在读大学期间或年轻的时候曾短暂地在城里居住过，但是他们在成家后往往会回到郊区。[33]当千禧一代在20世纪90年代度过童年时，他们那城里中产阶级模式的理想住所依然包括一个精心维护的前院（面向街道的庭院），以及一个纵享田园风光的用于休闲娱乐的后院，同时距离郊区的办公园区或市中心的摩天大楼都不远。在这个意义上，商业区和住宅区在空间上的分隔对老一辈房主而言不仅是习以为常的，而且常常是必不可少的。因此他们常常发自内心地反对混合利用分区规划（mixed-use zoning），认为尽管这能减少车辆使用并且集中本地服务，但也会给传统的睡房社区（bedroom communities）带来“嘈杂”

的商铺、饭店和市场。

城市社会学家研究显示，最近阶段的社区绅士化往往给千禧一代带来了最刻骨铭心的经历：随着这一代长大成人，在20世纪90年代的信息技术和互联网泡沫的推动下，美国城市仿佛变得更安全、更令人向往，充满新的经济机会。[34] 正如萨斯基娅·萨森①（Saskia Sassen）所指出的那样[35]：业务外包、在线交流以及跨国供应链的日益普及，在很多情况下增加了发达国家里大城市的向心性（increased the centrality），将其变成“指挥控制中心”。这使得千禧一代对城市空间的经济主导地位产生了全新的感知，而城市生活的文化吸引力尽管难以衡量，但毫无疑问也很重要。[36] 一名受访者表示：“我们是看着《欲望都市》（*Sex and the City*）长大的一代……城市变得美妙而迷人……但是我们的父母……对城市的印象仍停留在《毒海鸳鸯》（*Panic in Needle Park*）上。”然而，在很大程度上，千禧一代推崇的并不是城市本身，而是处于发展边缘状态的城市近郊：这些地方拥有联通市中心的公共交通，已经建成了繁荣的商业区，但在形态学上，仍以独栋住宅为主。这些地方正是两代人关于适当居住密度水平之争的主战场。

① 萨斯基娅·萨森是著名的社会学家、经济学家及城市理论家，是“全球城市”（global city）的概念首创者。——译者注

住房开发与城市化的限度

在许多方面，千禧一代向往城市生活并非不同寻常，也并非他们这一代独特观念的产物：适合散步（walkability）是知名城市主义者简·雅各布斯于20世纪60年代在曼哈顿反对建造公路时的核心关切；[37] 20世纪80年代初以来，美国所有的主要城市规划学派都阐明了商住混合用地的开发模式；修缮废弃闲置的制造业建筑物并将其改造成别致的咖啡馆和小微企业办公场所，也符合历史保护主义者倡导并广为接受的适应性再利用（adaptive reuse）战略。但是，千禧一代坚称，直到他们这一代才通过运用后工业城市经济学（postindustrial urban economics）将这些想法从理论变成实践，相较于大型规划、密集的投资和大量员工，该理论更偏爱服务业。[38] 这一代人在成长过程中还见证了反绅士化运动突飞猛进的势头，这为他们在讨论空间正义以及平等主义的社区变革应该是什么样时，提供了一种超越城市行动主义（urban activism）的通用表述。[39]

许多“可以在我的后院”活动家忧心老龄化城市的基础设施衰败，城市重建导致的人口减少，以及公寓的匮乏。在这个意义上，他们相信年轻人的不断涌入能够使社区重新焕发生机，保持人口稳定，营造充满活力的文化生活，最重要的是，能够提供计税基数。作为“可以在我的后院”行动主义的另一个方面，这一观点经常将建筑类型与年龄和阶层人口构成相结合——这里指的是需要保持市中心“生机勃勃”，他们认为这和社区绅士化不是一回事。[40]科罗拉多一名30多岁的“可以在我的后院”的城市规划者表示：

> 如果你住的社区都是二层小平房，而你一抬头就能看到满是办公室的摩天大楼，这真的让人很无力，因为这种分区方式意味着基本建不了公寓楼，大家一下班就冲出办公室，坐进车里，然后在没完没了的交通堵塞中开一个小时车回家。

为了将千禧一代的政治观点与城市规划的优先事项相提并论，他们提出一个核心论点，这一代做出的社会选择使其能更自然地融入城市生活，尤其是晚婚、同居、租房和不买车。[41]这些选择同样也受到经济制约因素的影响，最显著的表现是2008年经济危机后年轻职工的收入骤降。[42]在美国，2016年年龄为32岁的群体的财富情况比预期减少了34%，与此同时，年长的年龄组别已经从2008年的经济危机中恢复过来了。[43]为此，城市规划者优先选择改善公共交通、环境保护和基础设施投资并不仅仅是一个代际问题，从某种意义上来说，这些属于近期的投资，而且遵循了千禧一代的特殊偏好，尽管这有时候与上一代大相径庭。一名住在加利福尼亚州奥克兰市的“可以在我的后院”活动家这样描述代际冲突：

> 比起父辈，我们对美国城市的主人翁意识更强……

> 20 世纪 60 年代后发生的事情是，他们那一代抛弃了城市的生活，至少中产阶级白人这么做了。我们的心态完全不同，我们想拥抱城市，创造种族多元化空间，我们不想把自己封闭在到处都是白人的郊区。

对城市的辩护通常会围绕生活方式偏好（适合散步、娱乐多样和生机勃勃）和道德承诺展开，后者的主要观点包括种族多样性和减少生态足迹。[44] 尽管反绅士化社会运动者常常表示，做出这种承诺是为了纠正当年婴儿潮一代未能从一开始就参与民权和环保主义运动，致使这些斗争令人遗憾地以制度化和孤立无援收场。“可以在我的后院”运动人士侧重于不那么激进的公共政策修正，比如分区制和以公共交通为主导的发展。一方面随着婴儿潮一代逐渐退出民权运动，一些参与“日出运动”①（Sunrise Movement）、“反抗灭绝”②（Extinction Rebellion）、“立石”（Standing Rock）（气候变化）以及“黑人的命也是命”③（Black Lives Matter）等团体的千禧一代批评婴儿潮一代退出了政治活动；另一方面，比起争取大众参与，“可以在我的后院”运动人士更乐意寻找专家来提供解决方

---

① “日出运动”是波士顿的气候正义组织。——译者注

② “反抗灭绝”是环保组织，成立于 2019 年。——译者注

③ “黑人的命也是命”是一个国际维权运动的口号或活动，起源于非裔美国人社区，抗议针对黑人的暴力和种族歧视行为。——译者注

案。他们通过数据驱动和法规改革进程来实现社区多样性和生态目标，这绕过了运动建构的基础，以便在活动家和政府中间人之间迅速切换角色。[45]

随着美国城市日渐成为社会和经济的繁荣之地，20 世纪 20 年代的城市住房存量开始成为越来越大的压力。千禧一代要么在房价高昂的市中心租房，要么搬到紧挨着市中心的绅士化社区。出于这种情况，如前一章所示，“可以在我的后院”运动在旧金山横空出世，他们开始游说规划委员会和市议会，要求对方在热门的市中心社区建造更多房子。“可以在我的后院”运动人士认为其成员都是白人中产千禧一代，与之相对的反绅士化团体则主要由有色人种工薪阶层及其盟友组成。但是，“可以在我的后院”运动人士认为，通过动员千禧一代在富裕社区建造更多房子，他们能够避免出现进一步的社区绅士化，实现两个团体的双赢。一名旧金山“可以在我的后院”运动人士表示：

> 在过去的 20 年里，所有的新开发项目都位于低收入社区。这不是意外……他们没办法动员起来施加政治压力阻止开发。这意味着住在伯克利的有钱人到了 60 岁还能独善其身……他们还会将自己视为激进的嬉皮士，尽管他们的房子价值 200 万美元，而且他们不会让其他人搬过来……我们希望能够在已经中产阶级化的地方建造更多房子，这样年轻人不必面临推动房价上涨或干脆不去城里的两难抉择。

“可以在我的后院”活动家对婴儿潮一代感到失望，因为后者不允许在公共交通便利的优质地段建造公寓。正如某人所说：“这不全是由公共政策造成的，实际上只有一小撮老年人不想让自己的社区向别人敞开大门。”他们的一项主要行动是在每月的城市规划会议上声援任何打算建造新房的规划。“可以在我的后院”运动人士坚持认为，在许多发展中的城市里，因为房主协会和社区团体对市议会施压，从而阻止了建造复式住宅和附属居住屋的行为（即所谓的老奶奶套间、盖在车库上的房间，这既能提高居住密度，又不会产生什么影响）。他们认为这些微小的变化是必不可少的，连这都无法实现就说明了现有房主思想固执，房主可能会对保障房危机表示关切，却不愿意就自己的舒适和特权做出让步。

“可以在我的后院”运动人士开始出席丹佛、西雅图和旧金山等城市的分区会议，他们很快意识到分区会议只有老人参加，对方高声反对住房开发规划，这给支持住房开发的“可以在我的后院”团体在设计城市规划政策时打开了一个新漏洞。[46]“我们看到这个场合完全由一个没有代表性的团体所主导，”一名得克萨斯州的“可以在我的后院”运动人士说，“嘿，我们和这些政客住在一个区里，他们必须知道我们并不觉得这有什么好，对我们许多人来说，那是个该死的地方。”这一策略使分区会议变成关于城市住房开发辩论的震中，其中居住密度是主要的话题，现有（年长的）房主和年轻租户常常针锋相对。在这些场合，他们的对抗往往非常尖酸刻薄，并且深究城市地区进步主义的意义：婴儿潮一代房主声明社区的组成及其社会纽带是神圣不可侵犯的；而千禧一代“可以在我的后院”运动人士则提倡有序变革，以经济社会目标为指导，积极主动地提高人口和居住密度，避免出现无序的社区绅士化。

随着“可以在我的后院”运动波及数十个城市，它不再仅着眼于住房可支付性，逐渐具备新的意义：它开始充当千禧一代参与地方政治的途径。这些政治参与常常带着明确的目标，即推翻老牌政客，因为他们认为后者无法理解住房危机或者四十岁以下群体面临的其他当务之急。在这个意义上，“可以在我的后院”主义变成城市中产阶级（主要是白人）特定年龄段群体的一种反抗形式，这种反抗着眼于城市规划法规的技术性细节，但也让世人看到了这个年龄段的美国人在遭受2008年经济危机重创后的挫败感。它运用住房可支付性领域内的斗争来争取更广泛的变革和更有力的社会运动参与，尤其希望那些受过高等教育、就职于行政利益领域的技术官僚参与进来。[47]有着相同经历的人们在这里组成了高度团结的活动家团体。尽管其采取出席分区会议并高声抗议的策略，但“可以在我的后院”运动人士并没有把自己当成不被倾听的群众运动，反而自视为拥有高度知情专家意见的精英团体。[48]

相较于父辈，他们在临近不惑之年时积蓄不多、就业前景黯淡，[49]千禧一代“可以在我的后院”活动家将住房保障作为争议话题来动员地方政治的深入参与。一名加利福尼亚州的“可以在我的后院”运动人士表示：

> 我们知道我们的成员在阅读《纽约时报》，关心国家政治。问题是他们住在蓝州（亲民主党），他们认为一个所谓的进步政府会照顾他们……事实并非如此……他们必须涉足地方政治，否则没人会关心他们，而且他们可能会被赶出这座城市。

“可以在我的后院”运动人士以分区制和住房保障为突破口，讨论代际财富分散（wealth dispersal）这种更宏大的议题，有时还把阶级地位和世代相提并论。[50] 一名来自得克萨斯州的“可以在我的后院”活动家表示：“我们认为租户与房主的较量是一个不错的政治议题，可以吸引千禧一代入局……要留住他们很简单，只需要向他们展示自己的生活与父辈之所以迥然不同，其中一个原因就是买不买得起房。”社区团体的老一辈参与者常常对这种群情激奋感到困惑不解，尤其是因为许多争论都发生在进步派政治框架内。科罗拉多州博尔德市的一名房主表示：“‘可以在我的后院’主义根本不懂如何去打造一个美好的城市……它毫不尊重社区赖以维系的因素……也不懂得要维持一个社区的纽带就必须要控制其规模。”这名受访者还表示“可以在我的后院”主义是一个中看不中用的政治纲领，他说：“我知道他们烦透了住房问题，但他们到底想怎么样？”

“可以在我的后院”主义毫无疑问是个中产阶级社会运动，其成员多为专业人士，他们感到自己的专业知识（主要关于城市规划和建筑学）受到了邻避主义团体的质疑，认为后者的辩驳根本就是情绪化的（固守其社区一成不变的本质）。“可以在我的后院”运动人士首先对城市进行了普遍主义的论证，然后选择具体的分区案例并参与其中。另一方面，邻避主义常常会出现超本地化（hyper-local），因此活动家有时只需要扩大讨论范围，就能使邻避主义自相矛盾。[51]但是，“可以在我的后院”运动人士同样诉诸情绪化的愿景，即创造更加包容性的、充满活力的城市空间。他们可能没办法在地理层面上使这些议题更趋地方化，因此他们常常使用代际话语框架，以便使其论证能引发更多人的共鸣，令人联想到千禧一代面临不稳定生活时的痛苦。这塑造了一群特定的苦主，他们可以取代邻避主义者因居住在特定社区所获得的主人翁地位，并坚称自己作为城市利益相关者的合法性，尽管他们的住所与拟议的具体开发项目相距数英里。

一边是邻避主义者作为具体社区的房主走到一起，另一边是“可以在我的后院”团体创造了一个广泛的利益联盟，囊括了住房保障活动家和房地产开发商，尽管他们常常表示这种伙伴关系不过是权宜之计，这只是为了就具体的开发项目提前商议好配建保障房的比例。从这个意义上说，“可以在我的后院”团体认为自己的角色是为其他活动家、市政官员和房地产开发商牵线搭桥，其作用相当于一些“可以在我的后院”运动人士在其担任城市规划者时曾参与过的付费协调工作。“可以在我的后院”活动家不仅为中产阶级发声（他们之间没有社区纽带或家庭义务，但都在不远千里地逐梦未来），而且推而广之，表示在城市行动主义的世界里，“新来者”的身份不能成为挥之不去的污点。“过去，只有本地人才能竞选当地的公职。”一名二十岁出头的“可以在我的后院”运动人士这样说，并解释道这常常会导致裙带主义和贪污腐败。他进一步说道：“择地而居并融入新环境并没有什么问题。事实上，你可能会有种宾至如归的感觉。”

社区层面的代际政治

“你想想看，纵观历史，郊区一直不过是沧海一粟。”旧金山“可以在我的后院”运动的灵魂人物劳拉·富特如是说道。在某种程度上，美国的快速郊区化其实是一件好事：这大约是 1945 年至 2000 年最剧烈的变化，扩张式的开发逻辑尽管已经遍布美国大地，但仍有可能被逆转。婴儿潮一代安于郊区生活，千禧一代却表示想回到城市，那里的主要街道和城镇都围绕着密集的商场和商业区层层铺开。由于上了年纪行动不便，婴儿潮一代的许多人退休后也回到市中心，在方便步行的地方安度晚年。但是，“可以在我的后院”活动人士认为在郊区度过的童年岁月对婴儿潮一代产生了深远影响，他们无法接受彻底改变城市的布局和建筑的层高以提高住房密度。一些婴儿潮一代受访者深表认同，比如一名来自伯克利的退休律师表示：“我喜欢城市，但我更喜欢的是绿树成荫、公园开阔的城市……我不想住在公寓里……我也不希望我家旁边矗立着公寓楼。”他进一步表示了对“可以在我的后院”运动人士的反感，因为他不同意其咄咄逼人的策略，并担心其做法将事与愿违，不仅无法提供更多保障房，反而可能会导致更多人流离失所。“我对现状很满意……小城市里遍布着小而美的社区，而不是挤满高楼大厦……我可不想住在东京。”还有许多人也强调了郊区生活的童年记忆告诉他们，社区住宅不能高过两层，居住密度一旦超过了这一限度，社区很快就没什么人情味了，这意味着人们会减少联系，不再为共同利益组织起来。

许多“可以在我的后院”运动人士对此不以为然，他们据理力争，认为居住环境方便走家串户才是建立邻里纽带的关键，尤其是对不同背景的人而言。“我们在郊区化过程中失去的远不止是大片土地，”一名来自马萨诸塞州的“可以在我的后院”城市规划者说道，“方便人们聚集的社区空间也遭到了系统性破坏。”对她而言，密集的居住环境能编织出更紧密的社会纽带，反之则会加剧人与人的猜忌和孤独感。[52]她甚至更进一步表示，正因为婴儿潮一代逃到郊区，所以他们能够无视不平等并支持唐纳德·特朗普这样的反移民政客：“我的意思是，如果用更都市化的心态与各种各样的人进行交往……那么我认为这些事就不会发生。”尽管许多年轻人持有保守的政治信念，大部分“可以在我的后院”运动人士将城市生活视为一种特定的进步政治观念的表达，坚信一种崇尚包容、多元化和对话的文化熔炉价值观。批评人士则认为这些年轻人总是说得轻巧，一边表达着进步政治的文化表象，一边享受着令人羡慕的生活质量。[53]但这也指出了“可以在我的后院”运动的问题所在，即如何将新社会运动中关于生活方式的模糊不清的文化论点，与具体空间和政治竞争时刻的具体政治诉求和经济诉求相结合。[54]这一信念还反驳了婴儿潮一代在里根时代接受的政府放权思想和地方主义观念：“可以在我的后院”以区域作为整体进行思考，认为如果将郊区重新纳入大都市区，那么就能够在社区之间分散风险，而由于一波又一波的郊区化，这些社区早已彼此分离。

“可以在我的后院”团体寻求改变分区法规，以允许建造更高的公寓楼，但是他们也支持更激进的方法，比如第一章中曾讨论过的“起诉郊区”。“起诉郊区”在富裕社区引发了阶层仇恨，这些社区拒绝为解决硅谷住房危机而“承担应尽责任”。但是，该策略远非激进，仍然在相当程度上指望以市场力量来驱动城市住房开发。[55]这反映了“可以在我的后院”团体之间的共识，即他们关注不同年龄段的购房能力，弱化阶层问题，无视一代又一代贫穷的城市居民被住房市场拒之门外。[56]其叙事框架整合了战略机遇期（一个强有力的代际分析框架）、社会运动定位（依赖技术官僚而非激进主义）以及政治立场（中左派，无意于在日益喧嚣的左派中争夺影响力）。一位来自洛杉矶的千禧一代社区组织者基本不认同“可以在我的后院”活动人士，她评论洛杉矶的“可以在我的后院”团体希望通过传播务实中间派的形象来获得权威，她说：“他们左右逢源，想要面面俱到，这正是我所担心的，我觉得这不靠谱……他们有时候公开认可（反绅士化的观点），但他们有几分真诚呢？”

“可以在我的后院”团体致力于发展城市规划圈内两个流行的策略：一是翻新郊区，提高居住密度并增加人行道，比如开发额外的住房或开设更多小商店；二是加高、扩建内城区的房子（前文已述及）。但是，在美国各地的许多“可以在我的后院”团体内部，对城市规划行动主义的最终目标存在不同声音：许多人只想遏制住保障房危机，而其他人则想通过减少监督和繁文缛节来削弱城市规划主管部门的权力，后者常常自称有自由主义倾向。这种反监管的狂热在美国保守政治中具有悠久历史，但它在西雅图、旧金山和丹佛这样的城市却几乎无法引起共鸣，后者因其进步政治而闻名于世。一名来自反绅士化圈子的批评人士表示：“‘可以在我的后院’运动是自由主义思想和市场化解决方案的温床……如果你是一个开发商，推崇小政府，甚至是住在‘敌方阵营’的共和党人，那么你就可以戴上‘可以在我的后院’这个面具。”但是，几乎没有证据表明“可以在我的后院”运动人士（不排除极少数）认为提升分区用途、提高居住密度可以削弱城市规划，恰恰相反，许多人都支持严格的环境保护措施，这和自由主义的原则南辕北辙。

尽管左派对“可以在我的后院”城市政策的评论常常指向房地产开发商或经纪人的参与，但是该运动内最常被热议的，莫过于认为婴儿潮一代未能解决经济问题。在这个意义上，“可以在我的后院”运动人士将其政治盟友（尤其是在全国政治议题上的盟友）视为主要敌人，因为后者拒绝批准更多住宅建设。“我们的对手不是参加乡村俱乐部的这类人，而是在前院挂着奥巴马标志的70岁的老人。”一名来自科罗拉多州的“可以在我的后院”运动的支持者这样说。邻避主义的支持者在年轻时曾是进步人士，但一旦买了房之后，他们则转而保卫其资产价值。[57]对于“可以在我的后院”运动人士而言，美国政治的中左翼已经转而支持经济精英，因此民主党及其支持者减少了对住房、最低工资和工作稳定等议题的承诺，因为他们对此经验匮乏。然而，这种观点的危险之处在于，它将阶层、住房不稳定重新定义成了一种普遍的代际经验，[58]而忽视了社会经济水平较低的人尤其深受其害。雪上加霜的是，我访谈的大部分“可以在我的后院”活动家都关心维持中产阶级地位，而他们也是相对富裕的专业人士，事实上，受访者大都受过大学教育，许多人毕业于名牌大学，就职于城市规划、技术或信息行业。

在这个意义上，“可以在我的后院”活动人士常常对政治问题持骑墙态度，他们一方面批评主流民主党，另一方面他们又支持建造更多房子，这与市场化解决方案大同小异（但与住房正义倡导者形成了鲜明对比），“这里存在一个建制还是反叛的问题。”一名旧金山的“可以在我的后院”活动人士表示：

> 这是针锋相对的两群人——受过教育的老派嬉皮士以及受过教育的千禧一代，他们基本上是白人——他们

争夺同一个社区及其居住权。当邻避主义者说“去别的地方”，潜台词其实是“别来这个城市”，我们意识到这才是主要分歧。

尽管“可以在我的后院”运动人士对婴儿潮一代无法想象一个高楼林立又宜居的城市感到震惊（推特上有很多关于旧金山“香港化”的帖子，高耸入云的建筑林立在曾经安静的街道上），但斗争集中于更基本的问题——关键是哪一代人掌握着地方政治权力。[59] 许多“可以在我的后院”活动人士认为，他们的团结一致象征着必须在全国范围内进行更广泛的权力交接，尤其是在 2016 年总统大选时，当时大部分政党领导人都到了古稀之年。讽刺的是，尽管“可以在我的后院”团体不怕利用代际政治来激励支持者，但他们的主要政策干预远比新崛起的社会主义左派的呼吁要保守得多——即社区土地信托和更多的社会住房。[60] 一名婴儿潮一代的城市规划者尽管支持与“可以在我的后院”主义相关的大部分致密化方案，但表示：“整个讨论框架就是个诡计……人们真正关心的问题是房主和租户的冲突，这涉及社会阶层……而且往往与种族有关……代际冲突是个问题，但我认为这主要是为了吸引年轻人的注意力。”在这个意义上，考虑到该运动使用代际框架时一边强调实用主义和目标导向，一边掩盖影响长期社会经济过程的潜在问题，参考社会运动中政治机会结构的文献进行分析，[61] 可以看出美国中产阶级的空洞化。[62]

“可以在我的后院”运动人士承认，尽管他们发现许多社区团体（尤其是房主协会）都支持邻避主义——希望通过把他们赶到别的地方去来解决城市问题——但是他们仍从其组织方法中受益良多。一名活动家表示：“房主所拥有的，正是我们想为租户提供的。”总体而言，他们尊重作为地方化现象的社区组织，[63]但变革的挑战在于根除房价优先的政治信条，扭转房主主导社区诉求的现状。一名23岁的“可以在我的后院”运动支持者说道：“我们曾认为灵活机动是个好事，但在这种情况下显然不是。”她表示，2008年经济危机之后，千禧一代为了找工作从一个城市搬到另一个城市，为了寻找更好的住房从一个社区搬到另一个社区，奔波辗转之间，他们已经错过了发声的机会。通过创建更好的机制来代表千禧一代的利益，“可以在我的后院”主义被视为住房市场中特定年龄组别和群体表达诉求的一种方式，尽管个别成员会离开，但这种呼声永远存在。

代际冲突和维持中产阶级身份认同

关于城市空间的代际冲突叙事，听起来常常像是对住房可支付性危机的误判。阶级恐怕是个人是否面临住房无保障威胁的最大决定因素：作为稳健的中产阶级，婴儿潮一代比千禧一代更少受到房价飞涨的影响，后者仍未完全从2008年的经济危机中恢复过来。[64]维持中产阶级地位的斗争[65]是代际争论达到白热化的一个原因：婴儿潮一代批评千禧一代“没用”[66]，千禧一代则指出其面临的宏观结构劣势，并且认为婴儿潮一代对此难辞其咎。[67]“可以在我的后院”运动在讨论美国住房危机时显然低估了阶级的重要性，只过分关注代际问题，[68]导致冲突看起来更像是与空间有关，而不是由宏观经济造成的。但是与此同时，这些叙事中有很多是来自双方真实经历的代际冲突，在规划会议上和对新建筑的社区进行评估时，“可以在我的后院”活动家看到年长的房主一个接一个地否决新开发项目。由于许多千禧一代的“可以在我的后院”活动家学习过建筑学、设计学和城市规划，所以当地方政府驳回了提高社区居住密度的建议时，他们怒火中烧，因为这些驳回违背了专业共识，不仅威胁到了他们作为租户的权益，还冒犯了他们的专业知识。

致密化的辩论双方在使用代际框架提出诉求时，都提到了中产阶级的原真性（authenticity）。婴儿潮一代的房主坚称他们买入房产时认为社区将维持原样，[69]他们努力工作还清了贷款，现在却来了外人想改变规则，还要颠覆社区的景观和氛围；另外，“可以在我的后院”运动的千禧一代参与者则表示，他们也是体面的中产阶级市民，他们“遵守规则”，但在热门城市仍租不起房（或买不起房）。双方为中产阶级的社会地位争执不休，常常无意识地把争论的焦点变成努力工作的技巧和劳有所得。[70]与此同时，他们都试图讨好贫穷社区的反绅士化活动家，声称其解决住房危机的方法更能避免流离失所现象。洛杉矶一名“可以在我的后院”的非裔美籍组织者表示，低收入社区的有色人种“和两方都有过不愉快的经历”，有人反对住房开发，有人支持。尽管他觉得南洛杉矶应该有更多工薪阶层会支持建造新公寓，但他也能理解为什么人们更容易选择抵制并保持每况愈下的现状（宁可地价上涨，也不开发住房）。

社区团体和“可以在我的后院”活动家在更本地化的场所针尖对麦芒，在这些地方代际比阶层更显眼。致密化运动在中产阶级或富裕社区最活跃，这弱化了那些试图维持中产地位的人的存在感，因为他们的痛苦源自与上流社会对比所产生的相对剥夺感，而在较贫困的社区，居民为生计、住房和独立性日夜操劳，其困境显而易见。与此同时，年龄和代际问题之所以得到重视，是因为二者均能提供强大的道德权威，但它们就何种决策“对社区最有利”存在意见分歧，[71] 社区团体认为其成员长期定居于此因此最有发言权，而“可以在我的后院”运动人士则认为这种说法并不可靠，因为那些对社区日久生情的人并不愿意看到任何可能的变化。

两代人截然不同的经历导致了代沟的产生，这就是美国在过去几十年里发生的情况。它开始对城市政策（公共交通需要多少资金、可以接受多高的居住密度）和公共舆论（楼房建多高才会影响生活质量、人们愿意花多长时间通勤）产生影响。婴儿潮一代和千禧一代之间存在真正的代际差异，许多都源于他们各自在童年时期形成的对城市不同的基本愿景，比如城市的安全感、熙熙攘攘的街景、紧凑的都市空间。更大的问题是，鲜明的城里人身份认同感是否已经从文化上定义了千禧一代，以及这种身份认同感将如何体现在政治和经济的优先事项中。

第3章

在岩石和绿化带之间：博尔德的住房保障与环保主义行动

科罗拉多州的博尔德市坐落于落基山脚下，长期作为生态乌托邦遗世独立。这个拥有 105 000 人口的城市毗邻丹佛，无疑是个郊野城市，但其气质却独一无二。中央购物区铺设红砖步行街，街道上满是冷榨果汁吧、街头艺人、塔罗牌读卡器，以及出售高端徒步装备的新租户。这是美国自行车道和越野步道最交错纵横的城市之一（300 英里）[1]，市中心的铺砖步道一路延伸至坐落于山顶上的科罗拉多大学主校区。这是法拉提隆斯山区最具象征性的特征：落基山脉前山探出了红色石块，这成为美国最令人难忘的城市背景之一。从大学拾步而下，只消 20 分钟就能抵达山脚下的公园，红砂岩台阶宛若纱幕，映衬着缕缕行行的步道跑者、遛狗人、登山人和野餐者。

尽管博尔德已经从一个大学城发展成一个成熟、富饶的科技创新中心，其生活方式也吸引了许多移民流入，但是 20 世纪 60 年代以来，该市人口并无明显增长。这个城市日渐声名远扬。直到 20 世纪 90 年代，博尔德一直是科罗拉多州文化上的笑话：艾伦·金斯伯格（Allen Ginsberg）在那里创立了一所佛教大学，名叫杰克·凯鲁亚克虚体诗歌学院（Jack Kerouac School of Disembodied Poetics）；该市 2000 年通过了一项立法，指定人类为狗的监护人而非主人；[2] 多年来，市中心法院大楼前的主广场一直是后嬉皮士旅客的露营地，充斥着乞讨儿童、演奏音乐的街头艺人和兜售致幻剂的小贩。尽管博尔德仍被视为进步政治的堡垒，但它作为一个充满娱乐机会和自然之美的富裕社区更加闻名遐迩，市中心的步行街和登山步道四通八达。但是，在户外胜地的光环之下，现在这个城市的住房成本已经堪比科罗拉多州的豪华度假社区了，比如阿斯彭、韦尔或特柳赖德，或者纽约、旧金山这种大城市。

老一辈对高收入新居民带来的文化变迁感到震惊，他们仍记得在 20 世纪 60 年代和 70 年代，这里还只是个大学城，很少有餐馆能提供比奶酪汉堡更美味的食物；现在装模作样的日式居酒屋取代了学生酒吧，骑行者骑着价值 5000 美元的意大利赛车招摇过市，登山步道的入口停满了高档轿车。博尔德的平均房价从 2012 年的 406 000 美元飙升到了 2019 年的 744 300 美元。[3] 但是，这令人瞠目结舌的价格暴涨只是冰山一角：这个城市周边布满卫星社区，这些社区最初是农业小镇，但在 20 世纪 90 年代其规模迅速扩张，当时科罗拉多州的落基山脉前山是美国发展最快的地区。[4] 在博尔德工作却买不起房子的教师、护士、消防员和其他中产阶级员工，开始在拉法叶特、路易斯维尔、朗蒙特、布鲁姆菲尔德这样的城市安家落户。和其他郊野城市不同的是，这个问题在博尔德不仅事关经济，还关系城市的构造和空间。这个城市的魅力很大程度上源自大片的开阔空地，这些空地是在 20 世纪 70 年代和 80 年代购买的，目的是遏制城市扩张和限制人口。

博尔德之所以与众不同，不仅是因为其优越的地理位置——坐落在落基山脚下，或者如常言道“夹在山脉与现实之间”，更是因为其居民竭尽全力限制人口增长、保持社区特色、阻止开发周边的自然环境。1968 年，这个城市根据一年前刚通过的投票措施，开始限制对法拉提隆斯山脚的开发。最终，它买下了城市周围不可开发的地产作为市政“土地银行”，建起了保护性绿化带。这次干涉使得博尔德成为保护主义的领头羊，它征收 4% 的营业税用于囤积土地和建造娱乐区，同时推行其他政策来限制居住密度、建筑高度和合租公寓。[5] 绿化带是受到了古老的英国市政土地保护传统的启发，但是，不同于英国绿化带占全国土地面积的 13%，[6] 博尔德建立的绿化带显得形单影只。当时美国西部日益担心人口过密，但又普遍怀疑政府的行动。在此基础上，1968 年开始实施的市政土地银行政策象征着环保主义者更新、更激进的利益诉求，这些诉求受到《寂静的春天》①（*Silent Spring*）等作品的刺激，呼吁国家采

---

① 《寂静的春天》是美国科普作家蕾切尔·卡森（Rachel Carson）创作的科普读物，首次出版于 1962 年，书中描写因人类过度使用化学药品和肥料而导致环境污染、生态破坏，最终给人类带来了不堪重负的灾难。——译者注

取行动来保护荒野地区和人类健康。

绿化带的建立预示着一种创新方案，即城市也可以充满各种各样、生机勃勃的户外活动，但限制保障房的后果却几家欢喜几家愁。工薪阶层和中产阶级的居民实际上被驱逐出了城市，只有在学生需要老师、建筑需要施工、马桶需要维修时，他们才被获准进入城市。“科罗拉多住房保障”（Housing Colorado）团体指出，博尔德的银行出纳员必须将六成的收入用于住房开支，这里的房价是全国平均水平的2倍。[7]更令人担忧的是，尽管博尔德的绿化带对保护山地和博尔德东部边缘的一大片草原产生了积极的生态效果，但是这将住房开发推到了更外围的郊区。这催生了数个人口破100 000的小镇，那里的居民在博尔德上班，每天开车往返绿化带两次。为了将新来者赶出博尔德伊甸园中心，博尔德对建筑高度和居住密度进行了限制，绿化带进一步阻止社区向任何方向扩张，除非越过它。

在过去的几年里，要求增加住房开发的活动家在“可以在我的后院”主义的旗帜下走到了一起。尽管大部分住房开发支持者此前都将不满归咎于经济问题（创造一个所有员工都能居住的城市，而不是在夜幕降临时把不太富裕的人驱逐出去），但是“可以在我的后院”主义对这个问题提出了新的空间叙述，强调城市致密化。[8]博尔德“可以在我的后院”主要的成员团体——“更好的博尔德”（Better Boulder）探讨智慧开发，表示在这个城市因为高房价驱逐低收入居民而丧失其作为嬉皮士天堂的特色之前，需要建造能够容纳更多人口的紧凑型社区，这有效地借用了反开发活动家过去几年里围绕文化保护展开的论点。但是，这场斗争同样聚焦于环保主义的内涵。尽管在1968年时人们普遍支持利用土地储备建设绿化带从而遏制人口增长的政策，但50年之后，博尔德的人口上限政策遭遇了前所未有的抵制。独栋住宅社区倘若一味拒绝建造公寓，不仅无助于提高审美价值，也不能保证社区可以便于管理。对许多年轻的致密化活动家来说，保护社区特色无异于维持社区的阶层构成，即不允许公寓居民在充斥着百万美元豪宅的城市里居住。

“可以在我的后院”运动在博尔德的斗争，同样绕不过一个关键问题（在关于住房开发的大部分讨论中都会有所涉及）：怎么样才算是一座城市以及城市带来了什么义务？[9]反对博尔德开发住房和经济增长的人无一例外都回到了一个关键问题：他们的城镇看起来每天都更加城市化，但这并非他们所希望的。在关于住房开发的其他讨论中，总有人辩解“社区人满为患”，但博尔德人喜欢用“这只是一个小小的大学城”这一叙述取而代之。反对开发的人表示，他们的社区无法承受住房开发带来的人口冲击，完全不管这一观点在当前的居住密度、基础设施和交通条件下是否正确。博尔德人常说，科罗拉多州人口增长的压力应该转移到拥有更多资源、空间或者更需要新来者的地方。问题在于，所谓的“其他地方”（在这种情况和其他情况下）几乎不曾真正存在，而“我们地方狭小”这一声明更是混淆视听。博尔德便是一个典型的例子：虽然它可能确实是一座大学城，但也有重要的政府部门坐落于此，比如美国国家标准与技术研究院（National Institute of Standards and Technology）和美国国家大气研究中心（National Center for Atmospheric Research），更不用说其欣欣向荣的创业环境，附近还有巴尔航天公司（Ball Aerospace）和IBM公司[①]运营了50年的园区。“可以在我的后院”运动人士认为博尔德人不承认自身的都市性，这成为提供保障房的主要障碍。一名“可以在我的后院”运动人士在网络论坛精辟地概括道：“我真受不了这里的人说‘这地方太棒了——让我们保守秘密’。”对于希望提高居住密度的“可以在我的后院”运动人士而言，那些把自己的社区说成是小镇的人是在歪曲事实，他们不仅不假思索地反对住房开发，而且还对公寓和高密度开发特别恼火，认为这破坏了他们印象中独栋住宅整齐划一的街道。与“可以在我的后院”运动人士发动的许多斗争一样，无论是否涉及住房开发，第一步都要说服居民重新想象城市可以是什么样的，扭转诸如拥挤、犯罪和个人疏离等反城市主义的刻板印象。

我将在本章探讨环境管理与邻避主义观点之间的联系，说明20世纪60年代博尔德建立绿化带的深谋远虑又是如何不幸地导致房价上涨，促使住房开发转移到城市边缘，并创造了

① IBM（International Business Machines Corporation）即国际商业机器公司或万国商业机器公司。1911年创立，是全球最大的信息技术和业务解决方案公司。——译者注

一个由种族或经济构成的高度同质化的超级精英社区。精英地位常常与环保主义相伴相生[10]，在将博尔德打造成富裕自然爱好者的城市后，这里变成了富人追逐小众活动的乐园，面包黄油等经济问题被抛之脑后。[11] 在这一章中，我首先将博尔德的绿化带斗争史追溯至遥远的 19 世纪，当时受埃比尼泽·霍华德的田园城市运动的启发，美国各地发起创造模范环境城市的运动。然后，我将根据口述历史资料，阐明在 20 世纪 60 年代更广泛的社会运动中，博尔德如何采纳了这个在爱德华时代①有点乌托邦式的框架，试图在增强生态意识的同时，在蓬勃发展的美国西部地区打造新型的熟人社区。最后，我将分析这一模式是如何产生导致排外主义经济压力的，以及幻想破灭的“可以在我的后院”活动家为何会挑战反住房开发居民，并试图建立一个拥抱智慧增长、经济上更包容的社区。

把城市变成花园

城市绿化带的概念与市政府运行的一些最基本概念相冲突，尤其是对那些在 20 世纪初欣欣向荣的城市来说。那时大部分市长和城市拥护者都希望他们的城镇兴建高楼、向外扩张、兼并小城镇，利用人口增长的力量从州议会手中争夺管理

---

① 爱德华时代指 1901—1910 年英王爱德华七世（Edward Ⅶ）在位的时期。

责任和权限。[12] 鉴于 19 世纪末和 20 世纪初欧洲和美国城市的蓬勃发展，将一片空地用于娱乐业或农业，或者单纯地闲置城市周边的土地以作隔离之用，着实让人难以接受。尽管工业发展逐渐主导了英国和美国的城市，但是这一时期也见证了新的善政计划的兴起，这在美国的进步时代运动和英国的反贫困行动中蔚然成风。事实上，正是社会改革家兼全国托管协会①（National Trust）的联合创始人奥克塔维亚・希尔（Octavia Hill）首创了“绿化带”一词，并表示工人有权随时进入有益健康的开阔空间，而在当时，大片风景宜人的土地仍囤积在富裕社区那里。[13]

在 19 世纪末伦敦扩张的动荡时期结束后，埃比尼泽・霍华德这名伦敦办事员兼速记员于 1898 年完成了他的代表作《明日的田园城市》（*Garden Cities of Tomorrow*）。[14] 这促成了田园城市协会（Garden City Association）的成立：这是一个半乌托邦式的团体，致力于通过绿地的“围栏”作用来限制城市进一步向外发展，永久保持理想的人口规模，从而打造模范城市。霍华德并非梭罗（Thoreau）和艾默生（Emerson）这样的反城市超验主义者，也不像乌托邦未来主义者爱德华・贝

① 全国托管协会（National Trust 的全称是 National Trust for Places of Historic Interest or Natural Beauty）成立于 1895 年，是全欧洲最大的以保护和传承自然及历史古迹为任务的慈善机构，负责管理并保护英格兰、威尔士及北爱尔兰地区的许多历史遗迹和自然景观。——译者注

拉米（Edward Bellamy）那样，相信技术创新能够缓和贫困和不平等，他曾于19世纪80年代发表小说《回顾》（*Looking Backward*），霍华德是他的小说迷。相反，霍华德见证了19世纪80年代英国年轻人涌入芝加哥促成了城市的飞速发展。他认为城市和国家需要维持在一种辩证统一的状态：一方面，城市地区的规模要能保证经济生产力和文化生活；另一方面，也要保留附近乡村的田园风光，以提供平静、放松的休憩之所。

《明日的田园城市》构想了一种模式，由铁路来连接城市枢纽和林荫郊区环境。从表面上看，这和19世纪90年代伦敦城外涌现的许多新开发项目大同小异。但是，这本书支持一种基于合作土地信托的新型城市化，社区统一规划独栋住宅，只租不售。每个社区均配备公用设施，四周环绕绿化带以限制其规模并提供娱乐空间。在霍华德看来，田园城市并不意味着翻新现有的村庄，然后将其改造为更大的社区，而是“无中生有”地建设新城镇，新城镇要严格规划各功能地块的面积比例和街道曲率，最重要的是，人口规模要保持在32 000人左右的理想水平。[15] 尽管田园城市协会在英国实际建造的第一批城市——1907年的莱彻沃斯和1920年的韦林——几乎和常规的通勤铁路郊区别无二致，且引起批评家质疑其创新性，但是霍华德有更远大的规划，他想打造一系列相互连通的城镇，以及彼此之间绵延数十英里的绿化带。这将使大型中心城市的存在变得不再必要，并呼应了随后由勒·柯布西耶（Le Corbusier）等人引领的早期现代主义观点，即完全摆脱传统中心城市。

随着美国、加拿大、德国和荷兰陆续进行社会实验，绿化带构想的影响力遍及全球，埃比尼泽·霍华德观点中最初的激进主义退居次要。霍华德在罗伯特·欧文（Robert Owen）和夏尔·傅里叶（Charles Fourier）等空想社会主义者的基础上，倡导一种新的社区模式，这些先驱者将完善城乡关系视为改善工业资本主义不公正的重要一步。当时，吉百利公司在伯明翰市附近拥有一个巧克力生产村，名叫伯恩维尔，尽管这些公司建立的模范社区并不那么进步，但霍华德也从中获得了启发。他坚信，所有权协会会将财产增加值用于社区改善。大部分的改善只是出于审美考量，但霍华德还是认为，只要还清了足够的建设债务，绿化带城市就能够着手进行更加雄心勃勃的社会项目，比如养老金和残疾人保障计划。在这个意义上，绿化带城市不仅是一种城市模式，更是一种社会模式，它预见了战后英国承担起福利国家的责任，同时将国家权力下放到了地方。

绿化带社区将有助于减轻新社区面临的土地投机问题。只租不售的模式还将确保莱彻沃斯和韦林等地方可以实现理想的社会经济多样性。当人口从大都市地区分流出来，人们将有更多机会在绿树成荫的环境中生活，进行户外运动、强身健体，充实童年生活，加强代际社区纽带。在霍华德设计的城市里，土地规划设计旨在营造生机勃勃的社区而非专门满足核心家庭的需求，这鼓励人们组织戏剧表演、体育俱乐部、构建相互支持的社会网络。事实上，绿化带城市应该是熟人社区，吸引那些愿意彼此合作、分享休闲时光，以及共同修剪周围花园的人。虽然这个想法比以色列集体农庄（kibbutz）更像郊区，但这仍是一种城市模式，预计会对社会凝聚力产生相当积极的影响。

尽管霍华德从社会主义思想中获得了社区建设和共有土地的灵感，但他的项目中也包含了资产阶级理念，因此仍无法获得费边主义者（Fabian）或更激进的社会主义者的好感，哪怕这些19世纪乌托邦主义拥有共同的出发点。政治右翼人士对他的评价也充满嘲讽，将乡村视为无望、不现实并充斥着穿着凉鞋的怪人的地方。[16] 随着英国的绿化带运动逐渐与工艺美术（Arts and Crafts）住房风格联系在一起，许多人认为霍华德的社会实验主要是美学上的干预，而不是对社区的真正改造。在雷蒙德·昂温（Raymond Unwin）的带领下，这个运动变得越来越制度化，他将田园城市协会彻底转变成一家公司，对郊区建设进行了一些设计创新，但这些创新后的作品与同时期伦敦周围的其他社区没什么两样。

新泽西州的雷德朋市是美国第一个田园城市，诞生于1929年，当马里兰州的格林贝尔特市、威斯康星州的格林代尔市和俄亥俄州的格林希尔市纷纷在20世纪30年代建立了数个类似社区后，这个社会实验迅速成为富兰克林·罗斯福新政的同义词。[17] 这些空地坐实了州政府在城市规划中的作用，这在大萧条期间被重新定义，但是它们的设计丧失了绿化带作为开发边界的独特性，将重点放在形式上，简单地将其作为一种住房解决方案、一种空间布局和管理的另类干预措施。[18] 直到下一代人重新评估绿化带之前，各地政府一度将其作为限制开发和生态管理的重要工具。

在美国和英国践行绿化带城市模式初期，这个观点看起来像是巧妙地改造了传统的乡村公地（village commons），将其移花接木到早期郊区土地投机的房地产模式上。开发商可以选择限制一些土地以供社区之用。尽管社会有责任提供风景优美的漫步空间，但这同样能提高房产价值。至于农业部副部长雷克斯福德·特格韦尔（Rexford Tugwell）兴建的新政小镇（New Deal town），绿化带让新建的公共住房项目锦上添花，强调其比污染严重的城市贫民窟条件更优越。[19] 到第二次世界大战结束时，典型的郊区已经与霍华德设想的田园城市大相径庭：他们规划的社区不再是位于通勤铁路线终点的几栋朴素住宅。现在，随着大规模的郊区建设，退伍老兵及其家人的人口数量井喷式增长，以纽约长岛的莱维顿镇为模型，容纳数万人的社区被仓促修建，四通八达的新公路方便了郊区居民到城市就业。

到了 20 世纪 50 年代，郊区的开发使新一代人能够作为房主而非租客住在自己的大房子里，而许多城市规划者则发现郊区的无序扩张打破了城市和自然之间的平衡。郊区声称提供了“下乡”的机会，但是却充斥着铺砖道路和商业街，在同一片宁静的空间里驶入了上千辆汽车。[20] 无休止的郊区扩展带来了新的生态学，绿化带作为限制市政开发的手段再度风靡，并且在确定市政服务的边界以节省开支的问题上，给予了城市规划者更大的话语权。这也是为了避免形成洛杉矶那样的特大城市圈，当时洛杉矶郊区的社区连成一片，绵延数十英里，没有中心城市，也缺乏市政统筹。[21] 英国和美国都重新重视起了防疫封锁线功能，与此同时，公众看待郊区的心态也在发生转变。比起粗暴地修建环形道路以限制城市扩张，绿化带专门就禁止开发提供了法律干预。[22] 这也是环保主义者最后的希望，他们无法抑制人们对郊区生活的热情，于是便寄希望于至少闲置一小块土地，在美国城市不断向外扩张的“灰色”海洋里装点一抹绿意。

1968 年的绿色行动

到 1968 年，博尔德的人口在 20 年间翻了两番，达到 60 000 人。一名同时代的观察者表示，那里曾经“井然有序、小而美，但现在却有向外扩张和飞越发展的趋势”。[23] 随着人口的增加，社区不仅要面临交通堵塞、入学规模扩大以及为郊区新房兴建新道路等问题，还要面临生存威胁：失去了该市特有的绿水青山。本地倡导控制开发的人都是精于环境政治的老手：他们知道绿水青山是最有感染力的议题，能够动员市民支持新立法、购买房产并以公共信托的方式持有，但是他们也能通过倡导控制开发来实现许多其他的城市规划和生态目标，比如防洪、公园建设和提倡自行车出行。

从20世纪50年代起，一群与女性选民联盟（League of Women Voters）有联系的大学教授、热心公民和活动家就开始研究博尔德的环境保护问题，尤其重视埃比尼泽·霍华德的著作。到了1958年，他们成立了倡议团体“规划博尔德”（PLAN-Boulder）并提出了野心勃勃的议定书，要求城市不得将郊区扩张蔓延至落基山脉区域，具体方案是：买下博尔德背后的整片山脉，然后将其与城市拥有的草原、曾经的农场和小平顶山相连，环绕城市形成一道“绿色”屏障，永远保护城市。尽管这个规划允许在绿化带内进行有限的娱乐和农业活动，但其主导意识形态是保护环保主义（preservationist environmentalism）而非自然保护主义（conservationism），[24]换言之，他们试图将自然永远保持在原始状态，而不是把土地当成公私资源来进行管理。

1971年的一篇关于绿化带的报道开篇就写道：“面对城市无序的扩张、绿水青山的破坏、身份认同的失落，一个城市应该如何保存使其从一开始就与众不同的自然特质？”[25]换言之，博尔德人不想看到自己的城市变成加利福尼亚州那样。“科罗拉多的加利福尼亚州化”[26]以最丰富的想象力描述了令人不快的未来，即房地产扩张到博尔德西部山丘、峡谷，甚至法拉提隆斯山上著名的红石凸岩，在很多人看来，这无异于是对城市身份认同赤裸裸的冒犯。事实上，对加利福尼亚州的反感在很大程度上反映了关于西部特色的区域性争端，卡罗拉多州人认为西部特色就是坚定的反城市化。尽管住在博尔德等城市的西部人自视为身不由己的城里人，只是碰巧与成千上万人生活在一起，但是他们的生活方式更亲近自然，与东部或西部沿海的同胞迥然不同。这种观念在菲尼克斯、[27]盐湖市和阿尔伯克基等地方挥之不去，这里的人憎恨城市，认为改善荒野交通实际上有助于刺激对郊区的开发，他们之所以勉为其难地接受，只不过是为了避免高楼林立、热闹街区以及带有城市主义色彩的任何其他方案。[28]

成立于20世纪50年代的“规划博尔德”团体就面临这样的威胁，当时开发商计划在法拉提隆斯山的中心、该市肖陶扩大厅（Chautauqua Hall）[29]附近的着魔梅萨山（Enchanted Mesa）上建造一家大型酒店。反开发活动家不仅在这个项目上首战告捷，论证了公共开放空间的社会和环境重要性，还帮助构思了更全面的方案，以确保山地和平原免遭开发。他们的第一步是挫败着魔梅萨山的开发计划，具体做法是游说市政府在1959年发行了105 000美元债券，买下那片土地，确保其未来不会用于建造住房、酒店或其他商业用途。同时，他们乘胜追击，对市政府施压，通过了“蓝线”（Blue Line）法律，禁止向海拔超过5750英尺的地方提供市政服务。没有市政供水供电，出于财务上的考量，那些想在山腰上盖房子、俯瞰落基山脉前山的人只能姑且打消念头，但是“规划博尔德”活动家也明白，这无法永久性地避免在博尔德珍视的西端（West End）山坡上建造新房。

“蓝线”法律主要由活动家而非公务员起草。这鼓舞了同道中人，他们相信保守的商业界和科罗拉多州政客始终对土地权有着清醒的认知，后者会阻止限制无序扩张和保护环境的努力。数学教授鲍勃·麦凯维（Bob McKelvey）是出席 1958 年"规划博尔德"首次会议的 29 个人之一，他表示：

> 首要考虑的工程因素……是泵送水库水的管线……但是当我们意识到我们可以按照我们的意愿去规划管线时，整件事情都明朗了。我自己只用了一天就解决了这个问题，我就出了趟门，然后把管线画得尽可能低……我想它现在还在那里。我们在做这些事的时候，总是小心翼翼地提醒自己，这不过是权宜之计罢了。[30]

对许多人而言，公民权利和环境保护都值得热情捍卫，即使对那些相对严肃的学者和富有的居民也一样。他们更多受到英国环保团体保护地方乡间漫步空间的鼓舞，不那么在乎受嬉皮士文化影响而崭露头角的生态空想家。因此，他们倾向于运用专业的话语和深谋远虑的法律知识而非街头抗议来表达其担忧。换言之，绿化带与其说是激进环保主义公社的篱笆，毋宁说是对维持当前景观和财产价值的可靠投资。这反映了当时环保运动的主要矛盾，即生态团体是否会倡导消费和生活方式的全面改革，抑或说他们选择保护土地，是不是为了从旅游业和房价中获得收入？[31]

到了 20 世纪 60 年代，齐心协力赢得公众支持并买下防护绿地的策略，取代了零敲碎打的反扩张措施。“规划博尔德”的创始人及其核心智囊团的成员（他们后来担任了市长和州参议员等要职，或者成为科罗拉多大学的著名教授）研究了《明日的田园城市》以及自然主义城市规划者弗雷德里克·劳·奥姆斯特德（Frederick Law Olmsted）的著作，后者的儿子曾造访过博尔德并于在 1910 年为其设计了一个公园。麦克凯尔维（McKelvey）回想起团体构思绿化带概念的一个早期会议，他说:“我记得在‘规划博尔德’成立的那个夜晚，我弯腰坐在桌子前，兴奋地讨论着英国的绿化带城市……桌上铺着一张地图，用红色清晰地标出绿化带的位置。”但是，团队的成员必须说服地方社区相信，城市买入这种旨在限制开发的公园系统在财政上是可行的，而且也是对未来的合理经济决策。虽然联邦政府拥有大片土地是美国西部的一大特色，但是这些土地多被出租，用于农业或作为牧场，且地处偏远，一点也不像城市绿化带。此外，就公众舆论而言，“规划博尔德”之所以引人注目，部分原因是地方官员无所作为：当然，怒火也可以引向华盛顿。在博尔德，20 世纪 60 年代早期构思的绿化带规划对那些不信任国家干预的人来说还差得远：这一规划要求博尔德市在二十年内购买土地，并且在必要时征用土地，这一措施激怒了当时仍是农业县的博尔德县的选民。

“规划博尔德”从 1965 年起开始举办绿化带路演，其中就包括城市规划者吉姆·鲍尔斯（Jim Bowers）的幻灯片演讲，标题是“博尔德的昨天、今天与明天”。这个演讲旨在让听众意识到，他们的生态乌托邦随时可能会成为过眼云烟。开发控制活动家（growth-control activists）强调的内容有三点：倘若政府不采取措施，就无法遏制无序扩张；我们必须从地方控制和宣传方面获得帮助，而不是向联邦政府或更大型的保护组织请愿；保护自然资源的最好方式就是集体所有制。最后一点与美国城市开发的理念格格不入，保护“公有物”并非这些理念要优先考虑的事项。[32]但是，博尔德的活动家在20世纪60年代初期认识到，如果成片的山地被分割出售用于建房，不仅会破坏这里的原始景观，还意味着人们野餐露营的登山步道和草地会支离破碎，变成别人家的后院、新道路和停车场。换言之，集体休闲空间将变成栅栏围起来的私人财产，仅供个别家庭享受。露丝·赖特（Ruth Wright）是“规划博尔德”背后的重要支持者，她是一名律师，后来成为一名州议员，她表示：“很明显，没有人会骑着白马来保护我们的绿化带。我们不得不这么做。我们或许可以利用联邦资金，但必须基于对等的条件。”[33]事实上，必须从地方层面进行动员，说服博尔德的居民不仅需要保护山景，还必须保卫他们的城市，这里指的不是像中世纪山城那样反对侵略的行为，而是克制自己向周遭自然环境无序扩张的倾向。

1967年，“规划博尔德”团体赞助举行了一个公共论坛，主题是“为何需要绿化带，如何建设绿化带”，这是在投票建设城市绿化带之前的第一项参与措施，尽管绿化带计划得到了知名公民和商业界的支持，但尚未进行过民意测试。获得广泛的支持至关重要，因为绿化带是一项公民表决提案，旨在购买土地并在本质上限制城市内的住房供给。市长鲍勃·克内特（Bob Knecht）用一句格言为会议开幕致辞：“失去自然，人类将自取灭亡。”[34] 关于绿化带的投票措施由博尔德高瞻远瞩的新任城市经理泰德·泰德斯科（Ted Tedesco）安排进行，他不仅倾听了日益壮大的环保运动的呼声，而且为后者的想法和势头感到兴奋。这些绿化带的游说团体制订了一个雄心勃勃的资助计划，即通过征收销售税来为购买空地提供永久性的资金池。与债券方案不同，销售税提供的收入能用于广泛的用途，如此一来，他们就不必在每次收购新土地时征询公众的意见，也不用在地价上涨时就每个地块来权衡利弊。

虽然这种解决方案偏向技术官僚而非完全民主，但却得到了环保主义者的支持，后者认识到就算是在博尔德这样的进步城市，即使它已经是环保政策的领导者，普通公民的立即行动能力依然参差不齐，许多人直到环境问题发展到无可挽回的地步，才能意识到环境问题的存在。泰德斯科在政治上比“规划博尔德”团体里的许多环保主义者更精明，他预见到了专用绿化带基金的潜在风险，并想出了一个解决方案，巧妙地平衡了环境和开发利益。他提议征收 1% 的新销售税，征收税款的 60% 将用于道路维修，为不断增长的人口提供交通便利，而剩余的 40% 将用于资助绿化带，人们希望这将限制未来的城市开发。商界人士和环保人士接受了这一妥协。1967 年 11 月，这一投票措施以 61% 的支持率获得通过，这是绿化带支持者的巨大成功，并为此后一系列公民表决提案的胜利拉开帷幕。然而，这也成为该城市未来规划的原罪：当 1968 年绿化带工程开始施工时，它得到了广泛支持，但另一个优质公路的计划也一样，后者可以方便人们快速穿越城市边界、深入广阔的郊区。具有讽刺意味的是，这条公路意味着人们一边控制城市扩张，一边为博尔德县庞大的郊区新体系奠定了基础。

博尔德赢得了在周围建立绿化带的资源之后，这个城市便作为一个环保主义实验品，与科罗拉多州同等规模的其他市政府区别开来。但是，这也创造了一个私人俱乐部，任何人都必须先购买入场券才能享受这里的集体资源。博尔德也承认“尽管私人土地通常被视为西部风景秀丽的山麓背景的一部分，但是也可能很快就会盖满住房”。然而，博尔德也表示，“早在 1971 年，绿化带附近的土地价值就开始飙升”。[35] 决策者面对暴涨的财产价格束手无策，对限制房价也兴致寥寥。房价上涨意味着能从更少的本地居民身上获得更多的税收收入。若想增加住房供给，只能提高居住密度，或者建造公寓取代独栋住宅，但是这一解决方案完全不予讨论，取而代之的就是少数居民住在昂贵的房子里缴纳更高的财产税。

为打造大面积绿化带，博尔德快速购买空地，导致地价急速上涨。“规划博尔德”团体的分支机构“绿化带公民”（Citizens for Greenbelts）的主席鲍勃・麦凯维于 1969 年在当地报纸上表示：

> 绿化带计划的下一个阶段面临严重的延误……随着博尔德的人口持续增长，商业地产活动开始加速推进……毋庸置疑，我们将成为博尔德拥有土地建造公园、广场和绿化带的最后一代人。空地很快就将开发殆尽。[36]

事实上，与其强调公有制背后的集体主义思想，许多倡导者更倾向于淡化这种思维（考虑到冷战的意识形态混乱），并将其表述为健全政府进行的市政投资。投票倡议海报上画着孩子们在大自然中尽情玩耍的笑脸，配上文字：“绿化带属于孩子……和他们的下一代。”

守住底线：建造绿化带、管控开发

尽管财政资源充足，但在整个 20 世纪 70 年代，博尔德为绿化带购买土地的过程都烦冗复杂。1968 年，在通过绿化带税收法案之后，博尔德聘请乔·荣（Joe Wing）担任首位土地官员，并组建了一个咨询委员会来决定购买哪块土地及其价格。[37] 市民们曾积极投票支持保护绿水青山，于是保护标志性的山景（即该城市的最高处，并出现在无数当地企业的广告材料上）率先被提上议程。然而人们对于后续环保项目的优先顺序却争执不休：穿过市中心的博尔德溪需要采取防洪措施；郊区扩张需要予以遏制；还有人希望建设娱乐空间。另一个问题是，这个城市在环保问题上打算走多远。议员卡尔・沃辛顿（Carl Worthington）指出，19 世纪建造纽约中央公园（New York's Central Park）时花费了 300 万美元，但它现在值3亿美元。[38]他的同事、知名建筑师查尔斯・海特林（Charles Haertling）更谨慎，表示他不希望这个城市卷入房主的“轻打战术”（squeeze-play）。[39]无论是动用征地权，还是对项目厚此薄彼，或者向远离山脉、景色一般的地块支付溢价，政府表现出的过度干预都令人担忧。

最大的挑战在于说服市民坚持到底，并买下城市东部边缘的草原地块。这是绿化带不可或缺的一块，但是除了几座平顶小山，风景很一般。平坦的土地上零星耕作着农作物，几条灌溉沟渠蜿蜒穿梭其间。但这也使得该地区价格低廉，对博尔德来说是一笔好买卖。1968 年的可行性研究报告称：

> 毗邻洪泛区上游的高梯田上有大片未开发的草地。那里坡度平缓，适合建造建筑物，附近几乎没有农业活动来争夺用地。但是，由于缺少水源且位置相对偏僻，直到现在都没什么文化发展，因而成为放牧活动的天堂。但是，城市总有一天会扩张到那里……必须立刻决定是否将梯田纳入绿化带区域。南博尔德溪的洪泛区是博尔德南部和东部天然的地理屏障，能为土地开发及其后的城市扩张提供缓冲，应该尽快买下。[40]

许多原本支持绿化带计划的人认为，购买土地进程的放缓也使房地产开发商收益颇丰，后者能轻易地推测出具体的购地计划并购买边缘的土地，他们可以在那里圈地盖房，由于毗邻公园用地，所以这些地方的房价将会大幅上涨。

随着不断高涨的人气和越来越有限的住房供给，只要博尔德没有花掉当年全部的绿化带资金，就意味着这个城市的房价又要面临 12 个月的上涨。到了 1974 年，“规划博尔德”团体的教母露丝·赖特指责市议会被“开发商玩弄于股掌之间”。[41] 但总的来说，绿化带赢得了广泛支持：1971 年，另一项投票措施轻松通过，批准发行 200 万美元债券用于购买更多土地；联邦住房和城市发展部（Housing and Urban Development）三次拨款，合计提供了近 100 万美元的配套资金；到了 1978 年，这个城市买下了大片昂贵的地皮，比如斥资 280 万美元买下 772 英亩[①] 土地，从战略上封锁了该市以南 27 英里通往丹佛的高速公路的郊区边界路段。

随着绿化带逐渐完成对城市的包围，博尔德人不得不为未来做全面打算。在最理想的情况下，埃比尼泽·霍华德的绿化带模式将打造一种区域政策，即在小城市之间闲置大片土地，城乡之间形成良性互动。但在实践中，这一模式从未奏效，博尔德也不例外。这道逐渐形成的绿色屏障实际导致的后果是，随着人口不断增长，该市不得不兴建新公寓楼，居住密度急剧升高。许多支持绿化带作为城市规划措施，并为城市技

---

① 1 英亩≈4046 平方米。——编者注

术官僚提供权威背书的城市学家[42]都强调了这一观点，但是该城市的大部分地区都在不遗余力地限制住房开发。

绿化带这一构想不仅受到《寂静的春天》一书及其后环保运动的启发，也受到保罗·埃利希（Paul Ehrlich）《人口炸弹》（*The Population Bomb*）一书的影响。虽然《人口炸弹》一书中关于人与资源失衡导致全球动荡的新马尔萨斯（neo-Malthusian）式预言并未成真，但是这本书对罗马俱乐部①（Club of Rome）和环保主义者等保守派决策者影响深远。[43]在博尔德，这个问题引发了人们对州际移民和郊区扩张的担忧。1971年，“人口零增长”（Zero Population Growth）团体在博尔德成立了分会，其成员倡导人口低增长或零增长，该团体迅速尝试在博尔德通过限制住房开发许可的立法。

1976年，在绿化带倡议者的大力支持下，市议会通过了一项名为“丹麦计划”（Danish Plan）的决议，规定每年的人口增长上限为1.5%~2.0%。这意味着该市将限制引进大型企业（在这个日益富裕的城市里，许多人并不害怕这个提议）并且尝试在21世纪内，始终将总人口维持在100 000人以内。与此同时，博尔德还通过了限制新建筑层高的规定：最初提议的上限为140英尺，这为建造6~8层的楼房开了绿灯，但在环

① 罗马俱乐部是一个关于未来学研究的国际性民间学术团体，也是一个研讨全球问题的智囊组织。它们在1972年发表的文章中预测，资源枯竭将会导致世界性灾难。——译者注

保主义者和反住房开发倡导者的公开抗议下，这一上限降低至55英尺，相当于成熟树木的高度。这意味着在规划法规没有重大改革的情况下，无法在社区里兴建非独栋住宅的建筑物，除了低层公寓和为数不多的公共住房外。这一层高限制使城市景观维持了现状，社区遍布平房，以及更现代化的三居室或四居室。[44] 这确保了房地产市场的火爆，但考虑到其稳定增加的公园用地正源源不断地吸引富有的新居民，所以很难预测到房地产市场的顶点。

到了20世纪90年代，在绿化带投票结束25年之后，博尔德拥有了令人惊叹的23 500英亩空地，共耗资9940万美元。当地报纸的一名撰稿人写道：“只要一有机会，博尔德人就会投票购买更多土地。”[45] 尽管这个城市现在更像一个土地管理员而非土地购买方。随着新一代开始掌权，没完没了地构筑绿化带逐渐成为一个争执不休的问题，并且早在1987年，当地报纸就对限制开发的弊端发表了社论：

> 20年来，博尔德市一直在其边界周围的开阔牧场和森林覆盖的山坡上进行围垦，创造了一个无与伦比的绿化带，有效地阻止了城市扩张，保存了自然景观，并提供了上千英亩的野生动物栖息地、高产农田和风景如画的远足步道……但何时才是个头？博尔德绿化带的规模并没有明确的上限，并且因为其极负盛名，几乎没有决策者考虑过这个问题。[46]

但最重要的问题是，谁有资格代表环保主义者和限制开发团体来享受多年努力打造的生态天堂。人口是不再增长了，但房价可不是。博尔德或许暂时推迟了沿海新移民涌入导致的“加利福尼亚州化”，但是到 20 世纪 90 年代，本地的房价已经越来越向波士顿或圣莫尼卡看齐。哪怕是一些早期支持购买土地来限制开发的大学教授，也开始对暴涨的房地产市场忧心忡忡。科罗拉多大学的数学教授鲍勃·麦凯维曾经参与建立“规划博尔德”团体，但在那之后不到二十年他就离开这个城市前往蒙大拿州，因为“我们发现自己生活的地方变成了中上阶层贫民窟，姑且这样称呼它”，而他重新安家的密苏拉市仍然看得见工厂和工薪阶层的人。麦凯维也从更宏观的角度解释了绿化带运动的历史及其与阶级的关系：

> 博尔德的另一个问题是，它几乎变成了一个中上阶层社区……这完全出乎了我的意料……我当时没意识到绿化带运动背后的利益集团，我以为我代表了社区大多数人，但其实我没注意到低收入群体的问题。

麦凯维的话清楚地表明，绿化带运动和 20 世纪 60 年代至 80 年代[47]的许多环保运动转型一样，与其说是对新乌托邦社会的激进探索，不如说是更保守的保护主义价值观在暗度陈仓。参与这些运动的人大多受过良好的教育，有着独特的文化偏好，比如向往森林中曲径通幽的步行道，不喜欢连接足球场或遍布着泥泞自行车道的公园。尽管麦凯维明确表示他们的努力在事实上创造了一种新的城市公共空间，但是这对那些没什么就业机会的人而言并没有什么用。他还总结道，这些变化是富裕阶层游说的结果。到了 20 世纪 90 年代，形势变得显而易见，绿化带加速了博尔德有钱人的集中，而争取兴建新住房的斗争远比当年打造绿化带更具争议性。

绿化带上的珠宝：生态天堂住房可支付性的绝唱

到 20 世纪 90 年代中期，主导了博尔德发展进程近三十年的反住房开发联盟开始出现内讧。该市的房价不仅追上了隔壁的科罗拉多州首府、落基山脉西段最大的经济中心丹佛市，甚至超过了全美国著名城市的水平。从 1980 年到 1995 年，该市的房价翻了一倍不止，而且丝毫没有回落的迹象。[48] 事实上，博尔德曾作为滑雪者、攀岩者和山地自行车手提前退休的胜地而闻名遐迩，尤其吸引富裕的户外爱好者。嬉皮士潮流和雅皮士潮流相得益彰，一些老前辈因而将加利福尼亚州和美国东海岸的新来者称为“信托基金娃娃”（trustifarians），即含着金钥匙出生的信托塔法里教徒①。但是，这种戏谑并未捕捉到20世纪

① 信托塔法里教徒是一群富裕的年轻人或信托投资人，他们以一种假装放荡不羁的生活方式生活着。——译者注

90 年代中期住房政策的真实动态。随着科罗拉多州落基山脉前山开始成为美国发展最快的地区（20 世纪 90 年代经济增长了 30.6%，而博尔德仅增长 13.6%[49]），博尔德的主要矛盾在就业和住房之间爆发了。轻足迹的新公司急于在博尔德落户，哪怕这个城市不欢迎它们。而它们的员工则不得不住在博尔德的卫星城镇里。

威廉·拉蒙特（William Lamont）曾于 1967 年至 1974 年担任博尔德的规划总监，很早就认识到就业机会和住房策略之间的错位。他认为博尔德打造的绿化带功若丘山，它营造了一种氛围，使城市规划因成为民心所向而政令畅通：

> 我在博尔德工作时，博尔德是城市规划者的卡默洛特城堡①。在大部分社区，城市规划者每推进一步都要披荆斩棘。但是在博尔德待了几年之后，事情就像“为什么不能更进一步呢”，博尔德的市民希望多做规划。

但是，拉蒙德也看出博尔德作为新经济的范例如昙花一现，州立大学主校区和研究机构坐落于此，大量人口受过良好教育。他更青睐以北卡罗来纳州的三角研究园（research triangle）或仍处于萌芽阶段的硅谷为范例的区域性策略，但是

① 卡默洛特，在英国亚瑟王传奇中是亚瑟王的王宫所在地，象征着亚瑟王朝的黄金时代。这里比喻博尔德是城市规划者的乐园。——译者注

他发现科罗拉多州的其他市政当局都太保守，不愿意尝试新策略。由于拥有充足的劳动力、完善的教育基础设施和山清水秀的地理位置，博尔德成为创新企业的心头好且一枝独秀。到了20世纪90年代，这种情况变得尤为真切。拉蒙德和许多缓慢开发的支持者坚持认为，市政府官员只做对了一半：限制住房开发。但是，他们无力或不愿意停止创造新增就业机会，这导致人口增加，尽管在20世纪90年代住房压力已有苗头并持续至今。拉蒙德评论道：

> 我觉得这大错特错，如果你想吸引就业人口，那就必须提供住房。而事实恰恰相反：我们想要就业，想要税收，但要求人们住在别的地方。我认为博尔德在20世纪70年代中期有点迷失了，主要是因为他们把重点放在了限制住房而非控制就业机会上。

事实上，没有城市会拒绝好工作，但是博尔德的政策显得特别伪善，因为它对住房开发执行了这个国家最严格的法律限制。于是长途通勤成为唯一的选项，尽管它符合绿化带限制开发的要求，但却违背了其环保初衷。

为开发住房而战

到了21世纪初，博尔德将自身打造成美国最宜居的地方之一，这令许多常住居民惊慌失措。随着房价上涨、交通愈发拥堵、通勤时间越来越长，他们的观念日趋保守。这种心态在博尔德很刺耳，但在整个科罗拉多州却很普遍。住房开发催生出一种新的地方主义，许多科罗拉多人在汽车保险杠上贴着绿白相间的贴纸，以山脉图案为背景，印着“本土”字样。这种州民自豪感鼓舞了丹佛和博尔德的“可以在我的后院”团体，他们坚定地承诺让所有的科罗拉多人都有房可住，无论他们在这住了多久。迁徙权（right to relocate）是“可以在我的后院”主义的一个基本原则，即人们有权在繁荣的美国城市之间迁徙以追求美好未来。这也往往意味着切断了集体决策时提供“合法性”的地方纽带和社区。在实践中，那些为了追求经济机会和生活质量而搬到博尔德或丹佛居住的人，尽管在名义上享有政治权利，但他们的意见可能得不到重视，因为他们被视为入侵者。这些人往往最关心保障房，因为他们没能在房价低的时候在优质社区中置业。

一名来自丹佛的城市规划者对“可以在我的后院”运动表示支持，在说到房地产市场繁荣时，他表示：

> 每个人都有权选择住在哪个社区。如果一个人说他想住在丹佛，那么就应该满足他。如果我们用高房价逼走他们，无论有意还是无意，都会导致大量人口难以在丹佛定居，这是一个问题。我们的核心信念是，每个人都有权居住在丹佛，因此我们需要想办法去增加住房供

> 给……反正如果采取邻避主义立场，这无助于实现我们的目标，我们将永远无法为更多人提供价格适中的住房。

这位城市规划者还搜索了科罗拉多州的房源信息，对博尔德和丹佛过度强调科罗拉多州本地人身份而感到失望，这些地方的常住人口开始请求更严厉的限制住房开发活动，对保障房危机以及超级通勤导致落基山脉前山的交通混乱视而不见。“你能看到很多人说‘滚回家去’，”在丹佛市区共进午餐时，他对我说，“在很多情况下，这听起来相当虚伪，因为现在驱逐别人的正是20世纪80年代被驱逐的那批人。这就是所谓的本地人……你对自己的出生地毫无发言权。你之所以是一个本地人，并不是因为你做了什么。”熟悉城市规划的人在博尔德等城市都发现了这种“内外有别”的心态，这些本地人不遗余力地阻止过度开发。许多人认为，面对大量涌入的外来人口，当地人反对开发住房更多是出于邻避主义而非环保责任。他们斤斤计较新来者身上的价值观和行为规范的标签，却疏于提供基础设施从而方便人们缩小居住面积、拉近邻里距离、缩短通勤时间。

当绿化带概念于20世纪70年代首次提出并生效时，它被视为富有想象力的规划策略，如今却令很多住房保障活动家感到困惑，它已成为城市拒绝变革的理论依据，由于害怕变革，住房存量、居住密度以及公共交通不便等问题都原封不动地保留下来。2012年，博尔德人成立了旗帜鲜明的“可以在我的后院”团体——“更好的博尔德”，倡议兴建更多保障房。该团体汇聚了各路人马，包括住房保障倡导者、房地产从业人员和热心公民。作为一个悠闲自得的大学城，他们依照惯例，大部分的会议都在本地的一个啤酒厂里喝着精酿啤酒进行。在许多方面，这个团体是对 20 世纪 90 年代末至 21 世纪初博尔德市议会出台的一系列反住房开发措施的反应。“可以在我的后院”团体成员认为，由于人们对建造公寓保持缄默，并对公寓抱有特定的偏见，所以博尔德放任可支付性问题恶化，以致形成住房灾难。

“更好的博尔德”团体立刻遭到批评，有人指责他们是房地产利益的阴谋集团，组建“公民”团体是为了伪造民意支持开发商的项目。虽然该团体的一些主要成员确实是房地产从业人员，但还有很多成员是城市规划者甚至环保主义者。一名“可以在我的后院”运动人士对我说：“我们的目的是推进好的住房项目，即推进那些鼓励人们少开车甚至不开车的公寓和住宅，而不仅仅是建造更大、更昂贵的房子。”肯·霍塔德（Ken Hotard）是一名房地产经纪人，也是“更好的博尔德”指导委员会的联合主席。他回想起一次早期会议，当时成员们承诺会提供几瓶免费啤酒，然后讨论一下住房问题，他们本以为也就二三十个人会来，结果吸引来两百多人出席。他表示，这或许是因为许多年轻人尽管受过良好教育且经济富足，却很难在博尔德生活：

> 结果是富裕的社区为不太富裕的人设立了高准入门槛，它们也引进一些拥有高增长潜力的大牌公司打造了就业中心，这里还有知名大学和朝气蓬勃的创业圈子。所有这些因素都暗示这个城市需要建造更多住房，需要更稳健的交通系统。

霍塔德明确表示，这个城市的发展太过于维护老房主的利益，后者如果卖掉房子，个个都是百万富翁。大部分博尔德人并不富裕，只不过坐拥升值的房产，他们往往无法理解，他们周围的社区不可能一成不变——要么解决住房可支付性问题，要么社区最后只剩下精英阶层。对霍塔德而言，这对于社区和商业发展都不是什么好消息，而他也不讳言“可以在我的后院”主义和房地产利益确有共通之处：[50]

> 这是我喜欢房地产经纪人的地方：人们总说他们只想卖掉豪宅，事实并非如此。豪宅的市场很小，真实的市场包括各种细分市场，如此才能构成丰富多彩的社区生活。难道你希望咖啡店和理发店在你家的50英里外吗？

事实上，这触及了“可以在我的后院”联盟的一个违和之处，即房地产利益的存在。霍塔德解释道，这个行业不能仅靠豪宅生存，这在别的城市也一样。此外，支持“可以在我的后院”团体的往往是开发商而非物业管理者，因此比起棘手的租金控制和包容性分区问题（这得到大部分“可以在我的后院”运动人士的支持，但土地所有者表示反对），兴建新房成了首要任务。在大部分情况下，“可以在我的后院”团体都会试图淡化其与土地所有者的联盟：如有合作，他们会强调，合作是为了提升现有房产的分区用途，合作方包括建筑商、房主和管理者（通常是当地的商业人士）。但是该运动回避了住房可支付性运动中的两个重要角色：大型房地产投资公司（比如黑石集团①）和租房平台（比如爱彼迎）。鉴于房地产市场的不断上涨及其旅游业潜力，二者在博尔德都是关键因素，因为它们导致该市的保障房数量大幅减少：2016年，博尔德的租金负担在全美国排名第九，超过六成的租户将其30%的收入用于住房开支，近四成租户的住房开支占其收入的一半以上。[51]

在房价大幅上涨的小区提倡提高居住密度会面临一大挑战，那就是必须说服当地居民相信这不会对其投资产生负面影响。在博尔德这样处于房地产市场顶峰的地方，“房子值钱”但可能现金流不足的居民往往会小心翼翼地密切关注社区，确保其房产不会贬值。霍塔德和“可以在我的后院”其他组织者发现，在宣传高密度住房的好处时（通常是通过分割现有较大地块，以零碎的方式进行），最大的难点在于说服这些居民：

---

① 黑石集团（Blackstone），是美国规模最大的上市投资管理公司，也是世界知名的投资公司。——译者注

> 如果你在一块地皮上建造两栋房子，每栋房子的价值将低于只建一栋大房子的价值，但是前者入住的人数是后者的两倍。许多先到者对此心存芥蒂，因为他们担心这会影响其房产的价格。

这种威胁也可能被夸大，比如设想最坏的情况并集中火力鼓吹社区发展会出现“滑坡”，在这种情况下，一些不明智的决定将引发严重的后果。霍塔德认为，老一辈博尔德人有时候将这个城镇视为城乡之间的中间地带，因此即使是温和的建议也会使他们感到不可承受：“外界讹传‘可以在我的后院’运动人士在独栋住宅社区建造高楼大厦……导致怨声载道。”霍塔德认为博尔德深入研究了“居住密度”的问题，这个词对倡导者来说代表着城市规划的创新，对反对者而言则代表着过度开发和高楼林立的威胁。保罗·达什尼（Paul Danish）组织了 20 世纪 70 年代最初的人口控制立法，他对住房开发口诛笔伐：“博尔德疯狂的城市致密化思想……出于对保障房（甭管那是什么）和可持续性（管它意味着什么）的盲目痴迷。”[52] 建造公寓的呼声意外地使一些自称环保主义者的居民怒不可遏，于是在美国提出了 20 世纪 60 年代西部环境保护主义运动中的人口控制这一重要问题后，博尔德的生态管理却被置若罔闻。

“更好的博尔德”的组织者认为他们触动了新居民的神经（尽管他们大多薪水丰厚，但仍担心在博尔德租不到房子），然而他们也承认，为了推进高密度开发，围绕新分区措施的斗争依然任重道远。哪怕微不足道的变革（比如建造复式住宅，允许在车库或后花园里搭建附属居住屋）也遭到了坚决的反对。肯·霍塔德表示："我说不清楚人们究竟为什么反对提高居住密度……一种普遍的观点认为新来者会抢走自己的奶酪。但你会发现反对者都是独栋住宅片区的居民，他们完全不希望自己的生活方式被打扰。"对许多人来说，提高居住密度意味着打断了美国的郊区梦，而在过去 70 年里，这个梦一直是家庭和社区的强力纽带。

环保精英主义

当我和安东尼·梅斯纳（Anthony Meisner）探讨博尔德的住房开发时，他正驱车驶出城市、穿越绿化带，回到他和家人居住的郊区。我们都觉得很讽刺，他自己就从事房地产分析工作，并积极参与"更好的博尔德"和"可以在我的后院"运动，但还是租不起博尔德市区的豪宅，不得不舍近求远，租住在绿化带外（稍微）便宜点的房子里。尽管他热情地支持绿化带的建设，但是他很怀疑环保利益在博尔德政治中扮演的角色，他觉得"这里有许多人身家百万（美元）、无所事事，闲着没事就竞选公职吧"，一想到自己每天被迫通勤 17 英里（约合 27.4 千米）去上班，他就和许多其他人一样愤愤不平，如果城里能有更多保障房，他就能更环保，每天骑自行车去上班。[53]

梅斯纳在一项令人担忧的公民表决提案中加入了博尔德的“可以在我的后院”运动，那次表决动员起的民众，在过去 20 年里就支持和反对住房开发问题互不相让。在实施了一系列减缓开发的措施后，该市于 2015 年提出了两个全民公投问题：第 300 号问题规定社区有权否决其反对的土地用途；第 301 号问题规定新的房地产开发项目必须提供公共服务或设施以抵消其负面影响。这些措施的支持者明知自己根本不会允许住房开发，但仍表示鉴于这座城市的人口已经“过载”了，这些措施必不可少。“宜居的博尔德”（Livable Boulder）团体是阻止新住房开发的主要支持者，它在其线上宣传中写道，2014 年会见证“房地产突飞猛进”，因为下发的建筑许可证同比增加了 2%。[54] 与此同时，“可以在我的后院”运动人士组建了资金充足的联盟对上述措施进行反击，他们预先测算出为克服持续的可支付能力危机（这迫使中产阶级专业人士每天往返于绿化带内外通勤），建筑许可至少应同比增加了 2%。

尽管作为一个社会运动不免要利用公众压力来实现政策目标，但是“可以在我的后院”运动人士对于将城市规划决定提交公投的做法常持怀疑态度。他们的一个主要目标是向公众宣传高居住密度的都市生活，然而他们觉得民众的认知水平仍差强人意：人们往往做决定不过脑子。在许多方面，他们遵循与现有环保组织类似的准则：优先考虑非专业人士很难掌握的专业知识。对“更好的博尔德”团体而言，赋予社区否决任何住房开发项目的权力绝非社区控制的良策，但这却是最致命的邻避主义措施。一名支持开发新住房的博尔德人告诉我："这项措施导致一个项目都批不下来。他们知道街坊邻居总能找到开发项目的瑕疵……无论是对项目本身，还是就一些微不足道的问题借题发挥。"博尔德的公共住房处境也大同小异，尽管人们支持在已有社区建新房的理念，但在实践中应声寥寥。[55]"更好的博尔德"团体坚持认为，指望某人为更多社区福利买单不切实际，兜售这种观点不过是为了获得人们的支持，人们对房地产开发商向社区言听计从感到愤愤不平。一位不愿透露姓名的市政官员表示："现实是，如果你想在这建房，那么他们在审批过程中就会……漫天要价。"

2015 年，第 300 号和第 301 号公民表决提案一败涂地，61.7% 的投票者表示反对，在这样一个几乎一边倒地反对开发的城市，"可以在我的后院"运动人士获得了巨大胜利。支持多建房子的人也迅速表示，这并不意味着会违背博尔德作为环保先锋的声誉，而是说它必须迅速纠正自己在住房保障问题以及随之而来的阶级和种族多样性方面的落后。在投票结果出来之前，一名博主评论道"博尔德可以将阶级和种族排斥问题载入其城市宪章"。[56]其他人随即指出，如果没有积极推进公寓建设计划，这座城市很快就会出现豪宅泡沫，周围遍布以低收入工人群体为主的社区。届时博尔德的画风将触目惊心，城外目之所及都是聚居的拉美人，而整个科罗拉多州的拉美人仅占 20%。[57]作为房地产分析员兼"可以在我的后院"活动家，梅斯纳发现，这尖锐地讽刺了那些激烈反对住房开发的邻避主义政策支持者：

> 现在有人带着5000万美元的银行存款来到博尔德，他们的价值观完全不同。他们是技术人员，他们喜欢这个地方，他们喜欢住在市区外，那里很漂亮。他们不在乎那些糟糕的政治传统，他们一点也不在乎。

他接着说，那些不理解博尔德日渐暴富的老博尔德人，如果看到社区因为无法提供不同档次的住房而出现社区绅士化，将会变得坐立不安。除了倡导住房可支付性方面的工作，当我问及博尔德是否可能最终会变成阿斯彭那样的上层精英孤岛时，他不假思索地回答：“好吧，我觉得这或许不可避免……比起成为一个欣欣向荣的社区，未来会有更多的人每天通勤进城，他们会想办法解决这个问题。”事实上，2021年一项旨在放宽合租限制的公民表决提案以微弱的劣势失败了。博尔德是一个大学城，合租上限仅为三人（如果彼此无亲属关系），投票者认为哪怕只是稍微放宽限制（比如允许每个房间都可以住人）都是向过度拥挤迈了一大步。对于许多参与“可以在我的后院”运动的城里人来说，对丧失地方特色的担忧可能是杞人忧天，并且忽视了博尔德等地住房可支付性危机的严重程度。由于担心这些问题在科罗拉多州的敏感性，一位不愿意透露姓名的城市规划者将这一态度总结为：

> 邻避主义有三类：无知、娇惯和自私……娇惯者在城里绿树成荫的独栋住宅中长大，四周公园环绕，离市中心不过2英里远，大城市的灯红酒绿近在咫尺。这是两全其美的生活：你住在郊区风格的社区，路上车辆稀疏，而城市相距不远……还有一类是自私者：即使他们承认有问题，但他们只考虑自己，别的一概不顾。他们出门想开车，回来就把车停在自家门前的街道上。

事实上，博尔德围绕新住房的斗争只是美国最有名的一个案例，但分歧通常会归结为两种环保主义观点。一种观点听从了埃比尼泽·霍华德的告诫，支持住在小城市，与大城市留有缓冲地带以远离喧嚣。但这种关于城市模式的想法很有19世纪的风格，即从“无中生有”开始打造城市。然而今天，一望无际的郊区已经取代了白板式的建筑环境，主要问题变成如何将这些狭长社区整合进更高效的地块。博尔德的绿化带是收回野外或农业自然空间的最后一搏，因为在洛杉矶这样的地方，未来已经很明显了。由于其致力于田园理想，所以博尔德人从未想过成为一座城市意味着什么，他们一味地回避着高人口密度带来的效率提升。尽管博尔德市民专心于打造环境天堂，但是他们担心的未来还是到来了——死胡同里盖着一栋栋毫无想象力的郊区住宅，高速公路连接着无尽延伸的郊区和商业街，其间零星开着几家卖场。郊区住宅遍布科罗拉多州的落基山脉东坡，环绕绿化带的精英大学城博尔德成了为数不多的例外。

第4章

独特的怪异气质：奥斯汀为平房而战

代表性是“可以在我的后院”主义的一个冲突焦点，即城市属于谁，谁有权为城市说话？老居民和新来者常常就是否支持新城市开发而各执一词：前者是每个城市独特文化的守护者，后者对特定地方收集的故事一无所知。城市社会学的研究也显示，常住居民不仅会动用其社会网络[1]来巩固其对决策过程的影响力——比如在市议会和规划委员会中的席位——他们对地方事务如数家珍，可以充分地利用更抽象的原真性概念。[2]他们知道哪家店曾开在街角，他们记得店主人养的拉布拉多犬，他们甚至可能还记得狗狗的名字。他们经历了城市的大起大落，这些经历使他们成为当地历史的民间百事通。

20 世纪下半叶的美国城市化使城市原真性成为个人的勋章：来自郊区“犄角旮旯”[3]的新来者向往城里人的生活，因为后者在当地拥有盘根错节的朋友圈，随之经历了丰富多彩的人生。相比之下，在 20 世纪早期，批评者认为邻里关系的种族界限太分明，并且与反现代的“礼俗社会”（gemeinschaft）纠缠不清：血缘、宗教和地域的纽带将人们限制在狭小的圈子里。[4]现在，老居民被奉为活化石，因为他们经历了城市破败危险但也更浪漫的艰难时光。他们的关系网令人点头咂嘴，不仅可以维护团结，还能在洪水、热浪以及其他灾害时提供救生援助。[5]

但是，老居民和新来者的轻重缓急多半相去甚远。原住民常常安于现状，尤其在住房问题上。他们要么有自住房，要么房租相对较低。在工薪族社区，新来者被视为可能引起社区绅士化的不速之客，还会引发广泛的文化破坏。在更富裕的社区，越来越多的居民走到一起，反对学校人满为患，停车位供不应求。新来者哪怕只有一镇之隔，也可能不喜欢当地特定的地方文化，或者尝试将故乡的文化带到新居所。有些人更直截了当，成群结队地到来，试与原住民一决高下。[6]

出于这种恐惧，老居民常常在地方城市规划条例里夹带私货，比如规定独栋住宅的最低占地标准、限制居住密度、禁止非家庭合租。[7]这些法律维护了城市当前的观感，但批评者认为，这使得城市规划者处境尴尬，他们的职责仅限于保持城市“原封不动”，没什么余地安顿新来者。[8]这些批评几乎与“可以在我的后院”的理念一拍即合，即使是在20世纪美国更宏大、庞杂的城市发展进程中公认的成功案例也不能免俗。致密化活动家一再抱怨，连成熟、繁荣的创新城市也常常锱铢必较，毫不掩饰对新来者的敌意。

得克萨斯州奥斯汀市已经成为美国的“那个”城市：无论是西装革履的投机资本家，还是穿着皮革打底裤、雄心壮志的 19 世纪老派吉他手，都对其耳熟能详。至于城市生活，那些看起来不像城市的社区反而最受欢迎，这些平房在奥斯汀过去 20 年的开发浪潮中独善其身。它们大部分是住宅区，但平房的表面下经营着不少商业场所。最有名的当属雷尼街，地下风格的波本威士忌酒吧充斥着这个废弃的工人阶级住宅区，顾客们鱼贯而出，在曾经的后院吞云吐雾。1985 年起这条街就成为历史区，当四周的高楼拔地而起时，周围两个街区的那些只有一层半高的老房子却在历史区的保护下遗世独立。[9] 而在其他社区，平房门廊前散落着啤酒瓶，前院立着时髦的雕塑，成为奥斯汀反文化诉求的象征。这吸引了科技公司闻风而来，随之而来的还有其富有的员工。奥斯汀都会区的人口已经超过 200 万人，其中 2010 年至 2017 年增长了近 40 万人，这使其成为同时期人口增长最快的美国城市。[10]

2012 年一份名为“畅想奥斯汀”（Imagine Austin）[11] 的报告横空出世，奥斯汀随即开始修订其过时的城市总体规划。这份报告旨在调整土地利用开发，从而提高居住密度，兴建更多公寓，促进独栋住宅社区之间的交流。这个城市开启了名为“下一代规划”（Code Next）的规划进程，那些租不到房、房租负担沉重，或者喜欢走街串巷、享受熙熙攘攘环境的居民都表示支持。不出所料，奥斯汀社区委员会（Austin Neighborhoods Council）等团体对此表示强烈反对，他们认为这是对开发商的馈赠，后者会将城市盖满高楼，并削弱城市特色：一名成员甚至跑到该市分区委员会门口，批评该规划

“这不是加尔各答”。[12] 尽管这一规划只允许在繁忙的街道新增住房（此处大部分都开着商铺），但是社区团体仍激烈反对，一名反对一切开发的活动家表示：“这个城市看不起独栋住宅社区。”[13]

2018 年 8 月，奥斯汀市议会取消了“下一代规划”，这个美国增长最快的城市放弃了智慧开发策略，不再精心规划如何提高居住密度，在可预见的未来，私家车仍是该市的交通主力。议员格雷格·卡萨尔（Greg Casar）是一名保障房活动家，他对致密化运动的屡战屡败评论道：“我们每天都在等，我们辜负了现在的居民及其后代。”[14] 事实上，奥斯汀和许多城市一样，认为它们尽管取得了经济效益和文化生活上成功，但因为房主的施压，以及数十年来鼓励无序扩张和公路建设的政策根深蒂固，所以忽视了城市致密化和总体规划。[15]

本章探讨了奥斯汀市的快速发展，它从许多人眼中“怪异的”超级大学城，[16] 变成繁华的科技中心，作为一个文化产地和节日旅游胜地而受人喜爱。本章考察了奥斯汀围绕住房致密化和公共交通的斗争，分析了新的住房保障运动是如何解决城市原真性问题的。[17] 不同于密西西比河东岸、沿袭 19 世纪传统的其他城市，奥斯汀的迷人之处更多源自其人力资本而非历史建筑。城市社会学家莎伦·佐金（Sharon Zukin）论证道，城市原真性常常源自物而非人，[18] 但在奥斯汀，过去遗留下来的迷幻牛仔气质仍给这座城市带来了勃勃生机。奥斯汀的“怪人”奠定了这座城市夜生活的质感和魅力，他们常常被视为这座孤星首府的真正遗产，任何具体的实体建筑都无可比拟。然而，随着城市的发展，房价上涨逼走了本地人，这些气质正面临消失的危险。奥斯汀和前述几个城市一样，住房可支付性危机被视为一种痛苦的文化流放。“老奥斯汀人”和近年涌入该市的人之间迥异的特质长期困扰着关于住房的辩论，辩论的焦点在于审美自我呈现的问题。“谁代表奥斯汀”这一问题使故事的重点变成“反文化，还是‘随大流’住公寓”，而不再追问阶级差异为何会导致一部分人买得起房，却让其他人在无情的租赁市场中苦苦挣扎。

和其他房价飞涨的城市一样，奥斯汀成为城市致密化行动主义的另一个焦点。该市的“可以在我的后院”团体指出问题所在：谁能宣称文化权威？自称拥有文化权威的人有权对影响所有居民的开发项目做决策吗？城市完全“属于”当前居民，这公平吗？当前居民在决定住房开发的问题上拥有更强的合法性，这公平吗？对于这些问题，“可以在我的后院”运动立场鲜明地回答“不”。他们主张城市必须向所有人开放，城市规划政策应该回应提供新住房的诉求。与此同时，这一诉求不仅扬言要稀释地方文化，而且表示将缩小弱势群体的规模——财务宽裕、工作稳定的人涌入城市，随即抬高了房租，弱势群体被赶出了城市。奥斯汀是一个特别棘手的例子，不仅地价上涨，而且非裔美国居民的人口数量全面下降，[19] 这唤起了人们关于第二次世界大战前的痛苦记忆，当时的红线歧视操作导致该市出现了种族分裂现象。在奥斯汀创造性的成功故事背后，极端的住房危机不仅波及了历史上被边缘化的黑人和拉丁人居民，还有初来乍到的服务业员工，后者提供的优步驾驶、预制烹饪和校音检查等服务为该市的娱乐经济起到了保驾护航的作用。

从烧毁一切到买下一切

由于经济结构多元化，奥斯汀已经成为新城市主义理念的宠儿。对于像“创意城市”大师理查德·佛罗里达（Richard Florida）这样的人而言，这种多元化寓意着美国经济的未来。[20] 尽管得克萨斯州的许多城市都依赖石油、天然气和其他“污染”产业生存，但奥斯汀却因旅游业、文化生产（主要是音乐）、大学研究和新科技企业的涌入而繁荣。这个坐拥近 100 万人的城市（还有 100 万人住在郊区）因得克萨斯大学而坐地起价，得克萨斯大学是美国最大、最富有的公立研究型大学。在成为今天这样一个高速增长的“那个”城市之前，理查德·林克莱特（Richard Linklater）等在 20 世纪 70 年代就将奥斯汀的大学城氛围搬上了银幕，其中最有名的是 1993 年的《年少轻狂》(*Dazed and Confused*)，其他人则将其描述为具有“时尚休闲”气质，或者是流传已久的迷人的“怪异”气氛。[21]

由于长期坚守怪异气质——无论是在前草坪上用油漆喷上波尔卡圆点，还是用捡来的废金属在后院搭建独立式的巨型结构并命名为“垃圾大教堂”——这个城市在保守的得克萨斯州成为引人侧目的另类。但是，由于其音乐产业越来越赚钱，比如举办重要的音乐节“西南偏南”①（South By Southwest）并录制知名音乐节目《奥斯汀城区》②（*Austin City Limits*），奥斯汀从 21 世纪初开始经历人口暴涨。[22] 更重要的是，它此前对计算机的投入孕育出了蒸蒸日上的科技部门，20 世纪 60 年代 IBM 和德州仪器公司在奥斯汀落户。奥斯汀以文化和知识生产来带动增长的模式在得克萨斯州鹤立鸡群，这些产业对环境影响很小，这与许多城市为控制住宅区附近的化工和石油业务而疲于奔命形成鲜明对比，奥斯汀因而成为绿色发展的全国道德领袖。[23] 但在摆脱私家车交通的问题上，它并非领先者。

恰恰相反，奥斯汀和隔壁的圣安东尼奥市成为无序扩张最快的美国城市。尽管人口暴增，但奥斯汀的人口密度在 2010 年至 2016 年下降了 5%，[24] 这使“可以在我的后院”运动人士有理由担忧，恰恰因为这些城市的高科技经济繁荣，城市领导人信奉进步主义，所以他们不一定能意识到城市致密化或改善交通对于城市规划的重要性。事实上，由于分区限制，或者仅仅因为缺少创新解决方案，许多城市都无法摆脱无序扩

---

① “西南偏南”（西南边的南边，这是得克萨斯州的地理位置），是一个每年都在美国得克萨斯州举办的规模较大的音乐盛典。——译者注

② 《奥斯汀城区》是美国播出时间最长的电视音乐会节目，其录像环节在得克萨斯大学奥斯汀分校完成。——译者注

张的现状。即使在最好的情况下，当城市希望提高居住密度时，往往也会从头开始建立公共交通系统，说服连锁商店在城市开设占地面积更小、停车位更少的门面，以及哄骗开发商史无前例地建造没什么停车空间的小公寓。

在奥斯汀安置新租户的斗争异常艰巨。在这个城市的文化想象中，平房才是典型的住宅，而不是什么公寓甚至复式住宅。和那些因为其热闹的娱乐场所和后工业化的经济而被视为处于创新前沿的其他城市一样，[25] 奥斯汀也深陷房租高涨、房源不足的泥潭之中。越来越贵的住房市场触发了关于保护城市文化的大讨论，并产生了脍炙人口的口号“让奥斯汀一直怪异下去”。这个口号最早于 2000 年出自当地电台唱片骑士（DJ）之口，他哀叹新来者蜂拥而至，并对奥斯汀“牛仔嬉皮士”精神的消逝感到惋惜。[26] 现在奥斯汀礼品店出售的啤酒保温套和篮球帽上都印有这个标语，以彰显这个城市的独特地位。然而，也有人将其视为一种排斥异己的手段，不假思索地保护传统，代价就是对未来毫无准备。

尽管受到限制，奥斯汀仍是美国最大的中型城市，其繁华的市中心充斥着酒吧、音乐厅和政府办公楼。[27] 只有奥斯汀中央商业区专门规划的一小片区域允许兴建新的住宅楼，其模式与许多城市大同小异，即选择一块区域来集中大量人口，[28] 而四周的独栋住宅社区经过密集的游说，无须担心所在片区的土地用途发生变更。怪异气质仍是这个城市的一笔宝贵财富，但许多人担心它被误读了，不仅过度商业化，而且变成一种怀旧形式，纯粹地想延续独栋住宅遍地、公共交通匮乏和没什么公寓楼（大部分是为了供大学生入住而兴建的）的现状。住房致密化活动家常常感到“让奥斯汀一直怪异下去”这一说法被滥用了，它成为拒绝新住房开发项目的借口，即便这些项目是精心设计、规模适度的。一名支持致密化的同情者表示：“当一名年过六旬、坐拥价值数百万美元房产的律师嚷嚷着在街边建造新公寓会削弱城市的怪异气质，这真是令人难以接受的讽刺……我的意思是，我们应该如何维持怪人的数量？”或者正如另一名“可以在我的后院”支持者被问及“可以在我的后院”主义对其的重要性时，在脸书上所说：“我认为只有拥抱多样性才能让我的社区更有特色。”

“可以在我的后院”运动人士表示，一味地故步自封，特色也将失色。他们评论说，奥斯汀从来不是一个超大型的大学城，它是州府。不妨提醒一下，这儿甚至有全国最大的州议会大楼，就在市中心。斯蒂芬妮·特里恩（Stephanie Trinh）是“可以在我的后院”运动的一名支持者，也是市议员格雷格·卡萨尔的政策顾问，她对我说：“当你说‘让奥斯汀一直怪异下去’时，我觉得有趣的是，如果这里不是州府或大型研究型大学的所在地……就这么一个乡村小镇，到处都是低矮平房，怎么会产生这种想法呢？我无法想象过去的人会想回归些什么传统。”奥斯汀的住房开发活动家相信，一些关于文化的辩论避重就轻，回避了更基本的邻避主义暗潮。

支持城市致密化的人认为有必要在地广人稀的地方增加

人口、减少车道、投资公共交通、改革分区法规。他们抱怨奥斯汀太依赖汽车出行，虽然这个城市已经成为文化活动之都，但市中心仍有地面停车场，让人感觉中央商业区有些地方还很空旷，不够热闹。一名“可以在我的后院”活动家告诉我，虽然他很喜欢奥斯汀，但是“其城市布局不够自然、杂乱无章。有时似乎只是为夜生活而设”。致密化倡导者坚称新建住房已刻不容缓，今时不同往日，新房应坐落于著名的第六街的酒吧街和办公楼附近，这能缩短通勤时间，（在娱乐设施附近建房还能）杜绝酒后驾驶。致密化活动家高度称赞奥斯汀的环保主义传统。经过数年的斗争，奥斯汀人打造了备受喜爱的观景步道，使当地免遭过度开发。但是，“可以在我的后院”运动人士坚称，这座城市不能高枕无忧，无视其本质上仍是一个无序扩张的战后西部城市。它不能满足于增加点绿地和自行车道，必须减少低居住密度的郊区住宅、人流量不大的商业街、和横穿市中心的高速公路。在这个意义上，“可以在我的后院”主义对该市的交通规划者敲响警钟，呼吁他们反思城市形态。

凯文·麦克洛琳（Kevin McLaughlin）是奥斯汀“可以在我的后院”附属团体“支持城市轨道交通的奥斯汀人”（Austinites for Urban Rail）的一名成员，他在《奥斯汀美国政治家》（*Austin American Statesman*）报纸上总结了新来者和奥斯汀原住民之间的冲突：“现在我们这个国家正在高呼建墙，将追求美国梦的人拒之门外……我们不应该用分区法规在奥斯汀周围建一堵看不见的墙。”[29] 为呼应旧金山的“可以在我的后院”运动人士，麦克洛琳强调了“支持城市轨道交通的奥斯汀人”代表的行动主义如何聚焦于重建城市权的概念[30]，并主张经济繁荣的城市有责任接纳新居民。尽管他以更极端的国际移民和（奥斯汀参与的）庇护城市运动为例，但是他希望扩大对新移民的保护，因为后者的经济能力比其他美国人要差。与其将住房危机说成是经济问题，“可以在我的后院”运动人士更愿意称其为政治上不敏感的代际和新老居民之间的冲突。他们从奥斯汀的古老历史中获得灵感，将其描述成格格不入的得克萨斯人（进步人士、艺术家、性少数群体等）的避难所。“可以在我的后院”运动人士表示，奥斯汀人是否真的包容，要看他们是否能像当年那个潦倒嬉皮士的天堂小镇一样，愿意分享经济繁荣。

“可以在我的后院”运动经常援引“住房事关城市未来人口结构”这一观点。在奥斯汀，这触及了城市的文化和经济多样性。许多反绅士化活动家直截了当地说，在奥斯汀买得起房的人尽管经济效率高，但文化素养匮乏。他们多为医生、银行家和经纪人，没有诗人、画家和表演艺术家。“可以在我的后院”活动家反驳道并非所有的新来者都很有钱，对方必须接纳城市形式的不断演进。这些活动家们坚持认为，如果平房社区还有希望转型成紧凑型居住格局的话，奥斯汀人必须学着接纳后院的附属居住屋以及复式住宅和公寓，以妥善安置未来将到来的城市人口（约 150 万人）。[31] 对于“可以在我的后院”运动人士而言，创建多样化的住房市场在设计上意味着要创造多样化的城市。利用建筑而非社会团体，有助于打消围绕社区经济和种族多样性的一些典型的邻避主义恐惧。他们同时还表示，现在城市规划者的设计演讲问题重重，限制保障房的行为实际上无助于降低人力成本，因为这些抽象的术语无法完全说清楚住房无保障、房租负担重和流离失所带来的创伤。

在奥斯汀，“可以在我的后院”运动人士指出，怪异气质和其他形式的老派原真性不过都是邻避主义的说辞，旨在保护既得利益者。即使这些文化原真性总是让人联想到廉价的酒吧，或者“老”奥斯汀人把沙发搬到前院里的生活，但这并不意味着本地人没钱。和租户比起来，房主至少还有房子，而且他们可能比其放荡不羁的外表看起来更有钱。这扭转了“加利福尼亚州有钱的技术人员来到这里，住在毫无生气的公寓楼里，磨灭了奥斯汀的魅力”的常见叙述。“可以在我的后院”运动人士很快补充道，很多年轻租户都从事单调乏味的服务业工作，房租的任何细微波动都会显著增加他们的负担。

奥斯汀的城市致密化倡导者相信，这个城市应该关注智慧城市开发的普遍标准，比如公共交通和混合用途城市开发，从而使公寓楼下的新建商店里有机会促进小生意的发展，一改主导奥斯汀和其他得克萨斯州城市的商业街和高速公路景观。他们希望通过关注影响大多数城里人的元规划问题，向更多人宣传其使命。但是，在奥斯汀这样的城市里，他们仍需要与近百年前通过的种族隔离主义的住房政策作斗争，这一新框架道阻且长。

为了缓和飞涨的房价，“可以在我的后院”运动煽动了“建房吧，宝贝，建房吧”的情绪。这在奥斯汀是个微妙的问题，这个城市不仅种族分裂，而且是非裔美籍居民流失最快的美国城市之一。[32] 新住房开发的选址无疑至为重要：如果是纯粹的未开发地块或空地，那么开发是件好事；但如果是因为看中拉美人和黑人为主的奥斯汀东部地价便宜，那么开发将会加剧已经在全速推进的社区绅士化进程。[33]“可以在我的后院”运动人士把住房开发作为一般概念进行宣传，但是他们也将自己的组织当作审查机构，评估私有部门开发项目的利弊，并对规划法规施加影响。虽然“可以在我的后院”运动人士大多是有文化的专业人士，为中产阶级选民代言，但他们也经常不得不为公开的投票倡议而奔走呼号。这确实给了他们机会教育大众比邻而居的社会效益和环境效益，但也为其向普罗大众传播复杂的城市规划理念并最终实现求同存异、和平共处的能力提出了挑战。

居住空间隔离：邻避主义是种族主义余孽吗？

尽管奥斯汀作为文化繁荣的创业天堂久负盛名，但它仍是一个种族隔离严重的城市。当它于 1928 年首次进行综合规划时，一个关键目标就是终止市中心一些种族混居的社区在事实上的整合。为此，当时的政策拒绝为非裔美国人聚居的飞地提供市政服务，随后又将这些土地出售重建。[34] 新开发的社区，也就是推进城市规模扩张的早期郊区，受到限制性契约的保护，不允许向黑人和拉美人家庭出售资产。1939 年，议员林登·约翰逊（Lyndon Johnson）开放了圣丽塔庭院公寓，[35] 这是首批联邦资助的住房项目，并从内政部获得了新政计划拨款。公寓完全拨给墨西哥裔美籍家庭居住。与此同时，这看似是城市宽宏大量，实际上仍反映了南方民主党政治中的种族主义。其效果和奥斯汀的许多其他规划决策一样，是将拉美人和黑人家庭集中到贫瘠的东城区，大部分公共服务他们都享受不到，而土地开发也导致环境退化。[36] 更恶劣的是，市议会体制系统性地削弱了黑人和拉美人社区在市政决策中的权力，即选举全体代表（at-large delegates）而非采用小选区制（ward system）：这个决策成功削弱了少数选民的选举权，直到 1971 年才选出首位黑人议会成员，而首位拉美人议会成员则要等到 1975 年才出现。[37]

今天，奥斯汀仍是一个在经济和空间上撕裂的城市，州际公路将其分裂成繁荣的西城区和以拉美裔工薪阶层为主的东城区。社会学家哈维尔·奥耶罗（Javier Auyero）带领一群研究员在其著作《奥斯汀看不见的人》(*Invisible in Austin*)中写道，经济腾飞的背后是极端的不平等。零工经济将低收入工人进一步推至边缘处境：哪怕同时打几份零工，他们微薄的收入有时甚至都不够付账单。穷人承受着与其收入不相称的高房价负担，租客经历的每月开支上涨幅度要远高于按揭买房者。[38] 非少数族裔租客为了寻找廉价出租房而涌入奥斯汀东城区，竞争有限的房源，这更加剧了这一负担。东城区的拉美特色和标志性的餐厅、酒吧因其物美价廉、率真迷人而深受人们喜爱。由于地处中心位置和便宜的低价，东城区正经历持续而快速的社区绅士化。而这正是“可以在我的后院”运动人士声称希望避免、并指责其对手推波助澜的那种绅士化。

“可以在我的后院”城市主义者经常将奥斯汀东城区作为一个例子，说明城市根深蒂固的避邻主义态度。他们指出，当下邻避主义似乎在走这个城市曾经的红线歧视操作和种族排斥的老路，尝试画红线，阻止在自己的社区兴建公寓楼，反对低收入租户入住（却对低收入地区类似的情况视而不见）。“可以在我的后院”运动人士声称，今天的邻避主义可能意味着保护环境、保留社区特色以及控制交通拥堵，但它永远带着种族主义余孽的污点。特别需要指出，1968 年的《公平住房法案》（*Fair Housing Act*）禁止社区种族隔离，但是却通过房价鼓励不那么明显的排斥形式，[39] 经济隔离取代了种族隔离——考虑到非裔美国人和白人之间巨大且持续的财富差距，这一实践卓有成效。基安加－亚马塔·泰勒（Keeanga-Yamahtta Taylor）最近的研究显示，尽管 1968 年之后许多黑人社区获准拥有住房，但这常建立在“掠夺式接纳”（predatory inclusion）的基础上：为首次买房的黑人房主提供抵押贷款，其丧失抵押品赎回权的风险更高。所有这些因素导致非裔美国人社区和私人房主之间的关系极度紧张，国家干预也丧失了信誉。[40]“可以在我的后院”运动人士深以为然，指责奥斯汀顽固不化的邻避主义背后是根深蒂固的种族隔离心理。一名住房保障活动家对我说："讨论建筑比追究人的责任更容易。"[41] 然而，他们支持住房开发的立场在奥斯汀日渐萎缩的黑人社区内并不受欢迎。

开发奥斯汀东城区往往比在市中心已有的小区里推进致密化更容易实现。一些房子岌岌可危，所以请求拆除审批时没什么人反对。租金一提高，更容易把居住多年但仍买不起房的租户驱逐出去。更糟的是，东城区的许多拆除工程并未提高社区的居住密度。汤米·阿特斯（Tommy Ates）是交通和住房团体"支持城市轨道交通的奥斯汀人"的一员，他通常支持多建房子，而且他也是一名非裔美国人（但老家不在奥斯汀），他认为这个城市集中开发东城区是因为"这比有钱的社区团体更好对付"。阿特斯讲述了奥斯汀非裔美国人社区推进城市开发的漫长而屈辱的历史，并最终以 2010 年的综合规划告终，用他的话说就是"铲平社区团体"，以便在奥斯汀东城区建造新公寓楼。阿特斯热切期盼这个城市能够改变其城市规划法规，为新公寓楼开绿灯，但他也承认在传统的黑人社区里，很难保证开发后现有的社区居民还能搬回来住：

> 大部分非裔美国人对开发项目感到怀疑，因为以前受过太多伤害。年长的居民不想改变，虽然你问他们的话，他们也会说现在的规定毁了社区。一些人看到了孩子租房困难，但他们也还是几乎都站在环境保护主义者一边，后者从未为他们做过什么，现在也不会。

阿特斯解释道，他认为在奥斯汀进行历史保护是把双刃剑：它往往不是用来保护脆弱、珍贵的建筑物，而是用来维持富裕社区的种族和经济现状。他特别不满最近一些规划决策把历史保护置于比兴建新房更优先的位置，即使被保护的建筑从任何角度来看都毫无美感。他特别指出玫瑰木公寓住房项目，一个新政时代为非裔美籍奥斯汀人兴建的住房综合体。除了其开拓性的遗产意义，整个项目都是些粗俗难看、矮砖搭建的楼房，却被作为历史建筑受到保护。因为玫瑰木公寓是文化遗产，所以在那个地块上不再规划兴建更多公共住房，与此同时，低收入黑人居民却因为租不起房被赶出奥斯汀，真是狰狞的讽刺。[42] 阿特斯将此类先例视为奥斯汀非裔美国人口下降的原因之一，这与波特兰和西雅图等面临住房可支付性危机的城市如出一辙：[43] “人们并不关心非裔美国人口的下降……这并无恶意，只是知之甚少。”

对于汤米·阿特斯这样的活动家而言，历史很重要，但不能以降低奥斯汀目前的黑人人口为代价，而后者正以惊人的速度离开这座城市。邻避主义观念在奥斯汀这样的城市甚嚣尘上，这里的规划决策权往往尽可能下放：邻里规划联络小组（neighborhood plan contact teams，NPCTs）评估开发建议书并提出建议，但其成员大部分都买了房。[44] 其初衷是动员居民集思广益，却不幸地形成了坚不可摧的权力集团。

许多“可以在我的后院”运动人士欣赏真正的历史建筑，称其为城市生活街头戏剧里不可或缺的景观。他们像简·雅各布斯那样乐见排屋和小商店在当地汇聚起熙熙攘攘的人群，但他们也看到一些环境保护式分区被用作抵制变化的掣肘。[45] 他们尤其反对把整片区域都建成历史保护区，这在奥斯汀情况属实并已经阻碍了变革，因为改造一栋房子可能会使整个街区的“感觉”发生变化。相反，他们认为，对历史建筑的保护必须结合各栋建筑的优点，而不是全面禁止任何变化。这让他们与住在 19 世纪宅邸的富裕社区居民产生了龃龉，有时还与试图保护民族、种族飞地或者本地民间历史的保护工作（比如玫瑰木公寓）发生冲突。

比起那些试图保护数百座历史建筑的保护主义者，奥斯汀关心住房可支付性的人更加惴惴不安：大规模用于商业和住宅用途的土地开发加剧了流离失所的威胁。当科技公司甲骨文（Oracle）在奥斯汀东城区边界上建起一座能容纳上百名员工的河滨园区时，为了获得办公空间并为其员工提供新住所，它摧毁了低收入群体的住房。[46] 和奥斯汀的许多开发商一样，该公司在这个毫无准备、难以动员起来反对开发的地区快速施工。苏珊·萨默斯（Susan Somers）是“支持城市轨道交通的奥斯汀人”的一名董事会成员，她在甲骨文公司新园区进行剪彩仪式后表示：

> 在我看来，这家公司的首席执行官毫无人性。他的行为就像在告诉我们：“既然人们想住在奥斯汀，那么我们就在奥斯汀建房子，反正那里之前就是片草原。”而我

们只能说：“不，这是低收入公寓综合体，大兄弟。”他一点也不在乎，他只是表示：“我的员工马上就来了。”

萨默斯等人担心，如果没有他们的指导，新住房和新办公楼的选址仍将不尽如人意。具体而言，他们认为奥斯汀政府不会开发市中心的空地，反而会到郊区兴建办公楼区（而这些地方早就人满为患）或者在东城区的低收入社区建房。令他们尤为愤怒的是，由于户型紧凑、几世同堂或非婚同居，奥斯汀许多低收入社区和其他地方都已经拥挤不堪。[47] 斯蒂芬妮·特里恩担任奥斯汀市议员的政策顾问，她用邻里政治权利来描述这一悖论：“由于低收入群体住在更拥挤的房子里，那里的人口密度已经很高，故而建起了河滨公寓；那里已经有公寓了，他们拆毁旧公寓又建起另一座。在那里你找不到邻避主义者，因为大家都是穷人。租户没有政治权力，所以他们不会搞邻避主义那一套。”

“可以在我的后院”运动人士在美国城市种族分裂的氛围中苦心经营，对自己的艰难处境心知肚明：白人居民在轨道（这里也可以指公路）的一侧，少数族裔在另一侧。他们希望在市中心开发新住房，但想避开此前在城市规划政策中利益受损的社区。汤米·阿特斯表示非裔美国人社区愁云惨淡：“黑人社区总是弥漫着一种被抛弃的感觉，现在似乎种族隔离主义者胜利了。”我采访的一些“可以在我的后院”运动人士都发现，如果没有拨款，在曾经种族隔离的社区里，一个非典型的白人中产阶级团体要推动住房政治的难度太高。他们坚称，必须不惜一切代价避免侵占有色人种的社区，包括支持黑人和拉美人社区的住房权益团体，以免在无意间把联盟变成议程设置①。

与“可以在我的后院”团体不同，奥斯汀的反绅士化团体自始至终团结一致，维护社区的种族构成现状。在奥斯汀东城区紧邻市中心夜生活区的墨西哥裔美国人聚居区，瓜达卢佩邻里发展公司成功阻止在该地兴建一百多套保障房和得克萨斯州的首个社区土地信托。[48]然而，该团体代表现有社区所做的这些努力，从三个方面让“可以在我的后院”运动人士感到不适：前者希望人口构成“一成不变”，后者支持城市空间的开发和演化；后者认为非营利或公共住房倡议的规模永远不足以解决住房可支付性问题；更重要的是，后者的成员多为白人，他们并不会按有色人种社区的轻重缓急行事。斯坦利·约翰逊（Stanley M. Johnson）是一名来自洛杉矶的“可以在我的后院”非裔美籍成员，他在推特上的昵称是“‘可以在我的后院’黑人成员斯坦利”，他承认他的昵称反映了“可以在我的后院”运动的多样性问题。但是，他认为许多地方的高房价正在把非

① 议程设置（agenda-setting）是一种传播学理论，李普曼（Walter Lippmann）的《舆论》（*Public Opinion*）一书首次提出，指的是大众媒介通过提供信息或安排相关的议题来左右人们对某些事实的关注和意见，以及议题的先后顺序。作者在这里的意思是，要切实维护黑人和拉美人的住房权益，而不是将其作为左右舆论的工具。——译者注

裔美籍居民扫地出门，不能继续保持沉默，应该按具体协商的可支付价格水平建造更多住房，这不仅能使新来者受益，也能惠及这些非裔美籍居民。他承认，这需要更多的黑人民众参与运动，需要走进非裔美国人社区，询问他们期待什么结果。斯坦利也坦承这绝非易事：支持致密化的黑人活动家不仅要与抗拒变化的非裔美国人社区对话，还要询问其容忍程度的变化。如他所言，这必须具备全局观：“咱们先姑且不讨论钱的事，咱们不要管价格。如果一切公平，从实际角度来看，你的社区生活会是怎样的？感觉如何？”他认为，这些问题是“可以在我的后院”运动疏于追问的，因为这需要现有社区做出某种程度的妥协和折中，对此白人活动家不知该如何开口。

说到奥斯汀的“可以在我的后院”运动人士，萨默斯表示：“我们不想和只为自己打算的人住在一起。这很微妙。”在这个意义上，“可以在我的后院”主义不过是“白人”中心城市的住房行动主义，而有色人种社区的反绅士化群体往往活跃于市中心的边界。“可以在我的后院”活动人士认为，他们坚持要求在最富裕的市中心地段建更多房子，建立起阻挡绅士化的堤坝，发挥不可多得的作用。然而，正如我们在旧金山教会区看到的情况，他们常常不得不在已经社区绅士化的地方插一脚。除了温和的劝说，“可以在我的后院”运动人士还经常发现自己置身于正在绅士化的社区，在这些情况下，他们就住房政策提出的供给侧方案会变得很复杂。尽管双方表面上目标一致，但二者的分歧暴露了美国城市中的种族对立，以至于联盟前景暗淡，有人甚至避之唯恐不及。

呼唤郊区居民

奥斯汀的“可以在我的后院”附属团体“支持城市轨道交通的奥斯汀人”成立于2013年，最初是为了倡导轨道交通，随即迅速响应其他社会议题，特别是住房可支付性。和许多“可以在我的后院”组织一样，它既是草根活动家团体，也是政策智囊团，为交通和规划措施提供咨询服务。虽然没有营利性，但其行动主要关注战略性、高层次方法，不重视群众基础。“支持城市轨道交通的奥斯汀人”通过目标清晰的邮寄名单、客座社论和市政府咨询期而不是广撒网式登门拜访，寻找政治机会，推动建设公共交通设施和提高城市居住密度。比起专业人士的加入，群众的广泛参与显得不太重要，尽管该团体的一个主要目标是向民众普及居住密度更高、道路车辆更少的新城市愿景。这个任务在得克萨斯州显得尤为艰巨，在那里私人财产、家有后院和宽敞的停车空间神圣不可侵犯。对传统惯例提出替代方案，摈弃此前的都市生活方式（或者郊区主义），这使“可以在我的后院”活动家处境尴尬，他们似乎在扮演某种俄狄浦斯式的角色，即公开否定其父辈和祖辈的城市。

奥斯汀同许多美国城市一样，说服人们回到市中心有三个截然不同的目的：减轻交通压力，打造步行空间；紧凑的居住空间创造了新型社区，减轻企业足迹，丰富社会生活；以及让纳税人从郊区重新回到市区。最后一点尤为重要，尽管它常常会被忽视。20 世纪 80 年代至 90 年代的新城市主义者教义，成功重塑了购物娱乐区，但只有人们实打实地回到市中心，才能增加收入来源。“支持城市轨道交通的奥斯汀人”成员汤米·阿特斯认为这不仅能使破败、冷漠的市中心重焕生机，也有利于城市政府的生存，从 20 世纪 60 年代起，市政府的税收就不断流失到郊区，她说：“我们的分区法规没有与时俱进，导致城市丧失活力。安置更多人口不仅是一种道德责任，也是一种财政责任。”

事实上，“可以在我的后院”活动家高度务实，尽管这个团体常常倡导更多的公共交通、自行车道和公园设施，但他们并不会坐等遥遥无期的联邦拨款，而是主张扩大税基。这与 20 世纪 80 年代开始的回归城市潮流并行不悖，[49] 但是在“可以在我的后院”运动人士看来，这是星星之火，终将燎原，他们表示，美国将在未来几十年内从郊区化国家变成城市化国家。城市新人是这个新生政治联盟的潜在成员：他们大多很年轻，没有买房，生活不太稳定。“可以在我的后院”运动人士希望这些新来者能够更愿意接纳住房环境的明显变化，因为他们在现有的利益格局里没什么既得利益。

由于奥斯汀东城区的快速社区绅士化，以及建造郊区办公楼区的风潮尝试推进的混合用途土地开发完全依赖私家车出行，奥斯汀市中心新开发项目具体选址的技术性细节成为症结焦点。“支持城市轨道交通的奥斯汀人”团体的首场战役就是减少开发商拟建的停车场数量。他们还设法取消了已有的一些停车位：在这样一个人口快速增长、公共交通设施极为有限的城市，这种做法简直就是无理取闹。2015 年，在社区团体的强烈施压下，奥斯汀市政府决定将路边停车场改为仅向居民开放。“支持城市轨道交通的奥斯汀人”团体表示，这将在事实上为私人停车提供补贴，并对本地企业贻害无穷。“可以在我的后院”运动人士往往都是反停车斗士（anti-parking militants），他们认为除非强制规定，否则开发商不会把露天停车位改为地下停车场，进而促使户均汽车保有量下降甚至为零。他们进一步主张，如果城市取消露天停车位，那么人们每次开车出门前就会三思。路面无计价停车场一直以来都是市政府对汽车公司和车主的让步，代价却由行人和公共交通来承担。[50]

批评者表示铲除路面停车场的策略无异于本末倒置（把马车放在马前面），他们断言人们无法乘坐还未出现的交通工具。但是，“可以在我的后院”运动人士强调，奥斯汀的人口密度已经到了需要考虑行人和自行车的水平，而顽固的市政机构并没有吸取新城市主义者在其他城市的经验教训。事实上，奥斯汀人的郊区思维如此根深蒂固，城市里的许多社区甚至连人行道都没有，导致行人死亡率偏高。威廉・丹尼斯・怀特（William Dennis White）的死是一个特别悲伤的例子，她在步行去医院探望弟弟的途中因车祸身亡，而她的弟弟则在遛狗时被酒驾的司机撞伤，事发地距离怀特出事的地方不过一英里。[51]

“支持城市轨道交通的奥斯汀人”团体支持了不少移除停车场和收缩街道的新项目，其中包括一项彻底收缩瓜达卢佩街的规划，这是经过得克萨斯大学的一条主要步行街。其城市主义者坚信，为了使散步更怡情，减轻仿佛身处高速钢弹流的轰鸣和危险边缘的压迫感，大城市里需要遍布小街道。“支持城市轨道交通的奥斯汀人”活动家发现在这样一个为汽车而设计的地方，这种观点曲高和寡。“可以在我的后院”运动人士谴责郊区主义混淆视听，该主义反对把社区变得更“像城市”，阻止人们提出切实可行的解决方案。汤米·阿特斯在描述人们对独栋住宅、停车场和通勤的恋恋不舍时，表示“你不能以小镇思维来经营一个城市，而他们正在这样做，这是在扼杀这座城市”。但是，为说明转型所需的力度，他提到了自己的家庭经验：“城市化可能令人生畏，人们希望从郊区邻里处获得安慰。我的父母也一样。”由此可见，尽管“可以在我的后院”运动人士鼓吹他们的主张是经过深思熟虑的，但他们也承认其过于特立独行，可能连自己的父母也无法说服。

尽管他们经常鼓吹步行和骑行能轻而易举地解决汽车依赖问题，但是在奥斯汀这样的地方，需要更复杂的公共交通规划，才能真正解决人们的出行问题。在西部各州，兴建公共交通往往需要州政府发行债券筹资，这常常受到保守选民的阻挠，后者坚定不移地反对增税。全球变暖导致的气温升高，对得克萨斯州各市产生了显著影响，几乎全年出行都要开空调。这个问题在奥斯汀尤为明显，它是美国最热的城市之一：全年约有 90 天是气温超过 100 华氏度（约等于 37.8 摄氏度）的酷暑天，人们几乎没办法步行和骑行。

“支持城市轨道交通的奥斯汀人”在成立之初是一个交通倡导团体，曾强烈要求市政府建设便捷的公共交通，但事实证明这并不容易。2014 年，该团体反对数个通勤铁路线的扩建规划，理由是新线路无法惠及足够多的人口，票价又贵，相比之下扩充公交线路会更快、更便宜。[52] 他们担心州等地方的政治进程久拖不决，充斥着幕后会议，比起满足现有居民的出行需求，他们可能会优先为拟建的新医学院通路。对这样一个提倡替代交通工具的年轻活动家团体而言，反对轨道交通规划无异于铤而走险，但其成员坚称，这个规划“不得不提”，[53] 尽管公众迫切渴望扩建奥斯汀长期疏于维护的公共交通系统，但不能接受这个规划。由于“支持城市轨道交通的奥斯汀人”团体说服了支持公共交通的选民与税收敏感的保守派一道进行抵制，该扩建计划最终流产。在 2020 年大选中，“支持城市轨道交通的奥斯汀人”团体推动通过了一项野心勃勃的交通法案，实现人口稠密地区的互联互通，使奥斯汀成为 25 年里首个批准建设大规模公共交通基础设施的城市。这场围绕改善公共交通的斗争，以得克萨斯州的方式进行，依然异常激烈：在顺利通过 2020 年的交通法案后，该州试图将穿越奥斯汀市中心的 35 号州际公路得克萨斯州段拓宽至 20 车道，与快速公交服务和新建铁路线一同构成“互联互通项目”——这与当前城市开发的规划建议恰恰相反。[54]

“支持城市轨道交通的奥斯汀人”团体履行了“可以在我的后院”团体作为多面手活动家团体的一项重要功能，即在倡导活动中结合专业知识，审查详细的规划，并编写报告向公众解释复杂的问题。而支持上述铁路线扩建规划的政治行动委员会“一起去奥斯汀吧”（Let's Go Austin）试图将“支持城市轨道交通的奥斯汀人”团体贬低为顽固的进步派，和茶党半斤八两。[55] 尽管有负面报道，但活动家仍坚信改进规划指日可待。

活动家还对铁路线扩建项目背后的一大批房地产赞助商颇有微词，公开谴责公司的介入，后者打算靠铁路入口的房地产大捞一笔，他们主张应该在人口规模已达标的社区增设轻轨。为此，他们表示，尽管“可以在我的后院”团体通常支持开发，并且不反对与房地产开发商合作，但他们的配合是有限度的。最后，“支持城市轨道交通的奥斯汀人”团体的政策分析高度重视扩建轻轨的经济效率，投得克萨斯州人所好，在这里强调纳税人权利能快速获得关注，博得不同政治派别的尊重。但是，这种倡导致密化的方式也具有两面性。一方面，他们主张建造更多住房，通过市场力量来调节房地产供需；另一方面，他们宣传在现有的城市中心开发住房，为安置新居民，这里需要大量耗资不菲的基础设施，只有通过市政积极协调才能实现。

遗漏的中间地带

“可以在我的后院”运动人士最喜欢用“遗漏的中间地

带”这套说辞来说服摇摆不定的人。根据这套说辞，为吸引人们回归市中心，城市兴建新公寓楼，配套高档餐厅、画廊甚至运动场来丰富人们的休闲生活，此举成绩斐然。问题在于如何规划市中心和郊区之间的大片区域。这里充斥着后工业社区、绅士化社区、低收入社区和历史悠久的社区，有些地方与其他充满独栋住宅的郊区大同小异。在第二次世界大战前就发展成熟的东部城市，有的社区可能绵延数英里都是排屋、三层楼房和无电梯公寓，但是在西部和阳光地带①的城市，市中心的大片土地都盖满平房。奥斯汀市 80% 的区域规划只能建造独栋住宅，占地面积至少 5750 平方英尺。[56]“可以在我的后院”运动人士希望通过新的分区制，使这些社区内除了独栋住宅，还允许建造公寓和联排别墅。在某些方面，他们希望阳光地带的城市能够效仿东海岸城市，摆脱分区制的束缚，城市基于不依赖车辆出行的自然密度演化。当然，这需要推倒已有的住房，建起可能影响光照的高楼，让学校和其他公共服务惠及更多人。

遗漏的中间地带不仅批判了摩天大楼林立的市中心与挥霍土地的郊区之间的二分法，而且对城市经济两极化进行

---

① 阳光地带即美国南部地区，这一地区日照充足，气候温和，是适宜人类居住的地带。当地丰富的能源、农业资源，吸引着美国的新兴工业在南部的布局，从而形成了美国的三大工业区之一——南部工业区。——译者注

了无声控告。在奥斯汀，支持致密化的智慧开发团体——比如同情“可以在我的后院”运动的“进化奥斯汀”（Evolve Austin）——表明，由于这个城市的中产阶级工人正在消失，社区逐渐丧失了经济多样性，住房可支付性已经成为一个基本的公平问题。为声援时运不济的“下一代规划”，在一次议会会议上，“支持城市轨道交通的奥斯汀人”团体用重症监护病房（ICU）护士的术语强调，如果人口无法聚集，那么关键劳动力将会离开。[57] 即使在商业宣传层面，人们也担心如果市中心缺少保障房，将会导致奥斯汀丧失过去 20 年推动其发展的竞争优势。来自奥斯汀商会的德鲁·舍伯勒（Drew Scheberle）表示：“你敢信吗？我们与芝加哥市中心的竞争优势，正在消失……这可不是什么好事，这是作茧自缚。”[58] 使中产阶级充分享受市中心繁荣的经济前景，不仅意味着公平，更是精明的商业思维：在奥斯汀这样的服务型经济中，是酒保、俱乐部推销员和厨师等服务业人员保证了城市的运行。[59]

奥斯汀的例子充分说明，在一个经济蒸蒸日上的城市，发展动力如何迅速向外转移到人烟稀少的郊区，只有市中心的一小块地方建起高楼大厦（或者如第 5 章描述澳大利亚城市时的说法：城市密度牺牲区）。奥斯汀只有州议会大楼和南方国会附近的闹市区以及河滨地区盖了几座大型公寓楼。除此之外，住房开发的样式多局限于典型的三居室麦克楼①，这些房

① 麦克楼（McMansions）即庞大但品位极差的房子。——译者注

子杂乱无章、四散兴建，尤其集中在北边的卫星城圆石城。面对城市的无序扩张，为了找到合适的地方安家落户，超级通勤应运而生。作为活动家团体“支持城市轨道交通的奥斯汀人”的早期成员，苏珊·萨默斯向我描述了她和家人是如何艰难地留在市中心的，那里新开发的项目主要面向买得起共管公寓的有钱人，或者愿意住在公寓的学生。这些公寓年久失修，一到周末就变成嘈杂的家庭聚会场所。她说：“现实令人沮丧……我的家人差不多都意识到，除非发生了巨大的转机，不然我们只能搬出市区才能买得起房。”搬家无疑会切断萨默斯的孩子与其朋友和学校的联系，增加通勤时间，放弃市区内生机勃勃的社区，代之以商业冷清、娱乐和街头生活匮乏的郊区。过去，许多奥斯汀人愿意为了宽敞的居住面积和后院而放弃市中心的喧嚣，但千禧一代似乎扭转了这一潮流。这或许部分是因为来自美国其他地方的人涌入了奥斯汀，一些人习惯了紧凑的社区，不太执着于独立式的独栋住宅。

由于得克萨斯州土地辽阔，以前以远低于美国其他地方的价格就能在这买下大房子，所以“可以在我的后院”运动举步维艰。大学生或许能接受住公寓，但这象征着令人难堪的低收入生活：别无选择的选择。考虑到出租不划算或者无法修缮这些住房，年长和富裕的奥斯汀居民甚至觉得出租这样的房子在财务上都是不负责的。有人觉得，只有财务混乱的人才会选择租住这种房子，但事实却是，在奥斯汀这样房价高不可攀的地方，越来越多的千禧一代别无选择。“支持城市轨道交通的奥斯汀人”团体的活动家苏珊·萨默斯表示：“在奥斯汀，反对租房者的言论甚嚣尘上，但你懂的，这是一个租客占多数的城市。我是两个女孩的母亲，我们租房住，在有些人看来，我就像个虐待孩子的妈妈之类的。”然而，尽管租房是许多人的无奈之举，但大体还是有益的：租客的经济流动性更强，能在其他地方找到新工作，他们更容易适应家庭结构的变化，还能利用其积攒的资产去追求其他投资机会。许多人表示，如果城市里的租客更多，个人平等与邻里决策井水不犯河水，那么将促进更合理的开发住房方式，无须担心房价下跌。[60]

我与另一名“支持城市轨道交通的奥斯汀人”团体的活动家埃里克·戈夫（Eric Goff）会面时，我们在奥斯汀市中心的餐厅共进午餐，他像奥斯汀的经典吉祥物那样，在一群西装革履的食客中脱颖而出。戈夫体型高大，梳着马尾辫，蓄着蓬乱的长胡子，身穿喷漆图案的彩色条纹扎染T恤。尽管他的外表放荡不羁，看似信奉“让奥斯汀一直怪异下去”座右铭的同道中人，但戈夫断然拒绝了后者因循守旧的缓慢开发策略。他对许多奥斯汀人的自鸣得意感到愤怒，后者关注国家政治，认为他们这座进步主义的蓝色孤岛将制定明智的发展政策。戈夫告诉我，典型的奥斯汀人“认定民主党人会负起责任，而他们自己则什么都不用做”。他觉察到奥斯汀的虚伪，即试图通过限制优质地段的住宅建筑来实现控制人口：

你听说过“不要搬来这里”的调调吗？看，这起源

> 于关于住房开发的“不许动”网络讨论。或者你可能见过T恤上写着“不要搬来这里”。这太疯狂了……这个避难所城市的口号是：“啊，难民和移民啊，来美国吧，但是不要来这里，外地人不要来。”

戈夫以这种方式表达了“可以在我的后院”运动对邻避主义政治最常见的批评：不仅是头戴MAGA[①]帽子、深切关心边境安全的人信奉邻避主义，自由派的“滥好人”也半斤八两。不惜一切保护房产价格暴露了左翼的双标，即他们同情千里之外的人，却不愿与其分享停车场、学校和医院。填充遗漏的中间地带，必然意味着在反对声最强烈、资源最丰富的社区建房：

这些社区遍布林荫道，家家有车库，如果他们愿意，也可以步行前往附近的咖啡馆。戈夫对住在海德公园这种社区的奥斯汀人感到失望，这是这个城市里最古老、最典雅的社区，却拒绝兴建新房，哪怕只是在交通繁忙的走廊、把商业建筑物改建为居民楼也不可以。他对我说，奥斯汀市政府很早就开始规划新城市主义式的混合用途开发，但只在城市的外围边缘实施。“这是魔鬼的交易。”他们不是翻新交通便利的城市，而是创造了新的边缘社区，社区内确实有人行道，但是和城市的其他地区没什么联系。

① MAGA是“Make America Great Again”的缩写，即“让美国再次伟大”，现已成为特朗普支持者的官方代称。——译者注

“可以在我的后院”运动人士认为，阻止在闹市区的社区旧房间隙处建新房，会导致两种负面后果：社区绅士化和郊区无序扩张。在奥斯汀东城区，由于其地处核心位置，但人口种族隔离严重，白人新居民的涌入引发了关注。“支持城市轨道交通的奥斯汀人”团体的成员汤米·阿特斯对此表示：“此前连外卖都无法送达奥斯汀东城区，现在这里却住房压力巨大。”“可以在我的后院”运动人士认为富裕社区房主应对此负主要责任：他们以不建保障房为代价，维持其社区的人口结构和房价。在这个意义上，“可以在我的后院”运动人士更同情尝试建新房的开发商，难以与保持住房存量现状的房主共情。阿特斯评论道，这种立场带有一定的实用主义色彩，它澄清了对开发商的误解：“在这个问题上，房主的声音最大，他们痛恨贪婪的开发商，但不介意拥有价值 200 万美元的房子。当你刨根问底，这些人就会承认，一切都是为了保住房价。”事实上，奥斯汀许多“可以在我的后院”运动人士陷入左右为难的境地：他们支持开发住房的立场牵涉开发商，这引起住房保障活动家对其解决方案的警觉；基于同样的原因，他们也招致了房主的反感。在一些城市，这导致富有的房主和绅士化社区里的穷人结成统一战线：反对开发住房。然而现实是，当两类社区都反对开发，那么为了增加住房供给，终有一方将一败涂地。资源更少的社区几乎不可避免地将为之买单。

和美国其他地方一样，奥斯汀“可以在我的后院”运动人士支持所有新住房项目，通过这种施压来缓解可支付性住房危机。这常常意味着首先要为昂贵的新公寓开绿灯，而至于那些为低收入租户提供更多保障房的项目，要么在开发阶段久拖不决，要么就不建了。城市理论家兼规划家安娜亚·罗伊（Ananya Roy）将其称为“可以在我的后院”行动主义的“各种住房都重要”（All housing matters）谬论：[61] 正如“每个人的命都是命”（All lives matter）以自明之理回应了“黑人的命也是命”（Black Lives Matter），淡化了解决警察暴力问题的迫切性；建造市场价格住房的诉求，也改变了非营利住房解决方案的轻重缓急，转移了对最边缘群体的重要投入。“大兴建造”和“公共住房优先”之间的分歧，反映了“可以在我的后院”运动人士和反绅士化活动家关系紧张的主要原因，但这没有解决根本问题。一方面，“可以在我的后院”运动人士同意，应该重视公共住房、租金控制甚至社区土地信托，并且这在最需要的地方应该优先考虑；另一方面，尽管反绅士化活动家声势浩大，但他们却认为私有住房市场远水解不了近渴，坚持认为新的住房开发项目必须承诺配建一定比例的保障房。在奥斯汀这样的城市里，双方的剑拔弩张显而易见。人们通常可以根据对开发商的立场来识别这两个群体：反绅士化活动家往往会半开玩笑地回应称“财产就是盗窃”①（property is theft），而“可

① 皮埃尔－约瑟夫·蒲鲁东（Pierre-Joseph Proudhon）的第一部理论著作是《什么是财产》（*What is Property*），提出了“财产就是盗窃”的著名观点。——译者注

以在我的后院”运动人士则在“必要的恶”和“扬长避短”之间摇摆。两群人都忙于在网上对对方口诛笔伐，但这对改变现状毫无裨益。

对于汤米·阿特斯这样的人来说，城市开发的动力应该是建造公寓和喊停标榜奥斯汀特色的独栋住宅，他说：“每个人好像都支持保障房，但从未想过失去独栋住宅……我们要做的是改建这些房子，但这没有发生。”这需要许多社区做出切实的改变，毕竟人群涌入和兴建新建筑都会造成混乱。与此同时，奥斯汀东城区那些希望遏制社区绅士化的人，对住房的“涓滴效应”（即在闹市区建新公寓）满腹狐疑。他们认为这些努力为时已晚，已经无法阻止大范围的社区绅士化和流离失所。

就规划高居住密度城市而言，针对“遗漏的中间地带”的政策是热门城市应对人口增长的重要策略。然而在政治上，这是个灾难。在20世纪90年代，新城市主义计划通过城市复兴来重建人口流失的市中心，轻而易举地改造了工业地产，将停车场改建成住宅区，推倒一些丑陋不堪、毫无灵魂的办公楼，代之以视觉冲击更小的玻璃墙公寓楼。这种开发方式填充了城市生活圈的“漏洞”，抵消了郊区化，因为后者使城市的扩张完全超过了生活圈的边界。然而，遗漏的中间地带的开发模式弄巧成拙：盲目融合已经建成的市中心，打乱了生活圈。“可以在我的后院”运动人士声称，对近郊社区的外观不满者甚多，尤其是在西部城市。“可以在我的后院”运动人士表示，推倒轮胎店和商业街，代之以深思熟虑的混合用途新开发项目，这不是什么难事，即便这会波及一些人人称羡的牧场房屋。但是，车主、房主和关心保持传统美学的人都表示强烈反对，就算这种传统指的是媚俗的美国式汽车文化。[62] 此外，他们还支持修正法律，以允许州政府和开发商建造更多房子：这令人难以接受，这里的人把房地产的力量视为住房可支付性危机的始作俑者，而非解决方案。

曲高和寡的城市主义

奥斯汀已经成为反得克萨斯潮流的孤岛，而它恰巧又是州府。得克萨斯州的其他城市都建有大教堂，而奥斯汀则设有异教徒自豪日（Pagan Pride Day）。公开持枪法（open carry law）允许得克萨斯大学的学生携枪上课，但奥斯汀的学生示威者更可能在背包和纽扣上绑着性玩具，宣传“要鸡鸡不要手枪”（Cocks Not Glocks）。该州的乡村烧烤远近闻名，奥斯汀则作为高档超市全食（Whole Foods）的诞生地而为人所知。然而，奥斯汀的城市布局与得克萨斯州其他无序蔓延的城市没什么两样，它们在21世纪迅速扩张，几乎完全依赖汽车出行。

自林登·约翰逊这个典型的得克萨斯人就任总统起，联邦计划就开始支持公路贷款和郊区抵押贷款，对分布在远离公路出口的办公楼区给予税收减免。于是，在许多城市萎靡不振的时候，郊区经济繁荣壮大。奥斯汀在文化和经济上的崛起，经常被描述为确定无疑的成功范例，但城市致密化活动家却不以为然。他们盼望能打破独栋住宅分区现状，他们认为大量涌入的、手头拮据的新来者，或许将成为撬动重大变化的杠杆。与此同时，奥斯汀的住房开发及其高涨的房价，可能会导致流离失所，加剧拥有资产的房主（多为白人）和受租金诅咒的租客（多为黑人和拉美人）之间的分化，进而恶化种族不平等局面。尽管“可以在我的后院”运动并非导致种族差异的唯一原因，但作为一个号召变革的运动，其毫无疑问地突出了过去70年邻避主义城市化的种族主义矛盾。

第5章

“可以在我的后院”主义走向世界

2010年以来，墨尔本曾七度被评为全球最宜居的城市。[1]其蓬勃发展的经济几乎未被2008年金融危机波及[2]，丰富的夜生活和浓郁的艺术氛围使其与悉尼平分秋色，后者是20世纪澳大利亚最富裕、人口最多的城市。数十条壁画街探入城市巷道，路面画着名人照片、政客漫画以及笑翠鸟和袋鼠的巨大涂鸦，沿街尽是剧院、音乐和视觉艺术文化。这些讽刺幽默的画作为这座城市增添了俏皮之感，成为旅客和新居民Instagram①最常见的背景图。城市人居环境的改善往往伴随着房租暴涨，不同阶级的人各自偏居一隅，互不交集。和大部分澳大利亚城市一样，墨尔本也经历了房价飞涨：十年前，平均房价达到100万澳元（约合74万美元②）的社区仅有5个，现在增至121个。[3]房价上涨使得房价百万的社区数目增加23倍，并产生了不平等现象：2011—2016年，墨尔本无家可归的人口数量增长11%。[4]

① Instagram是一款图片分享社交应用。——译者注

② 约合476.77万元人民币。——译者注

新冠疫情使不平等现象雪上加霜，经历了世界上最严厉的封锁之后，越来越多的人办理了低息抵押贷款并竭尽所能地购置豪宅。由于疫情防控限制施工，住房存量增长放缓，导致新冠疫情暴发仅一年后，墨尔本的房价就上涨了 20%。[5]

老一辈房主无疑是墨尔本房地产繁荣的最大赢家，他们的置业恰逢其时，当时买房不过是寻个栖身之所，不似今天像中彩票似的那么难。穷人、租客、新移民和年轻人则成为房地产牛市的输家。他们要么被高房价和高房租驱逐出近郊，要么被迫在疫情期间与他人合租，并与室友或亲戚共克时艰。[6]就连工作体面、收入稳定的人也买不起房，究其原因，部分是因为中央商业区方圆两千米的近郊也出现了社区绅士化。在菲兹罗花园和不伦瑞克这样的社区里，砖盖排屋的阳台已经锈迹斑斑，这里曾经被用来安置意大利工人和塞浦路斯新移民，现在却以数百万澳元的高价卖给想要搬回城市居住的、阔绰的郊区居民。而其他人只能在无序扩张的远郊安顿下来，哪怕他们觉得这些地方不方便、不热闹甚至不安全。

和许多国际城市一样，墨尔本也经历了从郊区化到再城市化的反转。[7]由于经济增长和郊区的种族多样性，社区不再是清一色的中产阶级或白人，曾一度吸引中产阶级搬到城市边缘的清一色带院子的住宅区房屋，现在已黯然失色。在墨尔本，郊区化之后购物中心和独栋住宅相互交错：盎格鲁澳大利亚人战后买下的牧场住房与移民飞地比肩而立。在售卖日常食品杂货和自制肉饼的“牛奶吧”旁，清真肉铺和越南法包外卖店的存在也毫无违和感。墨尔本东南的克莱顿郊区便是其中范例：土生土长的澳大利亚居民不到三成，三分之一的街坊邻居是中国人，希腊、意大利、越南、印度和马来西亚移民的人数也相当可观。[8]但是，在许多人看来，新的居民多样性并未使郊区生活更加吸引人。毋宁说，相较于市中心的房价飞涨，房价停滞的郊区看起来在走下坡路。和许多美国城市一样，这部分是由于公共交通投资匮乏[9]，部分是因为许多人将远郊视为新移民的落脚点。这反映了一种欧洲认知，即城市向郊区扩张将导致白人居民的比例下降，进而损害了经济和社会声望。在澳大利亚，这并不意味着郊区化的结束——远远没有，但这预示着那些寻求远离城市生活喧嚣的富裕群体已不再青睐城市边缘的新房市场，郊区住房市场将由在市区买不起房的人主导。

本章将探讨“可以在我的后院”行动主义是如何风靡全球的。住房可支付性问题看似极具美国特色，却回应了美国在20世纪50年代至60年代实施的那种郊区化。[10]该行动主义是对那个时代郊区潮流的文化反弹，这种反弹不仅是财务选择，更是文化选择。[11]“可以在我的后院”主义反思了过去环保优先（environmentally intensive）的土地利用理念、种族分裂的社区模式和经济效率低下的房地产开发造成的破坏性后果，提出了新的包容性模式。致密化活动家认为，在白人大迁移和囤积税源等有害的意识形态驱使下，郊区遵循的空间逻辑①导致

① 即低居住密度、依赖车辆出行。——译者注

了交通拥挤，而纯住宅社区更是毫无吸引力。这种典型的美国式观念，回应了一段看似美国独有的土地利用历史。因此，“可以在我的后院”主义的理念为何能在大洋彼岸落地生根？其号召力是否依然强劲？

我将在本章中说明，英国和澳大利亚将其作为运动策略有诸多原因：首先，“可以在我的后院”主义这个命名本身具有天然的魅力；其次，美国组织者尝试将其打造成具有全球效应的品牌，并使完全不同的团体团结在同一个口号下；最后，公共和私人投资的增长使全球城市都出现了人口向市中心集中的相似趋势。最重要的是，本章将说明，“可以在我的后院”住房行动主义理念的扩张有赖于其“海纳百川”的感染力，这便于活动家们求同存异、相互合作，哪怕有时彼此间会针锋相对。会面中，一名来自墨尔本的澳大利亚致密化倡导者表示：“居住密度像是某种集结号，号召人们坐到一起……只要他们参与进来，无论他们青睐公共设施还是私人设施、联排别墅还是公寓、依靠私家车还是自行车出行等。我们的任务就是促使他们坐到谈判桌前。”

出于各种原因，“可以在我的后院”这个名称在社交媒体上流行开来：或是作为组织地方团体的工具，或是作为讽刺邻避主义观念的论坛，抑或是人们提及这个名称，仅仅是为了分享都市生活的熙熙攘攘、魅力十足的照片。“可以在我的后院”主义时常给人以包罗万象的感觉，任何关于住房或城市主义的话题它都可以讨论。组织德黑兰“可以在我的后院”运动的波斯裔美籍推特用户对这种方式赞不绝口，认为这个口号能够立刻吸引人们加入曾经曲高和寡的对话。组织者已经开始在非英语世界运用这一口号了，比如波兰的“可以在我的后院”推特团体。一名住在旧金山的波兰裔“可以在我的后院”运动人士，受到当地致密化行动主义的启发，表示尽管波兰城市的发展速度没这么快，但依然能从美国的住房保障斗争中获益良多。他还提到，波兰和许多其他国家一样，华沙和克拉科夫等城市飞涨的房价正日益扩大城乡居民之间的社会和经济差异。

尽管瑞典的社会住房部门相当稳健，但其对“可以在我的后院”主义的兴趣也在与日俱增。瑞典一名“可以在我的后院”组织者已参与该运动十年，他立刻理解了该策略的功利主义性质，解释道：“比如我在城市溜达，看到城市空间完全没有得到合理利用……突然，我看到‘可以在我的后院’运动和我想的如出一辙。我说‘太棒了，我懂你’。”他还表示，虽然许多美国人都认为欧洲国家在致密化斗争中已经取得胜利，但这是个误解。像马尔默这样的城市（市中心人口密度不过每平方千米 2200 人，仅为欧洲其他城市人口密度的十分之一[12]），尽管也有现代主义的高层建筑，但彼此之间却有大片空间得不到充分利用。这名不愿透露姓名的“可以在我的后院”瑞典成员同样就职于城市规划部门，他表示：“这个城市的人口密度并不高，大型公寓楼之间隔着广阔的荒地。”对于许多“可以在我的后院”欧洲运动人士而言，该运动为纠正 20 世纪中期现代主义的错误实践指明了方向，该实践在居住区之间留下了大片绿化空间（有时根本没有绿化），或者把居住区和购物区分开。在这个意义上，“可以在我的后院”理念有助于其倡导的“填满”城市空间。不同于美国城市里的建筑物，有些待开发地块周围的锚定结构已有上百年历史，但无论如何，他们仍认为该理念有可取之处。

全球各地的活动家（大部分来自英语世界）之所以为“可以在我的后院”主义背书，不仅是因为邻避主义在其文化背景中带有强烈的贬义色彩，还因为他们欣赏该运动在加利福尼亚州等地方表现出来的乐观主义和实用主义。他们大多认为，仅倡导社会住房终将徒劳无功，因为这无法惠及足够多的人，难以建立更广泛的联盟。此外，他们发现以设计为中心的辩论太过于关注美学，反而忽视了关系重大的公共决策。因此，他们把精力集中在市政法规上。通过运用脸书团体、博客和小型会议等简单的工具，这些国际团体形成了高知城市主义者小圈子，他们并不热衷于推动住房保障群众运动，而是迅速向地方议会施压，要求后者建造更多住房、开发未充分利用的土地，以及向公共交通投入更多资金。

针对其发动的“安静运动”（quiet campaign），另一名瑞典活动家表示：

> 我们甚至都没有一个正式的组织。我们只有博客和脸书团体……比起邻避主义，我们更关注城市规划体系及其权力制度。我们知道他们能听见我们的声音。他们

> 关注我们的博客。他们唯恐我们乱说话……我们更像一家报纸。我们确实有影响力。他们对我们的言论有心理准备。我们之所以知道，是因为在公共规划组织泄露的邮件里，它们把我们当作利益相关者来进行讨论。

在“可以在我的后院”行动主义的大多数版本中，它在国际层面不仅是提倡住房正义的大众运动，更是一种新的公民基础设施，通过一整套技能向更多听众解释公共政策，在民意和规划部门之间架起桥梁。它试图在公共法规和私人开发方案之间担任仲裁者。通过简单的在线组织，形成精简但有影响力的团体，许多市政当局都无法忽视这些消息灵通且具备专业知识背景的活动家。律师兼温哥华“居者有其屋”（Abundant Housing）组织的创始人丹尼尔·奥列克修克（Daniel Oleksiuk）表示“过去只有一个人在公开听证会上支持住房开发”。他强调，他的团体致力于促使加拿大人理解，在群山环绕的城市里，人口密度是一项生态资产，而不是向开发商投降，也不会破坏城市作为户外活动天堂的形象。

市政府仍常常疑心“可以在我的后院”主义，将其视为混淆视听的政治团体，但为了安抚这些团体，仍将其作为利益相关方纳入决策过程中，尽量减少对抗，并容忍其作为对手。加拿大、英国、瑞典和澳大利亚的市政府和美国加利福尼亚州政府一样，都唯恐越来越多的租客开始担心房价并对政府施加真实的压力。最重要的是，他们很乐意与支持他们重启城市增长机器的活动家合作，[13]有步骤地推进开发，避开更激进的团体，毕竟后者只想扩建公共住房，或者由于担心出现社区绅士化而阻止一切住房开发项目。

英国：收买房主，支持提高居住密度

英国的住房致密化团体另辟蹊径。和美国一样，大部分活动家居住的城市都不会太差，不至于没有人行道，商业街也不是唯一的商业区，或者 0.5 英亩的土地上只有零星的几户人家。斯劳市就没有“可以在我的后院”运动人士：这里是情景喜剧《办公室》（*Office*）的拍摄地，剧中的职员每天都待在毫无特色的郊区办公园区里。与之相反，致密化团体的成员大多住在人来人往的城市，并为其“欧洲特色”和繁华都市所吸引，比如性少数文化之都和令人流连忘返的海滨度假胜地布莱顿、旅游指南大肆宣传的沿海城市布里斯托尔，以及伦敦、牛津和剑桥。然而，恰恰是这些城市的高人气解释了住房保障行动主义的迫切性。对许多人而言，中产阶级生活已经成为遥不可及的幻想，只有在远离城市、与世隔绝的地方才能实现，但这却违背了他们来到繁荣大都市的初衷。保罗·埃尔斯金－福克斯（Paul Erskine-Fox）是一名来自布里斯托尔的“可以在我的后院”活动家，他对上述观点深以为然，因为他和妻子住在离市中心很远的地方，他说：“人们在城市工作或社交，因此对城市有归属感……他们在布里斯托尔工作，但在其他方面却像这个城市的局外人。”

这正是低收入居民过去几十年的处境，他们被赶出了市中心，迁往城市外围的边缘社区。[14] 但这对中产阶级居民而言却是全新的感受。一名英国活动家表示：“对致密化感兴趣的，往往是那些走在正轨上的人……比如靠脑力劳动挣钱的大学毕业生。但是高不可攀的房价让他们感觉自己的人生好像踏错了步……他们对自己的居住条件感到沮丧，忙不迭地在自己身上找问题。”不同于美国，英国历来认为住在城郊是不体面的：那些在市中心租不起房子的人，不仅要忍受超级通勤、枯燥的郊区生活和为数不多的娱乐方式，还要承受别人对其口音和文化视野的奚落。作家 V.S. 普利切特（V. S. Pritchett）讥讽他们是“隔壁省的人”，他写道：“他们被困在令人窒息的日常生活里，是时候嘲讽一番了。”[15] 在最近布克奖（Booker prize）的获奖小说《舒吉・贝恩》（*Shuggie Bain*）中，作者细致刻画了一个家庭从位于格拉斯哥的社会住房搬到与世隔绝、荒凉破败的城市外围所经历的彻底退化。[16] “可以在我的后院”活动家强烈地意识到，相较于国土更广阔的美国或澳大利亚，在英国，郊区生活意味着文化上的不体面。这促使他们以前所未有的热情在推动城市致密化。

埃尔斯金－福克斯和英国其他“可以在我的后院”团体，对美国同僚的努力以及住房可支付性的新理论框架印象深刻。尤其不可思议的是，他们居然能把那些此前对分区问题哈欠连天的人动员起来。埃尔斯金－福克斯表示：“我们的意思是，城市规划，人人有责，群策群力，刻不容缓。”为此，他在布里斯托尔“可以在我的后院”运动主页上创建了映射功能，上面标注了潜在的新住房项目，用户可以向当地社区反映这些项目的影响。帖子一般会这么写：“峰会资本（Summit Capital）拟重新开发这块棕地①，专门用于建造学生宿舍，打造开阔、宜人的景观。”[17]这则消息中使用的“棕地”（brownfield site）、“专门建造”（purpose-built）等词并不亲民——事实上这主要受众是那些已经深谙城市规划的人——但是在空间映射和信息-图形工具结合的论坛评论部分，打造了线上沟通平台，帮助人们讨论尚未动工的开发项目的。这听起来或许微不足道，但是许多“可以在我的后院”团体正是运用这一技术向民众解释项目的，从而对开发商和社区政府预先决定的社区咨询期提供补充。[18]从这个意义上讲，他们力图使规划过程更深思熟虑，即主要由一个预先确定的团体来进行，这些团体成员时间充足、能力过硬，能够细致入微地参与城市空间规划问题。[19]

和在美国一样，其他国家的“可以在我的后院”团体也致力于促进邻里沟通，尤其是与此前阻止新开发项目的邻居交流。“可以在我的后院”团体是第三方无偿顾问，协调社区团体、地方议会和开发商。但是，他们并非价值中立：他们希望在某地兴建新房，认为“草率说不”并非解决之道。埃尔

① 棕地多指受到污染或有环境问题的土地，以工业用地居多，可以是废弃的，也可以是还在利用中的旧工业区。——译者注

斯金－福克斯对我说：“我们请求人们接受现实，我们必须兴建更多住房，我们尝试让他们来确定新房选址。”约翰·迈尔斯（John Myers）是伦敦“可以在我的后院”团体的联合创始人，他把斗争历史追溯至20世纪70年代中期杰出的城市主义者彼得·霍尔（Peter Hall）发表的文章，[20]从历史角度概述其使命，他说：“自那以后，情况严重恶化，改革方案堆积如山，政策落实遥遥无期。”

山姆·沃特林（Sam Watling）是一名来自沿海城市布莱顿的“可以在我的后院”运动组织者，他认同我的说法，比起亚利桑那州凤凰城或得克萨斯州休斯敦等无序扩张的美国城市，这里的致密化斗争要容易得多。事实上，在他的团队尝试推进紧凑户型的许多社区里，已经建有排屋，这足以令密西西比河西部的城市羡煞不已，因为后者的住房大多是占地不小的独立式独栋住宅，[21]致密化在英国也不是什么新理念，早在1936年，乔治·奥威尔（George Orwell）在《通往威根码头之路》（*The Road to Wigan Pier*）一书中就写道，清理贫民窟的工作是一把双刃剑：

> 事实上，大规模重建往往会掏空市中心人口，将其重新分配到郊区。这固然有可取之处，比如人们从恶臭的小巷搬到有独立卫浴的住处，但在被迫搬迁的人看来，他们被打包扔到了距离工作地点五英里之外的地方。公寓最是简单的解决方案。如果人们还是想住在大城市，

那么他们就必须学会与楼上楼下的邻居和平共处。[22]

但是，尽管长期以来英国已经认识到了公寓生活的必要性，但是人们从独栋住房搬到公寓再到公租公寓，仍会引发一种家道中落般的阶级焦虑感，奥威尔朴素的规划建议也无济于事。

尽管住房类型大有不同，但沃特林认为在英国和欧洲的背景下，“可以在我的后院”主义仍是强有力的工具。我们谈及一名布莱顿附近下议院议员，他坚持要求在伦敦郊区兴建一百万套新住房，却不愿意在他自己的选区内兴建两百套新住房。沃特林表明，“可以在我的后院”主义不仅把抽象的问题个人化，还增加了可贵的道德成分。“这是我的后院，不是你的……如果在你家附近都无法推进住房开发项目，那么就更不能指望政客能将其在全国推广。”事实上，他和其他英国活动家都发现，新住房的选址不仅需要个人利益向社区利益让步，未来也需要更多政客做出政治妥协。问题在于，正如伦敦“可以在我的后院”活动家约翰·迈尔斯所言：“三分之二的选民都是房主，而且据我所知，我们的政府是唯一一个明文表示房价应该继续上涨的政府。试想一下，这无异于把保房价和提供食物、衣服等生活必需品的政策相提并论。”简而言之，住房致密化活动家遵循“责任到此为止”（buck stops here）理念，认为建造住房是最终解决方案，而不是把住房当作扑克筹码，这意味着下议院议员最终将为自己选区的住房短缺负责。

自从20世纪80年代撒切尔夫人推动住房金融化以来，民众早已怨声载道。由于撒切尔夫人把公租公寓卖给了当时的租客，使得较贫穷的居民处境更加风雨飘摇，[23]房屋所有权的普及减少了租房需求（英国租户数量从1979年的占人口一半下降至2000年的不到三分之一），于是资产增值符合更多人的利益诉求。[24]对那些运气不佳的无房者而言，由于可供出租的公共住房存量剧烈收缩，导致私人租赁市场水涨船高。雪上加霜的是，新房施工项目明显下降，从1980年到2014年下降了44%。[25]亲商的保守党随之发生分裂，关于富裕地区新开发项目应否遵守地方控制，以及是否应该继续与建筑公司和房地产开发商维持良好关系（他们是该政党传统的支持者，渴望开发住房），托利党①（Tory）的议员们争执不休。[26]

正如“可以在我的后院”运动拥护者所指出的，考虑到中产阶级从房价中获得的既得利益，他们对减缓房价上涨或将住房当作基本商品对待没什么兴趣。与此同时，买得起房的基本上是上一代人，他们在撒切尔夫人执政时期获得了按揭贷款。今天，即使是拥有大学文凭、收入稳定的职工也受到压榨，尤其是在伦敦。这意味着在2017年，35至44岁的中产阶级租房的概率是1993年时同龄人的3.5倍。而对于英国工薪阶层的租户来说，这意味着游走于无家可归的边缘。[27]

和美国一样，英国的“可以在我的后院”行动主义也表

---

① 即保守党。——译者注

现出令人不安的左右摇摆，一边劝说公众紧密关注城市规划教义，一边又时不时地挑战城市规划业界的权力。一方面，活动家想要鼓励战后郊区的致密化；另一方面，他们对未开发地块期望的住房密度有时又超出了城市规划业界能够容忍的限度。保罗·埃尔斯金－福克斯认为，英国和美国之间的角色可能有些颠倒：他说虽然人们蜂拥至市中心，但出于物流和消费者偏好的原因，并不是所有的新房子都应该建在市中心。他坚持认为，规划者在鼓励致密化时还应该留意市场：“人们依然希望住在大房子里，而大部分提升分区用途的尝试都无法在拥挤的市中心提供宽敞的户型。”但这并不意味着城市边缘的建筑能分得一杯羹，反而是在某些“遗漏的中间地带”，住房保值了。然而，合适的地块并不好找，最简单的方法之一就是争取开发未充分利用的国有土地。

住房保障活动家抱怨规划者为了规划而规划，仿佛心存报复的“保姆国家”（nanny state）事无巨细地管控所有变革。来自伦敦的约翰·迈尔斯注意到，在伦敦外环 M25 高速公路范围内，有许多独立式住房或半独立式住房，只要在这建造联排别墅、提高住房密度，“伦敦的人口上限几乎就能翻一番”。尽管该方案赢得了公众的广泛支持，但他表示，由于邻避主义和保守的惯性使然，城市规划业界仍未对此做出反应，他说：“人们束手束脚，除了极少数情况，未经政府许可，你其实无法将你的房屋扩建一分一毫。”就此而言，“可以在我的后院”团体自视为市政规划者的良师益友，能够转移公众压力，迈尔斯说：“我们希望为规划者提供更多解决方案。”

英国诸多的绿化带成为另一个争论焦点，正如科罗拉多州的博尔德市一样，这些绿化带成为城市开发的边界，避免城市扩溢、陷入美国那样的郊区无序扩张。[28] 尽管英国“可以在我的后院”团体认可这些规划机制在历史上发挥的作用，但是他们并不认为在全国深陷住房危机时，将所有的土地保护起来就能提高土地的利用价值。恰恰相反，据全国住房联合会（National Housing Federation）测算，英国有 840 万人租住的房屋要么租金太高，要么不安全、不宜居。[29] 来自布里斯托尔的保罗·埃尔斯金－福克斯争论道，这或许是英国最重要的问题：

> 我们试图在已经人满为患的地方建造更多房子，但在我看来，我们需要反思绿化带……我们拥有大片绿化保护地以限制城市扩张……但是绿化带里有许多地块并不能满足这一目的，完全可以把这些土地拿来建房。

和科罗拉多州一样，那些在布里斯托尔和其他城市工作，却被迫每天坐一小时火车或公交抵达市中心的人，深感通勤的不公平，对绿化带的作用满腹狐疑。活动家声称，20 世纪 60 年代以来发生的飞跃式开发已经使城市开发边界失去了缓冲作用。他们还发现，有些闲置的土地根本没有改造成公园绿地，而仅仅只是禁止入内，鲜有环境效益。埃尔斯金－福克斯认为，许多情况都是邻避主义在作祟：“绿化带往往没什么用。

说白了，他们只是想要透过窗户看到绿化带，而保护绿化带无非是为了保住他们的房价。”许多活动家认为，若仔细考虑城市开发边界，是能够在尊重普遍概念的前提下，为新房腾出土地的。他们表示，该设想之所以未能实现，是因为某些在绿化带旁购置了房产的人将一般公共物品用于一己之私。

英国城镇规划者并不乐见对英国绿化带前景的反对声，尤其是针对紧挨着外环 M25 高速公路的伦敦大都市开发边界。事实上，绿化带的形成意味着向 20 世纪早期诞生的新行业授权。[30] 挑战绿化带的神圣不可侵犯性，无异于对整个业界的合法性都提出了怀疑，而这正中某些“可以在我的后院”运动人士的下怀。许多受访者表示，不少专业的城市规划者对住房等重大经济问题知之甚少，反而纠结于细枝末节。这些活动家认为他们的工作就是重新确定这个行业的关注重点。

一名支持“可以在我的后院”运动的规划者描述了“这个领域的稀薄化”和“对实验的厌恶”。来自布莱顿的山姆·沃特林直言不讳地表示，英国的规划者并不一定要像其美国同僚那样，成为“可以在我的后院”运动的盟友，他说：“许多规划者对简化规划体制的尝试表示狐疑，并可能出于意识形态原因而表示反对。他们不想失去其专业权力。”他还强调，争论点不仅在于绿化带的扩张与收缩，还在于规划者是否愿意在空地上重起炉灶，以免蹚城市致密化这趟浑水。沃特林表示：“我们与城镇规划机构进行了艰苦的斗争，比起自下而上的致密化措施，他们更想直接建造新城镇。”就此而言，倡导限制开发绿化带，并不意味着背叛了在现有社区提高居住密度的目标，而是做出妥协，即将新房选址于附近的无主地带而非城市的边缘地带。

英国的活动家将"可以在我的后院"当作概括性术语而为其背书，但他们也担心加利福尼亚州"可以在我的后院"运动人士的热情会引起分歧。一名来自伦敦的"可以我的后院"支持者表示："我们并不需要照单全收。"然而，大部分人认可该口号的积极内涵，视其为对邻避主义"否定一切"理念的重要重构，并将其融入"是的，我们必须建房"（yes, we must）这一集结口号中。有人认为这一口号彰显了"不抛弃任何人"的社区精神。英国住房市场日益金融化，对穷人而言越来越残酷。在劳动适龄群体最底层的五分之一人口中，将其三分之一以上收入用于住房开支的人口比例从 1994 年的 39% 上升至 2018 年的 47%。[31] 既然中产阶级活动家已经打响了住房可支付性之战，那么他们开始使用个人财产权的概念，这一表述曾在撒切尔夫人执政时期所向披靡。

美国"可以在我的后院"运动人士强调不同收入的人在社区应和平共处，与此不同的是，英国一些团体采取更实用的方式，主张提升分区用途以充分利用资产价值。沃特林以布莱顿市为例，解释道："总的来说，就是通过兑现邻避主义者的土地价值凭证来收买他们。"这种致密化方式更现实，因为它利用的是钱包而非理念的吸引力，或者用沃特林的话说就是："我们希望确保给本地房主的甜头恰到好处，这样才能激励他们支持提升分区用途。”

在伦敦，“收买房主”看起来像是极为精明的策略，因为这里的房价令人望洋兴叹。这个金融之都的房价之高，不仅因为它是英国首都，更因为它连接着全球金融市场。[32] 伦敦的建筑样式千姿百态，但是为保留 20 世纪中期城市复兴的历史遗迹，并考虑到公租房产导致的集中贫困，人们并不欢迎兴建新的高层建筑。伦敦“可以在我的后院”团体成员约翰·迈尔斯表示：“一说起提高居住密度，人们就想到塔式高层住宅①，而这在英国并不受欢迎。”相反，他提议在排屋上加盖建筑以增加住房。这种“拼装式”建筑尽管在施工上可行，但是加盖的楼层往往与原建筑风格不搭，比如古香古色的主屋上悬着现代箱式房，很多人觉得这像寄生物一样刺眼。迈尔斯把公众对美学的关注总结如下：

> 如果你在乔治时代、爱德华时代或维多利亚时代的古宅上搭建两层混凝土箱式房，你身边所有人都会歇斯底里地尖叫。所以，必须解决设计理念的问题……无论你走多远，都会发现遍地是古建筑。重要的是避免违和感，让人们感到和谐，这样你才能建造更多房子。

① 塔式高层住宅是指以共用楼梯、电梯为核心来布置多套住房的高层住宅。——译者注

伦敦可谓成也金钱，败也金钱。“你确实可以建个混凝土箱式房，然后开始捞钱。”迈尔斯解释道，房主有充分的理由对改造现有社区犹豫不决。老房扩建尽管施工迅速，但样式丑陋，房主之所以同意扩建住房，无非是金钱的激励使然。这为“可以在我的后院”运动人士与有钱的房主谈判时提供了突破口，倘若没有金钱的诱惑，后者将更加举棋不定。鉴于当前房地产市场的火爆行情，新增住房拥有巨大价值，在联排别墅屋顶上加盖房间是个令人心动的方案。在威斯敏斯特、切尔西或骑士桥等伦敦黄金地段，半独立式住房或连体房的平均价格在 150 万至 250 万英镑（1 英镑≈ 1.24 美元）之间；而公寓的均价也超过 100 万英镑。[33] 因此，搭建新公寓是个诱人的选项，尤其是对于那些拥有住房但现金流不足的常住人口而言。尽管零敲碎打的方式只能提供市场价住房，但这对于房价居高不下的城市仍有可取之处。原因很简单，正如迈尔斯所言，在生活成本如此昂贵的城市里生活，就算富裕的房主也想发横财。他表示：

> 房产开发需要花钱的地方太多了，但只要说起开发之后的收益，几乎所有顾虑都能一笔勾销。这是双赢的局面。我们有足够的筹码让人们加入进来：遗产保护人、设计师……喜欢逛公园的人……太多太多了。

值得称道的是，英国“可以在我的后院”运动人士的组织工作不那么意识形态化，反而更讲逻辑：他们更注重推动具体社区的工作进展，而不是要求这些社区把致密化当成基本原则。在和美国做类比时，迈尔斯表示：“在英国，以公共交通为导向的发展已经毫无悬念。我们目前要做的，就是解决政治约束。”

当经济面临真正的困难时，实事求是的做法就是提高土地利用率，让更多的人进入城市寻求更好的工作机会，这些才是最重要的。和在加利福尼亚州一样，英国的“可以在我的后院”运动也对日益明显的地区主义忧心忡忡。尽管住在布里斯托尔、布莱顿和伦敦等繁荣的城市令人感觉良好，但地区间的紧张局势已经使这个国家四分五裂。2017 年，诺丁汉人均可支配税后收入仅为 12 445 英镑[①]（约合 16 150 美元），而伦敦的人均年收入则高达 45 288 英镑[②]（约合 60 150 美元）。[34] 在富裕的城市租不起房就意味着丧失机动性，只能认命地待在去工业化的城镇，靠停滞或下调的工资维生。

2008 年经济危机之后的紧缩政策使情况雪上加霜，一种新型的文化敌意开始在失败城镇的身份认同中滋生。许多社会学调查开始重点关注，被伦敦（及其与欧洲和世界的联系）抛弃的失落感，如何刺激民族主义意识，并促使英国脱欧。[35] 许多“可以在我的后院”活动家对此深以为然，但如果将这种

---

① 约合 105 419 元人民币。——译者注

② 约合 383 626 元人民币。——译者注

现象简单地理解为被压迫的城市赢得了尊严，就有点以偏概全。萨姆·沃特林表示：“失去机会的人往往投票支持脱欧，这并不是一定辩论的内容——但我想谈谈。”他坚称，不仅收入微薄的人支持脱欧，还有在国内难以立足的人也一样。对于“可以在我的后院”运动人士而言，脱欧不仅是欧洲化的逆流，更是缺乏就业机会的市民在呼救：那些无法从欧洲大陆开放边界中获益的人，在伦敦、剑桥等高工资的地方也租不起房。

内陆郊区

国际化的经济结构使澳大利亚平安渡过 2008 年金融危机，该国一度享誉颇丰，然而这个国家现在正面临贸易和移民引发的生存困境。澳大利亚的金融离不开中国，澳大利亚不仅是中国的主要煤炭供应国（开采于澳大利亚中部平原），而且依赖中国的直接对外投资，其中就包括富裕的中国炒房团在各大城市抢购房产。[36]2015 至 2016 年，澳大利亚政府批准 4.73 亿澳元的中国投资，其中 3.2 亿流入房地产。[37]这使澳大利亚房地产分化出针对中国人的细分市场，其中大多是高密度的市中心摩天大楼，比澳大利亚城市特色的维多利亚式排屋高很多。

与此同时，移民聚居地的郊区暴力问题使澳大利亚警方焦头烂额，尤其是在墨尔本。这在 2018 年竞选中成为焦点议题，保守派自由党以此诋毁维多利亚州的工党政府对罪犯心慈手软。随后媒体又大肆报道墨尔本远郊“非裔帮派”的暴力浪潮，导致民意要求收紧难民安置政策，对郊区外围的恐惧日甚一日。[38]尽管犯罪统计大多言过其实，而澳大利亚的移民和难民制度也比欧美严格得多，但澳大利亚人仍表现出强烈的本土主义情绪。在这样一个土地广袤的国家里，仇外心理在城市住房问题上表现得尤为明显。当新来者试图在城市落脚时，才真正感觉到住房稀缺。

2020 年新型冠状病毒肆虐期间，墨尔本仅封锁了城市边缘的公共住房，周边的独栋住宅区却不受影响，右翼民族主义人士波琳·汉森（Pauline Hanson）对此大加赞赏，她表示公共住房里住的都是懒得学英语的“瘾君子”和“酒鬼”，她还说：“这些人来自战火肆虐的国家……他们已经对艰苦的生活习以为常。”[39]在墨尔本，这种观点并不独见于疫情期间的极端民族主义者，而是充斥于日常生活中，这反映了人们对城市远郊的公共住房和低收入住房社区的真实态度。这进一步演变为对未来的焦虑，在这种愿景中，富裕的中国人居于中心（市中心的塔式高层住宅），买不起房的澳大利亚人住在中间地带（社区绅士化的近郊），“危险的”非洲人和南亚人则处于外围（远郊边缘）。这生动地反映了当前种族恐惧结构的构成。

下文探讨了“可以在我的后院”主义如何成为澳大利亚住房保障活动家的一大解释框架，尤其是千禧一代力争在摩天大楼林立的中央商业区和无序扩张的远郊之间，在城市“遗漏的中间地带”寻求栖身之所。我将在下文阐明，在围绕住房短缺的讨论中，移民的作用是如何被夸大其词的。最后，下文还提出了可能的解决方案，参考欧洲和东亚的居住密度提出了新同居模式。从 20 世纪 60 年代的南欧人开始，到 20 世纪 80 年代至今的东亚人，移民融入澳大利亚城市的方式动摇了通过郊区化来实现“澳大利亚梦”的主流逻辑。

在墨尔本，南欧移民住进其盎格鲁祖先曾经住过的、带有铁围栏的连体房，融入存在至今的邻里街道和社区小市场。尽管第二代希腊和意大利移民往往会迁往更分散的郊区，住进独栋住宅，但是他们在内城区打造的商住混合基础设施依旧在惠及更年轻、更富有的新居民。无独有偶，墨尔本有数十个东亚聚居社区，都形成了中国城市常见的都市景观，公寓式住宅、市中心的生鲜市场，应有尽有。话说回来，墨尔本是少数几个在市中心拥有跨街区露天市场的富裕城市，维多利亚女皇市场提供海鲜、肉类和蔬菜等，当地人强烈抵制重建计划，不愿失去这个独一无二的新鲜食品集市。[40]

连体房与住宅区房屋：改变墨尔本的土地用途

大部分澳大利亚城市在广袤的土地上无序蔓延，与内华达州和加利福尼亚州的情况大同小异。尽管这个国家残留着英国殖民的痕迹，但它始终渴望效仿美国的物质成就。像悉尼和阿德雷德这样的城市，最初不过是围绕购物街建起排屋，然而到了战后岁月，随着汽车成为主要的交通工具，广阔的地貌为郊区扩张提供了地利，这些城市迅速丧失了大部分欧洲风格的紧凑型居住格局。随着越来越多的人离开养牛场和农场去从事制造业和文职工作，澳大利亚的城市开始大片大片地兴建郊区独立式住宅，许多房子甚至建在容易起火的丛林里。

1954年，洛杉矶的首席城市规划师对墨尔本听众说：“我们的城市建设必须满足汽车的需求。”听众们深以为然。[41] 曾用于资助有轨电车和城市轨道的补贴随即被挪用于建设公路，即使在工党政府的领导下也不例外，后者号称代表没有汽车的内城区工薪阶层选民。[42] 根据澳大利亚著名的城市学者格雷姆·戴维森（Graeme Davison）的观察，到了20世纪60年代末，工党时任领导人高夫·惠特兰（Gough Whitlam）曾说过：“我们开始意识到，所谓的‘抵押贷款地区’（mortgage belt）事关我们党派未来能否赢得选举。”基于此，在阿德雷德干旱的远郊或布里斯班的河漫滩上，涌现出的一座座带游泳池的牧场庄园，只不过是在模仿美国的郊区化趋势，而郊区则是人类利用聪明才智征服自然的新边疆。[43]

向外扩张的驱动力来自消费者欲望和低贷款利率，更因为澳大利亚人和美国人一样相信昭昭天命①（manifest destiny）。建筑大师兼评论家罗宾·博伊德（Robin Boyd）于20世纪60年代在其讽刺小说《澳大利亚的丑陋》（*The Australian*

① “昭昭天命”一词最初由1840年代杰克逊式民主的信徒所使用，用以宣传兼并今日的美国西部地区（俄勒冈州属地、得克萨斯州与墨西哥的割让地）。——译者注

Ugliness）中彻底揭露了澳大利亚城市美学的徒有其表和暴发户式的繁荣，书中表示郊区化是一种探索：“浪漫已逝……没有羊群、黄金和无边无际的灌木丛，只有工厂和房地产。”[44]在博伊德看来，由于缺乏规划的住房在各个山头肆意蔓延，早在20世纪60年代，自然风光就已经遭受了不可逆转的破坏。他在毗邻悉尼的卧龙岗写道：“郊区无声地扩张着，就像干腐病蚕食森林边缘一样……为了开发住房，树木被从黄泥中连根拔起，房地产经纪人和建筑商似乎下定决心，要让整个海岸都向贫瘠荒凉、风吹沙走的植物学湾看齐。”[45]然而，在这个时代，依然只有中产阶级买得起房，而博伊德对郊区的美学批评总是透露出一种阶级主义倾向。他认为悉尼随处可见的草坪上的粉色火烈鸟和砖砌平房上的石膏柱，透露着对美国式繁荣的妄想，他说：“澳大利亚的郊区生活不切实际，它直言不讳又带着沾沾自喜的做作……但正是这种做作，使城市与丛林划清界限。”郊区是澳大利亚抵御恶劣自然环境、实现生存发展的防线。同样，郊区化也呼应了征服新大陆的神话，即欧洲人征服了环境恶劣、不宜生存的可怕的大陆。

20世纪60年代，随着希腊、意大利和南斯拉夫等新移民的到来，工业劳动力日渐多元化。1947年至1972年，澳大利亚收留的移民中，仅希腊来的就有214 304人，他们被称作“新澳大利亚人”，而这个绰号从未用于称呼此前的盎格鲁－撒克逊或爱尔兰移民。[46]住在第一代郊区的盎格鲁澳大利亚人大多是新晋中产阶级房主，他们和美国的中产阶级新贵一样，希望住在民族成分单一的社区，以彰显其经济地位。第一代盎格鲁（和爱尔兰）房主迁到郊区后，他们位于市中心的连体房往往被南欧移民占据，于是20世纪60年代，人们开始担心内城区退化成移民“贫民区”。

到了20世纪60年代末，除了南欧人，亚洲移民也陆续到了，后者此前受制于“白澳政策”（White Australia policy），这一旨在阻止中国移民的种族主义政策，于20世纪初被确立为国策，直到1973年才被废止。南欧和亚洲移民最初都聚居在人口密集的城市地区，并将这些地方改造成更加生机勃勃的商住混合社区。这些靠近商业核心地段的行政区，迅速开满了餐厅、农贸市场、杂货铺、肉铺、面包店和熟食店。人们在市中心的生活方式也随之改变。墨尔本的市中心，除了政府大楼和一片沉闷的办公楼，曾数十年都死气沉沉，随着第一家意大利浓咖啡店在柯林斯街州议会大楼旁开业，各种咖啡店如雨后春笋般冒了出来，在20世纪50年代末，这一带获得了“巴黎区”的称号。一代人之后，越南和中国企业家的小规模零售店在中央商业区开张，从此市中心不仅有工作机会，也变得更加宜居。

从最初的南欧移民，到后来的亚洲移民，移民利用土地的模式快速启动了内城区的社区绅士化进程，市中心的社区再次令人向往。格雷姆·戴维森见证了这一过程如何改变了澳大利亚人对空间的理解，市中心不再等同于工薪阶层，反而变得具有资产阶级趣味：“曾经‘人满为患’‘过度拥挤’的社区，现在变得‘小巧紧凑’‘井然有序’，它们令人反感的‘熙熙攘攘’反而促进了‘人际交往’，它们令人生畏的‘文化熔炉’孕育出了成熟的‘世故练达’。”[47] 随着第一代澳大利亚移民开始做起生意，将祖先的文化与澳大利亚特色结合起来，他们就重新定义了移民社区，种族偏见得到缓和：意大利面包店不仅卖意大利脆饼，也卖雷明顿蛋糕①；马其顿烘烤馅饼（burek）店摆放着成堆的香肠卷，供建筑工人中午果腹。这些小生意常常为近郊和中央商业区带来烟火气，向第一次接触种族多样性的非城市居民，展示代表“新澳大利亚”的这个文化大熔炉。

自《澳大利亚的丑陋》出版以来，已过去六十余年，远郊发生了翻天覆地的变化：存量住房都是老房子，新建公路并未减少交通量，人口迁移使一些澳大利亚白人认为郊区的吸引力大不如前。然而，到了 21 世纪初，中心城区社区的再度繁荣引发了新问题：新房建造的速度太慢，尤其是市中心缺少高居住密度的公寓楼。如果想租住紧凑型住房，只能去最繁忙的市中心地段，那里有几栋为中国投资者和学生兴建的高层建筑，而其旁边的社区则是清一色的平房：大部分是排屋，偶尔有六房的公寓综合楼，被称为“六单元”。[48]

澳大利亚人和美国人一样痴迷于自有住房。买房被视为长大成人的重要步骤。在经济普遍增长、工资相对较高的年代，在冷清的城市社区买一套旧房子，哪怕对于非技术工人来

① 雷明顿蛋糕（lamington cake）是一种澳大利亚特色蛋糕。——译者注

说也不是什么难事。但到了2000年悉尼奥运会时，房地产交易带来的新财富使澳大利亚的城市经济过热。[49]和其他发达国家一样，房地产在经济中的比重越来越大。[50]“负扣税”①等投资激励措施，允许拥有多套房的人冲抵位于其居住地的其他房产的损失。这促使有能力的人在购房问题上多多益善，而无产者只能对买房望洋兴叹。住房的日益金融化又使中产阶级痴迷于房价上涨。与此同时，大部分澳大利亚报纸，包括墨尔本的《时代报》(*The Age*)，每周都会发布房地产增刊，这是其阅读最广的内容之一[51]。另一方面，房价上涨也导致了租户和无力购房者的普遍焦虑，这为“可以在我的后院”主义在澳大利亚吸引粉丝孕育了条件。

鱼和熊掌兼得：墨尔本的千禧一代

2017年，澳大利亚千禧一代的房地产大亨蒂姆·古纳(Tim Gurner)公开指责自己的同辈。他声称，澳大利亚住房可支付性危机的根源是年轻人不存钱，他说：年轻人把钱浪费

---

① 负扣税(Negative Gearing)指的是，在一个财政年度中，维持投资物业的现金支出和非现金支出所带来的负向应税收入。如果纳税人除物业投资收入外没有其他收入来源，或其他来源收入少于负扣税，那么根据澳大利亚政府的规定，没有冲抵的负扣税可以累积并延续到之后的财政年度，直到与足够的正向应税收入进行对冲。——译者注

在购买“19澳元的牛油果吐司，搭配4杯咖啡，每杯4澳元”，所以没钱支付按揭首付款。[52]中产阶级厌倦了这位百万富翁的节俭说教，迅速反唇相讥道，“在这样的国际化大城市，就算少吃上万个吐司三明治，也凑不够首付款”。[53]雪上加霜的是，尽管澳大利亚的经济蓬勃发展，在地缘政治上碰巧与崛起的中国隔海相望，但这一代人正在经历着前所未有的临时工化和工资停滞。

墨尔本住房市场的生存焦虑，不仅是两代人争论要建多少新房子，以及建在哪里。墨尔本市区的天际线充斥着起重机在空中升起的钢柱，这些钢柱将用于建造高层公寓楼，名为海港明珠、发现大楼以及澳洲108大厦（因为有108层）等。然而，墨尔本居民并不认为这些高层建筑能缓解可支付性危机，因为新房往往定位高端市场，而且集中于建筑限高更宽松的中央商业区。很多人都认为，墨尔本的中央商业区是专为中国买家量身打造的区域，这形成了一个平行的住房市场。澳大利亚人普遍不适应住在公寓，也不喜欢住在人口密集的市中心。当地报纸多年来一直发表报道，[54]表示该市市中心的亚洲资本和外国人新居民已经泛滥成灾：学生们在完成学业的时候，往往会住在父母买的房子里。虽然许多澳大利人心知肚明，自己的国家对中国资本的依赖日甚一日，但当他们看到到处都是空置的物业投资时，仍然对资本入侵已然吃紧的房地产市场的局面感到愤愤不平。[55]和在温哥华等城市一样，住在市中心的外国家庭往往不被当作“真正的”居民，批评者有时甚至质疑其亲属关系，称他们是“太空人家庭”①（astronaut families）和“降落伞儿童”②（parachute children）——这些都是类似“定锚宝宝”（anchor baby）这样的排外贬低。[56]

尽管澳大利亚人已经花了两代人的时间来适应亚洲移民——现在每个大城市都有许多华人社区和越南人社区——但在20世纪90年代之前，许多人都只是把这些移民当成从事低薪工作的工人。随着亚洲移民从“厨房门后面”看不见的劳动力变成奢侈品的重要消费者（以及公寓拍卖活动里最豪爽的出价人），老一辈的澳大利亚人惊得目瞪口呆。在面向亚洲买家的房地产广告牌上，[57]涂着“澳大利亚不属于亚洲”的字样，而在澳大利亚的大学里，新纳粹团体则打出了“中国人免进”的口号。这种白人的委屈感在农村地区最为强烈，并蔓延到不那么富裕的郊区。事实上，澳大利亚极右翼参议员波琳·汉森曾于1996年在议会上表示“我们危在旦夕，我们即将被亚洲人淹没。他们有自己的文化和宗教，他们形成了贫民窟，并且难以同化”。这位参议员出身布里斯班郊区，而非昆士兰农村。[58]正如许多美国的郊区选民投票支持特朗普一样，许多住在城市边缘的人认为进步人士的移民政策为外国人了敞开大门，这些进步派只想吸纳更多移民而不顾同胞的死活，于是他们被富裕

---

① 太空人家庭即候鸟家庭，指的是父亲在国内工作，母亲带着子女到外国读书。——译者注

② 降落伞儿童指小留学生，他们被送到另一个国家独自生活，而他们的父母则留在本国国内。——译者注

的外国人扫地出门了。

澳大利亚城市的大规模迁徙潮与美国的轨迹类似：随着内城区社区的绅士化，远郊的房价相对便宜，也更多元化。正当拉美家庭陆续住进长岛上的莱维敦农场时，在 20 世纪 60 年代，斯里兰卡、苏丹、越南和阿富汗移民也开始在悉尼和墨尔本郊区的平房落脚。仅在 2011 至 2016 年，墨尔本郊区博士山社区的华裔人口占比从 26.7% 上升至 35.4%。[59] 博士山的例子形象地说明了，相对富裕的中国大陆移民潮是如何通过吸引海外资本、改革分区法律以放宽建筑限高，从而提高居住密度的。典型的案例是，丹顿农、布罗德梅多斯和阳光海岸的远郊社区从 20 世纪 70 年代起逐渐老化，于是被卖给或租给了低收入居民，他们不得不接受超长的通勤距离。在远郊的社区，新的社会住房项目和住房补贴更容易落实，临时安置难民的阻力也更小。20 世纪 70 年代和 80 年代，随着族群结构日渐多样化（也可能是为了避开这种多样化），一些老居民从市中心迁移到墨尔本边缘，而今天低收入居民涌入远郊社区的行为则再次引发了身份认同危机。

远郊总是给人以枯燥乏味、暴力肆虐的印象。《时代报》曾刊登过一篇讨论墨尔本“无人问津、与世隔绝的西部边缘”的文章，[60] 一名读者对此表示，“我只有坐飞机的时候才能看见西部郊区，尤其是在晚上”。反感遥远郊区的人，多是鄙视购物街和“免下车”商店的城市居民，以及认为郊区居民“不够白”的本土主义者，后者尤为令人不安。自 2017 年起，房价更低的远郊社区里对移民犯罪的全面道德恐慌，成为墨尔本政治的一个中心议题。据称那里的苏丹帮派逍遥法外、骚扰甚至殴打其澳大利亚邻居。[61] 美国驻荷兰大使曾夸大其词，称荷兰城市“禁行区”里的政客会被活活烧死，[62] 墨尔本的移民犯罪问题大多也是言过其实的，尽管那里确实存在同化与失业的问题。[63]“非洲帮派在墨尔本西部的街道上游荡”这种危言耸听的标题，往往掩盖了对移民真实情况的担忧，他们向上流动的希望大多很渺茫。城市外围的犯罪活动使种族情绪在墨尔本四处蔓延，比如在西部郊区阳光海岸长大的新澳大利亚居民，感觉一辈子都抬不起头来。[64] 一位著名的传教士在说到这些地方时表示：“我认为这些父母应该把孩子打包送回去——让他们在战火肆虐的国家里住上 3 到 6 个月，体验真实的生活……这样他们才会懂得尊重——他们才会乞求家里人把他们接回澳大利亚。”[65] 由此可见，人们认为居住在密度较小的城市边缘天高皇帝远，偏离了澳大利亚的主流文化。

美国和澳大利亚的住房不稳定，常常演变成对无房者的道德审判。人们常常认为租房者不可靠，或者假定他们都住在公屋大厦里。无论是蒂姆 · 古纳对牛油果吐司的嘲讽，还是主流观念对千禧一代的批评，都认为如果一个人到了而立之年还付不起按揭首付款，那他肯定踏错了步。墨尔本还未面临旧金山那样全面的住房灾难，在旧金山，巨额房租迫使打工者睡在大篷车里或者每天通勤三小时。这更像是中产阶级的危机，越来越多的中产阶级买不起房，但解决之道一筹莫展。人们对为租客兴建的新建筑少见多怪，并为其取了特殊的名称“建后出租”①（build-to-rent）。这个概念像是某种新颖的城市创新，由于过去的技术限制，以前的开发商完全无法想象此情此景。但是，随着墨尔本的房价持续攀升，算法也在改变。随着人们日益关注步行可达、占地面积小的商店，在市中心社区的新建住房中，公寓占比近 50%。[66]

市中心住房可支付性最后的堡垒：墨尔本富茨克雷社区

墨尔本迷人的连体房街道，曾经是南欧移民的落脚点，早先这些房子室内连厕所都没有，现在却完全社区绅士化了。房价基本位于 100 万至 300 万澳元之间，这意味着许多城市居民被赶到不那么富裕、白人占比更少的郊区，富茨克雷社区就是一例。这是一个以大型的越南和华人农贸市场为中心，商业、住宅、轻工业建筑混合的社区。社区位于马瑞巴农行政区内，在其与墨尔本的中央商务区之间，该市的主要河流雅拉河流淌而过，还有绵延两千米长的公路、铁路和集装箱港口相互

① 不同于传统的 build-to-sell（建后出售），Build-to-rent，直译为建后出租，指的是大型机构开发完住宅项目后只租不卖的投资模式。广义的 Build-to-rent 包括长租公寓、服务式公寓、学生公寓等，在出租市场上与个人 Buy-to-let（买房出租）形成竞争关系。——译者注

交错。若想抵达河对面的中央商业区，要么坐一站火车到区域主车站西部，要么骑自行车或开车穿过混乱的卡车车流和没完没了的铁路道口。

三十多年来，富茨克雷一直是越南、印度和华人移民抵御可支付性住房危机的堡垒，这些移民占该社区人口的近30%。由于这里的火车交通方便，最近年轻租客的到来显著推动了该区的房价上涨，尤其是艺术家和文化产业工作者。一名低收入艺术家对我说：“这很顺理成章，这是少数几个房租合适的社区。这里还有大型旧厂房，很适合艺术创作。”艺术工作者的到来，使许多地方都出现社区绅士化，[67]这里有设在平房后院的住宅雕塑工作室，以及绘有诗歌朗诵广告的郊区白色栅栏，浓郁的创作氛围吸引了大量年轻租客，其中25至29岁年龄段的租客人数最多。[68]叻沙汤米粉折扣店和菲律宾杂货店旁，新手画廊和表演空间个性张扬，商业大街上处处洋溢着青春活力。与此同时，这片房价洼地也引起了购房者的注意。仅在2017和2018年间，富茨克雷的房价就上涨了20%以上，三居室的平均价格从70万澳元涨到了94万澳元。[69]

为了保住这里的文化设施，避免房价继续上涨，住房保障活动家千方百计地为富茨克雷这样的社区奔走呼号，但倘若无法增加住房存量，一切都是徒劳。这包括开发商承诺在新建住宅内配建适量的保障房，保护郊区的众多公共住房用地，以及尽量增加国家资助的非营利性社会住房的存量。鉴于这里有大量的车库和轻工业厂房，维多利亚州政府还有许多未充分使用的地块，这看似不是什么难事。但本地人认为这里的建筑密度已经饱和，他们强烈抵制新的住房开发。有些观点也获得了住房可支付性活动家的支持，后者认为新建住房会加剧社区绅士化。致密化活动家的做法则不同，他们希望在保持富茨克雷的相对低房价、文化多样性和艺术经济的同时，欢迎新居民，为更多新房施工开绿灯——这是一种微妙的平衡，许多当地人不信任任何房地产开发商，对此不置可否。

五年后，为解决新房施工的问题，在美国“可以在我的后院”主义的启发下，有城市规划工作背景的居民开始在富茨克雷成立自己的团体，名为“可以在马瑞巴农的后院”（Yes, In Maribyrnong's Backyard）。该团体后来更名为“住房 AIM”（Affordable，Inclusive，Maribyrnong[①]），并开始举办会议，最终获得了地方议会对社区参与活动的资助。该团体的联合创始人凯特·布林（Kate Breen）表示，她是在浏览网上对新开发项目的评论时，萌生了建立该团体的念头。她说：“人们意识到开发商在建新房子，但是这些房子他们买不起。”这使人们愤愤不平，但与此同时，许多人也在阻挠一些有益的开发项目。

当时，她在脸书上浏览关于在社区开设寄宿公寓的推文，底下全是反对声，这激发了她建立该团体的想法。然而，在刷推文的时候，她看到有评论说：“确实不该建在这里，但这难道不是个包容性社区吗？除了这里，这些人还能住在哪儿呢？”

① 即可支付、包容性、马瑞巴农。——译者注

她意识到，这是实现“‘可以在我的后院’式目标”的理想开端，“尽管人们还在说不”。正如许多“可以在我的后院”团体一样，布林也发现，城市边缘的澳大利亚人普遍对住房可支付性问题抱有一厢情愿的天真，他们认为他们自己的后院能永远独善其身。布林认为，“可以在我的后院”主义“需要告诉人们，他们的社区迟早会开发新住房。他们必须妥善应对。不要以反对开发为旗号。搞清楚你要什么……维持现状并不明智”。

“住房 AIM”经常在马瑞巴农风景宜人的市中心办公空间举办会议，并提供茶水和饼干。尽管城市规划术语错综复杂、晦涩难懂，但切实影响了富茨克雷单亲妈妈的生活，她们以前租得起房，现在却可能无家可归。在一次会议上，出席者大多是女性，一位妇女表示她的处境比社会住房的居民更糟，由于等待时间可能长达数年，她申请不了公租房，她也租不起房，她说：“在某种意义上，社会住房的居民走了大运，而我这样的单亲妈妈，正被扫地出门。”在其他会议上，我们讨论了这个城市的住房可支付性危机已经火烧眉毛，如何使社区的房租保持在合理水平，一名参会者表示：“有人认为马瑞巴农的房租相对较低，住房可支付性问题不大……恰恰相反，正因如此才需要维持房价，因为这个社区的居民只能住在这里，不能失去这儿的住房。”这些团体的参与者认为租得起房子是底线，如果租不起房子，那么他们的生活将陷入难以承受的动荡不安。在一次会议中，一名中年男人表示：“形势逼人急，我们必须讨论问题的本质……一旦市场发现某个社区的房价适中，它的房价就会开始涨……人们就再也租不到便宜的房子了。”在丢掉高薪工作或者染过毒瘾、经历过家暴或分居之后，许多低收入居民都表示，在这个日益物是人非、敌意环伺的城市里，他们能以低于市价的成本租到的房子，是他们仅存的精神支柱。

墨尔本的“可以在我的后院”团体采取的方式，与其他城市的致密化活动家有所不同：只要新开发项目承诺提供保障房，他们就予以支持。因此，他们对建筑的样式颇为在意。他们所处的环境与伦敦、旧金山或博尔德的“可以在我的后院”运动人士略有不同：他们只想保护这座城市中的最后一个工薪阶层社区，并不要求住进富裕社区。富茨克雷的住房保障活动家还支持新型公共住房计划，团结五行八作的合作伙伴。马瑞巴农的四车道公路沿线计划建造 58 套可移动小型住宅，他们为该项目的八处地址争取到了社区的支持。[70] 由于这些住房将被用于安置无家可归者，于是遭到广泛的反对——这是典型的邻避主义恐慌。维多利亚州公路管理局与非营利住房服务机构签署了“象征性租赁”协议，以低于市场的特殊合同价，补贴这些为流浪者提供的小房子。这不是永久性协议，因为维多利亚州政府只是暂时出借这些土地，修建临时性保障房，预计未来扩充道路的时候，就会收回这些土地。尽管只是临时使用，该项目还是遭到了街坊四邻的嫌弃，他们不喜欢与流浪过的低收入居民为邻。对流浪汉的恐惧引起了强烈的反弹，一名居民在客座社论上表示：“我们认为，在这么狭小的空间安置这么多人，如此拥挤的住房条件可能会导致并恶化社会问题。”[71]

“住房 AIM”的大部分工作都在缓和该项目的落实方式，解释向穷人提供住房的必要性（尤其是维多利亚州有许多遭受家暴的老妇人可能无家可归[72]）。在遭受一系列质疑后，布林表示：“我们迅速获得了社区的支持……越来越多人公开站出来，在议会议事程序上发言支持保障房，因此我们并无顾虑。”非政府组织分享了租户的处境之艰难，使当地居民开始意识到危机范围之广泛，人们感同身受，纷纷参与进来。流浪者服务部门（非合作伙伴组织）的一名工作人员表示：“人们变得更有同情心，也更了解这场危机，这真是太好了……与此同时，人们也能了解资源是多么的有限……他们认识到并非所有流浪者都很不堪……比如像老奶奶这样的人。”该项目在未使用的公共土地上建房，快速增加新房存量，这种方式极具借鉴意义。墨尔本大学的研究人员证实，此地的黄金地段就有很多空间可以利用。和加利福尼亚州的情况一样，这些土地往往与交通线路接壤，既能增加住房存量，又能提供便捷的交通，可谓一箭双雕。墨尔本政府计划在 2017 至 2022 年建造 4700 套保障房，但实际的住房需求估计达 164 000 套，供需缺口巨大，充分利用这些“闲置土地”则能够缩小供需缺口。[73]

墨尔本的城市致密化活动家过去关注传统意义上的弱势群体，比如居无定所的人、难民和原住民，现在也日益开始关心年轻人。富茨克雷一名二十岁出头的艺术家对我说：“很多我的同龄人都只能打零工，根本租不起房，他们很怕自己稳定不下来，总是担心被高房价赶走。”富茨克雷距离市中心约 6

千米，是目前唯一一个交通便利、每周房租低于400澳元的近郊。但布林补充道，这里的房租还没有高到美国城市那样的程度，这正是问题所在。当澳大利亚的千禧一代和Z一代突然遭遇全面的可支付性住房危机时，不只是买不起房，而是连租房都困难，住房开始成为攸关中产阶级生存的现实问题。

在“住房AIM”赞助的一个公共论坛上，富茨克雷的居民倾诉了他们无家可归时的悲惨经历，凯特·布林分发了一大叠纸，纸上印着一个棺材图案的虚线切割图。这个棺材中间有个小窗，窗户上写着“#每个人的归宿”。还有一排剪裁好的宠物和家具，人们可以用这些来装饰他们的“家”。在这次活动上，人们描述自己在全球最富裕的城市中心的经济不安全感，建筑师剖析新的住房方案，教育听众地方议会与开发商协商可支付性强制规定时的注意事项。对许多年轻的低收入澳大利亚人而言（包括出席会议者），新保障房的建造速度还是太慢了。会议道具上的笑话真实地反映了他们的处境：等待他们的只有棺材。活动中大部分演讲者都强调，失去住房就丧失了其中产阶级身份，随后他们的生活将土崩瓦解，听得人撕心裂肺。一位妇女详细描述了她在离家两个街区的粗糙的长凳上度过的第一晚，因为她的室友有虐待倾向。

墨尔本的“可以在我的后院”运动人士对两个令人唏嘘的事实暗自庆幸：一是大部分人仍在市中心工作，每天都要通勤；二是越来越多的人买不起房。因此，城市致密化对大多数人仍有吸引力。房子是澳大利亚中产阶级的底气，他们不得不每天忍受高峰时段的交通混乱，开车去市中心。然而，对于“可以在我的后院”运动人士而言，中央商业区仍保持着向心力和高楼林立的城市形态，租房不仅增加了流动性，而且促进了多元诉求的表达，就住房开发而言，房主的优先目标是住房的保值增值，其他人则不尽然。代际偏见或许正日益成为有用的组织工具，使吃牛油果吐司的人和工薪阶层郊区居民走到一起，发展出一种租户共享的政治认同。在美国，许多人都开始质疑住房贷利息抵税额度有利于房主，却无益于缓解贫穷租户的困境。澳大利亚也一样，许多人也开始反思住房所有权的神圣不可侵犯性。在这一过程中，“可以在我的后院”主义扮演着日益显著的角色，他们在当前澳大利亚城市的主流形态（即通过公路串联郊区）之外，为人们提供了城市生活的另类愿景。

布里斯班：“小白咖啡①都市主义”

在“可以在我的后院”运动圈子里，牛油果吐司的侮辱成为一个转折点。人们把生活方式与买不起房相提并论，创造

① 小白咖啡（flat white），即中国咖啡馆流行的澳白咖啡。第二次世界大战期间的意大利移民把意式浓缩带到澳大利亚、新西兰，20世纪80年代小白咖啡横空出世，随后火遍世界成为一种文化现象。现在澳大利亚随处可见的咖啡馆成为吸引旅客的重要标志，也是“高级街头生活”的象征，为街道带来活力，也让人联想到年轻人的多元化就业态势，这被称为“小白咖啡都市主义”。——译者注

了一个容易被颠覆的符号。事实上，许多致力于“可以在我的后院”运动的活动家在其推特上添加了牛油果表情包，亮明其在这场辩论中的立场。对生活方式的嘲讽尤其令人耿耿于怀，因为提供牛油果吐司的咖啡馆，恰恰象征着致密化活动家期待的那种城市生活：咖啡馆提供了“第三空间”，人们可以远离狭小的合租公寓，与朋友聚会、工作和放松。[74] 咖啡店和早午餐餐厅的社交性可能无法消除阶级壁垒，但对于“可以在我的后院”运动人士而言，相较于围墙门后带着后院的独栋住宅，这是个良好的开端。在澳大利亚，这一转型尤为重要，在过去的 20 年里，咖啡馆、酒吧、旅游业和表演空间等服务经济呈指数式增长：到 2018 年，四分之三的澳大利亚人就职于服务业。[75] 尽管有些人瞧不上“小白咖啡城市主义”，[76] 说这是赶时髦或者粉饰太平，认为房地产开发商利用这个徒有其表的概念来鼓励房产开发，但是许多“可以在我的后院”运动人士则表示知足常乐，他们认为以咖啡为亮点做宣传，能够吸引人们离开依赖车辆出行、地广人稀的郊区。

墨尔本和布里斯班的“可以在我的后院”团体兢兢业业，其住房保障分支组织遍布澳大利亚的其他城市，支持致密化和新房开发。其中很多组织也关心环境问题。像阿德莱德和墨尔本这样的城市，无序扩张侵占了农田，危及农产品供应链，倘若遭遇旱灾等危机（这很常见），整个地区都将陷入粮食危机。[77] 祸不单行的是，失控的郊区化已经成为引发野火的主要原因。[78] 澳大利亚的城市无视消防管理人员的警告，扩张到灌木丛中，频发的火灾成为该地区住房的重大隐患，比如2019至2020年，澳大利亚全国的火灾受灾面积超过1600万英亩，成百上千的住房毁于一旦。[79]

在布里斯班，建筑师兼城市顾问娜塔莉·雷蒙（Natalie Rayment）成立了昆士兰的“可以在我的后院”团体，倡导开发更多新房。在她看来，布里斯班并不乏开发项目，而是缺少智慧开发。这座城市位于亚热带，布里斯班河蜿蜒流淌，形成几处河湾。20世纪80年代，该市迅速扩张，深入洪水容易泛滥的低洼地区。[80]尽管市中心的办公大楼鳞次栉比，但整座的城市仍旧相对分散。一百多年来，“昆式建筑”（Queenslander）一直是该地区的特色房型。整栋的维多利亚式小屋由柱子支撑起来①，波纹铁皮的屋顶在风吹日晒下生锈变色。这种住房能够适应酷热难当、洪水易发的环境，而新建筑则做不到这么因地制宜。布里斯班的水平扩张向四面铺开，从珊瑚海的摩顿湾上下游到弗林德斯岭的西部丘陵，郊区都盖满了独栋住宅。与此同时，该市的人口稳定扩张，每年新增居民约50 000人（2019年该市的人口为2500 000人），[81]但只有少数人能在近郊落脚，大部分人都在远离市中心、无序扩张的卫星城市中安家落户。

雷蒙为昆士兰州政府姗姗来迟的表态而欢欣鼓舞，因为后者终于认识到人口密度增加带来的挑战，但她觉得文化上仍

① 类似我国的传统民居吊脚楼。——译者注

有很多绊脚石。她说:“很多人对‘可以在我的后院’理念的支持最后都不了了之。”对很多昆士兰人来说，建公寓意味着房价下降，新的生活方式与其认为的惬意生活竟格格不入。和澳大利亚的其他城市一样，很多人认为只有移民才住公寓，公寓不适合土生土长的澳大利亚人。一名布里斯班的建筑师对我说:“我不断尝试说服我的客户细分地块、建造联排别墅，但他们不愿意，除非有利可图。因为他们觉得这不是‘真正的房子’，无法想象这样的生活……因此，当你介绍公寓楼‘层层叠叠’时……他们就是觉得这不是人住的地方。”

雷蒙身为“可以在我的后院”运动的组织者，一直试图提高在独栋住宅中长大的人对新开发公寓的接受度，但终究步履维艰。在宣传过程中，她强调道，即使是两三层的小公寓，要说服人们接受也很困难。谈及这个话题时，她表示“人们就想住平房，即使是低层建筑，他们也要你提供三维阴影透视图”。尽管现在很多人居住的社区已没有多少传统的昆式建筑，但他们仍不同意拆毁独栋住宅，按照“可以在我的后院”运动人士希望的方式去提高居住密度。

尽管昆士兰黄金海岸周边的旅游业带动了经济腾飞，房地产市场也经历了国际化，但是许多人仍固执己见，认为兴建新房将从根本上瓦解人们的社区意识，削弱他们养家糊口的能力。说到新的公寓楼，一位居民对当地报纸表示:“目前规划的 49 套房子位于纳托尔街局促的死胡同中，而且必须穿过早已拥挤不堪的利顿路才能到达，真是难以想象。难道我们非得等到孩子们（在附近学校的人行横道上）受伤，才能行动起来？”[82]然而，尽管怨声载道，这块空地位于市中心的商住混合区，布林巴社区像小型半岛一样深入布里斯班河，位置极佳。此外，反对者仍假设未来这里只能依靠私家交通出行，无视距离该开发选址八个街区的布林巴快速渡轮，一个街区外就有公交站，四条公交线路经停该站。反对者采取布鲁克林式的论调，主张只有曼哈顿才会建有50套房的公寓。

雷蒙和布里斯班其他致密化倡导者对这类反对声并不意外，甚至还就开发更多新房提出中肯的建议。反对建造公寓的人往往是既得利益者，他们住在布里斯班中央商业区和远离河流的远郊之间的城市最佳地段。西区、米尔顿和阿尔比恩等社区既有私家车道，也有公交站。这些社区的居民去市中心很方便，可以沿着人头攒动、景色迷人的河岸散步，或者在家享受社区地广人稀的宁静。他们没什么兴趣和别人共享这些空间。雷蒙表示：“其中一个大问题是，如何让人们支持非高层建筑的紧凑户型。”她的团队在地方议会上提议，希望在“遗漏的中间地带”的热门社区里批准建造小型公寓楼和复式住宅，而正是这些户型招致了人们的强烈反对。雷蒙说，布里斯班人高呼“建高层建筑就好了，其他房子不要动”。她反复表示，许多人都认为公寓是给外国人住的，只有市中心才能建这种户型。

在澳大利亚的城市里，人们普遍认为中央商业区的房子可以无休止地向上盖，但通过改造本地住房来提高居住密度——尽管这不需要用到建筑起重机——的破坏性更大。这种想法部分源自对城市空间的分工，即市中心是纯粹的工作和娱乐空间，而近郊则是生活区，每栋房子都有历史传承。尽管在第二次世界大战前中央商业区曾是综合区，然而在城市重建期间，由于向美国 20 世纪 50 年代至 80 年代的经验看齐，这一传统已流失殆尽。许多人认为，如果新移民或者任何人想在市中心“标新立异”，那就随他们去，他们想建多高的楼都行。但是，如果他们抱怨近郊的住房存量不足，这就太过分了。布里斯班的建筑师格雷格·范恩（Greg Vann）向我解释道，这是个特别有趣的悖论，因为昆士兰的税收多用于资助布里斯班内城区的交通、休闲空间和基础设施，所以许多郊区居民感到自己被遗弃了。在这个意义上，摩天大楼林立的商业区或者以前的工业区像是“被牺牲的区域”，这里可以建大量的住房，但是一旦要求郊区纳税人资助交通、公园和其他公共设施，促进这些社区的生存发展，这些纳税人就开始推三阻四。这也是一个阶级问题：市中心新建的公寓都不便宜（尽管在澳大利亚各大城市里算是最便宜的，但两居室公寓每周的租金也要 500 澳元），[83] 远郊的居民常常愤愤不平——他们要为内城区的改善买单，却无福享受。

布里斯班各自为政的市政府也是一大挑战。地方议会替代了更集权的市政府，控制着建筑的审批，它们更容易向邻避主义诉求让步。开发申请一登报，社区只要花 1000 澳元左右，就能提出异议并向法院起诉。雷蒙确信，许多人之所以反对，主要是因为猛然受到冲击，而非出于对规划的深思熟虑。她指出，“巨型广告牌使人们受到惊吓”，强制性公告上附着建筑效果图，这成为房主的集结号。和美国的情况一样，地方治理有利于那些试图阻止开发保障房的人。而这也常常成为昆士兰州更集权的地区政府与地方市政当局之间的拉锯战，前者试图制定提高住房存量的规划，而后者则致力于阻止施工或将开发项目推到别的地方。布里斯班的情况尤为令人担心，因为它们必须解决可支付性住房问题，但也需要为生死攸关的气候变化做准备，该地最主要的威胁是海平面上升和森林大火。坚持郊区的住房开发现状，不仅不负责任，而且贻害无穷，因为这迫使新房只能建在易受海平面上升威胁的城市漫滩和沿海地区，或者远郊外围，那附近的灌木丛极易导致山火。城市致密化尽管令很多人感到不快，但却可能是城市强化风险管理的唯一方式。

国际致密化和“可以在我的后院”旗号

“可以在我的后院”团体在国际上遍地开花，这或许主要归功于解决住房可支付性问题的时机已到，并不意味着活动家们已经形成了真正的跨国组织网络。尽管澳大利亚、英国和美国的团体成员在网上共同出席了一些会议并互通有无，但他们主要解决本地问题，支持个别项目。在所有这些跨国会议中，不仅谈到了应对更广阔的“后院”要承担的集体责任，而且谈到了该运动在旧金山的起源。湾区的联结，不仅为致密化运动带来了以技术为导向的实用性新亮点，而且表达了问题的紧迫性。所有国际团体的组织者都表示，自己所在城市的住房危机尚不如旧金山的严重，但是看到后者的危机之严峻，他们觉得时不我待，必须尽快组织起来。一名墨尔本的参与者表示：“你只需要提到旧金山，人们就会听你说。”

与此同时，其他长期致力于解决住房可支付性问题的活动家认为该运动的名称过于虚张声势，有时候充斥着技术“解决主义”①，让人想到硅谷应用程序工程师在设计应用工具来解决社会问题。[84] 一名致力于维护和增加伦敦社会住房的住房保障活动家表示：“我真心觉得这个运动的全部精髓就是它的名称，这是个大问题。”她并不认为“可以在我的后院”运动人士被房地产行业当枪使了，[85] 只不过“他们提出了一个漂亮的口号……掌握了一些常识性的观点，到处宣扬他们的观点……接下来呢？我不知道他们接下来打算怎么办，我觉得他们自己也不知道”。然而，针对其成员缺乏意识形态指导以及目标的散漫的问题，美国等地的“可以在我的后院”运动人士提出辩解，强调他们大部分时候的支持者是租户和年轻人，而非财务困难的人。为了把致密化重构为实现城市幸福感的方式，他们侧重机动性和生活方式，弱化阶级，因为他们认为前者更有号召力。

事实上，由于此前动员人们保护社会住房或增加住房补

---

① 解决主义（solutionism）坚信任何既定问题均能通过计算加以解决。——译者注

贴的失败，海外许多致密化活动家在策略上避免了阶级框架。一名来自曼彻斯特的活动家告诉我："为穷人争取住房，或者为穷人争取便宜住房的策略，从未奏效……撒切尔夫人对此心知肚明，所以她将公租房私有化才能获得那么大的支持。"然而，致密化活动家常常认为他们能利用进步主义的政策来暗度陈仓，即在讨论设计和分区制的政策中，优先帮助最困难的群体。在墨尔本的富茨克雷社区，事实确实如此，而其他国家的"可以在我的后院"团体在运用这一策略时，普遍比美国同僚的效果更好。这或许不仅是因为美国人更信任自由市场，更是因为英国、澳大利亚和瑞典城市的社会住房更多，在提供安全、舒适的住所方面，比美国做得更好。

尽管国际上的"可以在我的后院"团体的规模还太小，尚不足以考虑支持自己的候选人竞选，或者将住房问题融入更宏大的政治纲领，但它们确实在试图推动地方政府采取行动。在这个意义上，该运动并不想剥夺"专横的"城市规划者的权力（尽管他们有时候嘴上是这么说的），毋宁说是想改变监管努力的方向。该团体希望规划者能发挥更加积极的作用，重塑每个社区的人口承载力，而不是以分区制为借口阻止一切施工。尽管他们希望代表租户，但他们也对州政府施压，要求其资助新的公共交通。在美国和澳大利亚这样的国家里，过去几代人都没有重视过区域列车、城市有轨电车和公共汽车，现在更加富裕的年轻都市居民产生了新的利益诉求，对 2018 年当选的政府施加了强烈的压力。2018 年维多利亚州州长将墨尔本新建铁路线作为其竞选纲领的关键议题，并成功连任，他承诺将推动建设该市的第一条铁路环线，联通所有的远郊和市中心。无独有偶，英国再国有化了许多铁路系统，表示国家将为公共交通提供补贴，降低消费者的负担。致密化活动家与国家之间关系复杂，但总的来说，“可以在我的后院”团体希望将其优先事项融入国家体制，无论是作为政策还是胜选纲领，以确保其目标可以在未来几年里保持活力。

在许多国际化大都市，住房可支付性也已成为衡量国家解决复杂问题能力的方式。活动家将静观其变，看看市场导向的解决方案能否奏效，倘若结果不尽如人意，他们就将采取更激进的方式。当谈及 2019—2020 年灾难性的火灾时，一名墨尔本的活动家对我说：“现在，我说让开发商建房子吧，但谁知道以后会怎么样呢？或许有一天，我们会派出军队进行火灾后的重建或别的什么。”为解决 21 世纪的难题，政府似乎有义不容辞的责任，应建造更多租金合理或贷款价格合理的紧凑型住房。事实上，由于这个问题久拖不决，许多人不由得担心，如果连这都解决不了，那么政府可能没有机会和能力去解决更多事关生存的城市问题，比如缺水、气温升高或者海平面上升。然而，许多“可以在我的后院”运动人士认为，如果他们现在能在致密化问题上取得快速进展，扩大住房存量并控制房价，那么未来这一基础设施将有助于解决其他问题：尤其是气候变化导致的环境威胁，届时为了维持城市的宜居性，现有的城市可能需要进行收缩。

结语

疫情下的致密化斗争

2020 年 8 月，一名身穿白色西装外套的女士和一名身穿蓝色运动夹克的男士严肃地坐在一间位于密苏里州的客厅里，在共和党全国代表大会上进行虚拟发言，支持唐纳德·特朗普总统连任。这名女士名叫帕特里夏·麦克洛斯基（Patricia McCloskey），她说："全国各地的观众，此刻你们正待在平静的社区观看演讲，我们经历的一切，随时可能在你们身上重演。"她的丈夫马克·麦克洛斯基（Mark McCloskey）继续说道"马克思主义""革命活动家"是"失控的暴徒"，控诉后者如何包围他们的房子，以至于他们不得不持枪自卫。帕特里夏·麦克洛斯基随后补充了一个令人惊讶的社会规划臆想：

> 我们的社区已经混乱不堪、暴力肆虐，可他们还不满意。他们想通过终结独栋住宅分区制，完全废除郊区。如此粗暴地重新进行分区，将会使我们现在生机勃勃的郊区社区从此充斥着违法犯罪和劣质的公寓。[1]

为响应“黑人的命也是命”抗议，活动家在麦克洛斯基一家位于圣路易斯的公馆门口游行，但是这对夫妻在全国瞩目的场合下，公开谴责高密度开发。“可以在我的后院”活动家对此感到震惊，但并不意外。这无非印证了他们近十年来所呼吁的：邻避主义者之所以反对建造公寓，是因为种族恐惧、不愿意分享资源，以及将低收入的城市居民与违法犯罪画等号的历史偏见。圣路易斯尤其如此，这是美国种族和经济分裂最严重的城市之一，该市用郊区化来回应日益严重的不平等现象，这是段不光彩的历史。[2]麦克洛斯基疯狂地保卫他们的房子——一栋翻新了的 17 室意大利豪华别墅[3]——反映了《坚守阵地法》的支持者与独栋住宅分区制之间令人不安的关联。

在美国城市，当提及变更分区法规、提高社区居住密度和增加保障房存量时，麦克洛斯基的态度典型地反映了“可以在我的后院”运动人士所面临的阻力。这并不意味着麦克洛斯基一家代表了主流观点，但是其观点与住在偏远郊区的其他更温和的捍卫者之间，并不像乍看起来那么大相径庭。和其他邻避主义者一样，麦克洛斯基一家给多户住宅的支持者扣上了激进的“无套裤汉”①（*sans-culottes*）的帽子，说他们意图摧毁私有产权的所有规范。事实上，终结独栋住宅分区制在很大程度

① 无套裤汉又称长裤汉，是 18 世纪末法国大革命时期对城市平民的称呼。原是贵族对平民的讥称，但不久就成为革命者的同义语。——译者注

上符合房地产开发商、商店老板等人的利益。打造更紧凑的城市格局，不仅有技术上的困难，更有根深蒂固的意识形态方面的障碍。

2020 年夏天，致密化倡导者面临着更为生死攸关的危机：新冠疫情的肆虐加深了人们对高密度居住格局的偏见。[4] 城市再次笼罩在恐惧中。一些美国人担心抗议运动会导致犯罪与失序，但这是少数人。[5] 大部分人不愿开放城市，主要是出于疫情传播的考虑。一种新型的邻避主义应运而生，这一次不是因为学校爆满、交通堵塞或停车空间不足，而是因为担心人群密集会传播致死的新型冠状病毒的传播。对此，美国绝非个例，疫情也使其他地方的人们对城市产生了新的恐惧。墨尔本 2020 年议会选举期间，一名候选人在对选民的主要宣讲中写道："新冠疫情毫无疑问地证明了，高层建筑和密集的人口不安全，也不健康……尽管居民的反对声日渐式微，对低居住密度、独立式住宅、树木和其他植被的支持也越来越少。"[6] 倘若"可以在我的后院"运动人士所言不虚——即提高居住密度势在必行——那么，新近才提升了分区用途的城市可能遇到了麻烦。

几乎没有实际的科学结论表明高居住密度会加剧病毒的传播。[7] 住在人烟稀少的爱达荷州当然比住在波士顿市中心的公寓更安全，但是大部分美国人都住在郊区而非农村牧场。他们的生活、就医和办公（如果无法居家办公的话）需求平摊了城乡之间的感染风险。[8] 此外，旧金山、西雅图和丹佛这样人口密度高的富裕城市反而拥有最好的疾病追踪基础设施和地方医疗系统。但这并未能阻止许多人宣称“城市已死”或者呼唤郊区生活的重生。[9]对那些能居家办公的人来说，追求宽敞的空间和后院，疫情期间希望与邻里保持距离，这无可厚非。[10]而这种愿望也符合当下的弹性工作制、劳动力临时化和远程办公的潮流。[11]然而，对支持致密化的活动家而言，新冠疫情与其说是滑铁卢，不如说是新的机遇。

疫情期间，人们“就地隔离”，足不出户的孤独感使人们愈加渴望拥有生机盎然、生活愉悦、相互扶持的社区。人们一连数月被困在家里，与街坊邻居朝夕相处，于是不得不重新审视邻里环境的优劣。[12]许多城市开始扩建自行车道和活动空间。[13]在墨尔本这样的城市里，在第二轮疫情暴发后近三个月的时间里，居民每天只能在离家 5 千米范围内户外活动一小时，远郊地区的市民要求兴建更多的自行车基础设施，[14]增加娱乐空间。“可以在我的后院”运动人士长期以来所言不虚，在大部分城市里，最好的公园和其他娱乐设施都位于最富裕的社区周边，而且也正是这些社区的房主最不欢迎新居民。新扩张的郊区往往没什么公共交通设施和公共绿地。新冠疫情期间，当人们的活动范围受限，无法使用整个城市的资源时，这些差距就变得尤为刺眼。

从社会性的角度看，新冠疫情使人们对同居空间和邻里关系的观念提出了怀疑。[15]许多“可以在我的后院”运动人士更进一步地指出，提高居住密度不仅能改善住房可支付性，也能唤醒遗失的美德，比如共享空间、社区联系和互帮互助。指望着盖几栋新公寓就能复兴这些价值似乎有点异想天开，但是疫情凸显了这些价值的紧迫性：从帮助老年居民采购日用品，到分配自制口罩，甚至是晚上 7 点一起站在阳台上为医务工作者鼓掌。当大部分人只希望租得起房子或供得起按揭时，“可以在我的后院”运动人士设想的城市愿景看似理想主义，甚至是直白的资产阶级趣味，但他们同样乐观地相信城市居民能够团结起来解决问题，而不是形势一艰难就躲到蒙大拿州的山里。考虑到政治意愿，新冠疫情也有望促使联邦政府将更多资金用于对社会有益的经济刺激，比如绿色就业计划、公共交通基础设施或兴建高居住密度的廉租房。

新冠疫情导致的流行病和金融危机，也使人们再次关注起住房可支付性问题。疫情的余波可能会重蹈 2008 年国际金融危机的覆辙，导致抵押贷款违约危机。事实上，疫情期间，洛杉矶有 20% 的租户无法按时付清房租，[16] 而在 2021 年年初，美国全国无法按时付房租的租户比例曾一度达到 19%。[17] 这一次，财务保守派不能再像 2008 年国际金融危机时那样责难居无定所的租户，指责他们入不敷出、自作自受。新生的弱势群体包括旅游业和酒店业服务人员：成千上万的空乘人员、服务员和博物馆工作人员可能因失业被房东驱逐。如果他们把握时机，他们就能形成弱势居民联盟，他们的境遇恰恰反映了住房危机蔓延之迅速，此前主要影响穷人，现在连中产阶级也被波及（这是“可以在我的后院”运动的经典论点）。只要进行充分的动员组织，这些新生的住房弱势群体（但此前都是中产阶级）可能会进一步扩大“可以在我的后院”活动家的队伍，并推动类似于兴建更多住房的目标。但是，在该方案中，如果私人市场不景气，廉租房甚至公共住房的作用将比致密化活动家此前宣传的大得多。[18]

多年来，反绅士化活动家和“可以在我的后院”的各派活动家都竭尽全力，吸引人们去关注不断上涨的租金是如何把工薪阶层扫地出门的。旧金山是个典型案例：一边是技术员工涌入，一边是门卫、服务员、警察和学校老师被驱逐。湾区基础服务的工作人员仍然在尽忠职守，但他们却无法住在自己所服务的社区，由于地区中心和边缘之间阶级壁垒分明，他们被迫成为“超级通勤者”。[19] 现在，经历了新型冠状病毒大流行之后，人们对他们的工作及其社会重要性产生了新的认知：他们是必要工作人员。

承认必要工作人员的劳动价值，第一步是为其提供更多保障房，而不是在收银台为他们鼓掌叫好，或者撰写歌功颂德的社论就行。必须让护士、超市员工、救护车司机等工作人员能够在他们工作的社区安顿下来——不仅是为了让他们能够在疫情期间坚守岗位，更承认了他们是社区不可分割的一员；他们承担着最繁重的工作，却租不起房，不得不住在离工作地点很远的地方，这不合理。[20] 很明显，要给予这些员工应有的尊重，提供保障房只是一个方面。直接提高他们的工资不仅更有效，也是众望所归。缩短必要工作人员的通勤距离，事关我们对城市生活的愿景，而这也为取消城市内阶级分化迈出了微小但关键的一步。必要工作人员这一概念，还使人们注意到住房保障活动家近十年不断呼吁的、有关社区经济多样性的争论：为了共享美好未来，不同收入的人必须和谐共处、比邻而居，承认彼此是社区不可或缺的成员。

提高居住密度势在必行

纵观本书，我认为城市致密化活动家为美国城市的保障房之战提供了新的模板。本书还认为，“可以在我的后院”团体在住房辩论中宣传了一种新的框架：关注供给侧机制，与开发商携手合作（而非针锋相对），强调富裕城市新兴中产阶级的利益。这些活动家认为，中产阶级城市居民应该向富裕的社区施压，迫使后者接纳新居民，同时允许工薪阶层社区维持自治组织，稳定低收入社区的房价，避免发生社区绅士化。他们维护各自利益的合法性，坚持认为城市里不同社会经济圈的人可以采取不同形式的行动。他们还认为，美国城市的不平等程度正在掏空中产阶级，尽管这些人收入体面稳定、受过高等教育、父辈能够帮衬，但这些人的生活却像工薪阶层那样愈发不稳定。

“可以在我的后院”主义诞生于旧金山，现在已经在全球遍地开花。其中不乏政治上的成功，但反对声也甚嚣尘上，不仅坐享豪宅的人惶恐“激进分子”会试图“废除郊区”，连有色人种社区和草根活动家团体也不买账，甚至后者的攻击更加致命。一些活动家指责某些地方的“可以在我的后院”团体歪曲事实，鼓吹只要建房子就能解决问题，还混入低收入社区。他们被视为开发商的特洛伊木马，破坏环境和历史遗迹。与此同时，“可以在我的后院”主义成功地把致密化问题推出了建筑学院的象牙塔，成为社会主流议题。他们通过精心设计的口号和挖苦揶揄的网络梗，使“大兴建造”和“遗漏的中间地带”等概念从摇摆不定的城市主义思想的腹地，进入市政建设进展辩论的核心。新盟友立即受到鼓舞并行动起来，比如“上帝的后院”（God’s Backyard），这是一个教堂联盟，主张在其教堂地产上建造保障房。虽然这些运动通过社区会议、网上论坛和地方政治等方式，成功地向众多听众进行了城市规划教育，但这仍然是一个高知技术官僚内部的斗争。然而，这种专业化带来了令人印象深刻的立法成功，比如一些美国城市终于废除了独栋住宅分区制——最值得注意的是明尼阿波利斯，该市于 2019 年成为首个彻底废除独栋住房分区的城市。

在此前的章节中，我表示“可以在我的后院”运动响应了某种此前被忽视的意识形态和话语诉求。其成员对城市里的收入不平等感到不满，但更重要的是，他们寻求用资本主义的方式来解决住房危机。他们看到政府在建设公共交通、协调住房开发和管理自然资源等方面的作用，但他们并不主张让州等地方政府成为大地主或开发商。对于“可以在我的后院”运动，人们各执一词，有人认为其不敢畅想住房市场去商品化的愿景，也有人认为鉴于当下各州和国家治理不力，该运动对方案的可行性保持着清醒认知。

新冠疫情带来的经济冲击、严重的不平等，以及飓风、野火等气候灾害造成的损害都加剧了住房可支付性的挑战，“可以在我的后院”运动的缓和或许将成为其最大的弱点。面对前所未有的威胁，重新思考住房政策恰当其时，中间派的自由市场方法——简单地提升分区用途和批准更多建筑许可——或许有用，但收效甚微。更麻烦的是，这一策略可能错失良机，[21] 未能利用政治机遇对建筑环境进行更富有远见的管控，重组州和联邦政府利用危机应对气候变化风险的能力，并使住房去商品化。事实上，考虑到住房不安全导致的国家创伤之深重——2017 年的波多黎各飓风“玛利亚”，还有 2018 年加利福尼亚州“坎普山火”（Camp Fire），都导致大量人口失去家园——美国人可能已经准备好重新思考分区制、独栋住宅甚至私人所有权问题了，如果这能提高住房安全的话。在这个意义上，尽管“可以在我的后院”运动人士不一定反对开创性的住房解决方案，但他们对于创建社区土地信托、合作公寓和公共住房等措施，当下可能缺乏道德权威和政治意愿。考虑到市场机制和监管意图之间的内在矛盾，他们可能无力要求国家发挥更大作用以强制推行致密化，包括征用土地、拆除郊区，以及兴建新的社会住房等。

缩小城市规模

在美国城市，致密化被宣传成维持住房可支付性的方式，让更多人有机会住在条件好的社区里。它强调，公共交通便利、建筑风格有趣、街道风景优美、公园设施齐全的地方可遇不可求，必须向新居民保持开放。其潜台词是，城市应该停止建设新郊区，因为这些地区的开发使城市的扩张超出了合理边界，加重了市政服务的税收负担，郊区的住宅区枯燥乏味，房子大多丑陋不堪，“有幸”住在这的人必须忍受超长通勤。如今，致密化活动家已经获得了足够的政治权力，他们将不遗余力地阻止新郊区的建设，最偏远的郊区除外，他们还将努力为所有人提供更多住房。很多人乐意看到城市从现有边界向内收缩，如此一来，住房开发就能集中在公共交通便利、便民服务（商店、医院、学校和娱乐设施）集中的地区。然而，城市的收缩或许还有更紧迫的原因。

由于气候变化，曾经沿着海岸或山坡扩张的城市如今都深陷危机。加利福尼亚州的野火季一年比一年长，持续至深秋，烧毁了更多土地，并常常逼近城市。2019 年，创纪录的火灾烧毁了洛杉矶市中心的房屋，火势甚至蔓延到盖蒂博物馆（Getty Museum）的台阶前。[22] 而到了 2020 年，火势更猛，烟尘弥漫了整个美国西部。靠近森林的城市地区，在经历了频繁的干旱和持续的高温后，必须重新思考其开发模式。它们再也不能把房子建在森林“触手可及”的山顶。无独有偶，由于海平面上升，迈阿密、巴尔的摩和新奥尔良等沿海城市遭遇了越来越可怕的风暴，引发了破坏性洪水。这些城市，以及其他城市，必须重新思考洪泛区的划定，掂量一下联邦和州的财政补助能够帮助居民重建其海滨别墅几次。在政府无力回应的地区，保险公司已经介入，对气候变化提供了精算评估，与此同时，许多美国政客仍犹豫不决、回避现实。[23] 为保护城市远离海洋性灾害，“有序撤退”（managed retreat）这一概念正日益受到青睐，[24] 但这也可能有助于促进致密化。

出于经济和环境原因，城市开始考虑缩小规模——比如底特律——这可能会进一步恶化区域不平等现象。阳光地带在过去半个世纪吸引了大量人口，如果因为高温、干旱和洪水导致人口快速流失，那么会发生什么？保罗·巴奇加卢皮（Paolo Bacigalupi）曾在其反乌托邦小说《水刀子》（*The Water Knife*）中写道，西部各州为争夺科罗拉多河的水权大打出手，与此同时将那些逃离了过热城市的、贫困饥渴的得克萨斯人拒之门外。这个科幻故事蕴含着真理，每个城市面临的气候前景各异，人们或许已经开始热议整个地区扩张和收缩的可能性。[25] 这一前景也决定了城市是否敞开大门：温带地区的城市居民是否有必要团结起来，接纳数百万新居民？或者他们是否会发明一些带有嘲讽性的地区绰号，然后叫这些地区的人走开？[26]

与此同时，对气候变化的预测已经导致对美国城市的未来以及分享资源的可能性出现普遍悲观，一些活动家认为变革的时刻已经到来。人们必须认识到资源有限并受制于地理现实，非政治边界所能左右，决策者可能不得不最终解决拖延已久的地区问题，住房当然是其中的优先事项。“可以在我的后院”活动家希望气候危机最终能推动制订提供住房的区域计划，减少汽车出行，倡导紧凑型住房和混合用途社区。当城市空间更加紧凑，就有可能实现所谓的“20分钟城市圈”，即人们搭乘替代交通或公共交通的通勤时间不到20分钟。[27]同时，政府将采取干预措施，尽量减少私人开发商的作用，这可能会激起支持削减成本的自由主义者以及担心政府过度扩张的小政府保守派的愤怒。面对这一新现实，被“可以在我的后院”运动吸引的致密化活动家组成的现有联盟将发生分裂，但更大的环保团体可能作为新盟友加入。

尽管到目前为止，“可以在我的后院”行动主义关注中产阶级身份（及其在“新镀金时代”的艰难处境），[28]但未来它可能不得不转移视线，从打造优质社区转变成宣传碳减排。“可以在我的后院”主义提供的技术官僚型解决方案，侧重营利性开发商主导的公私合作方案，在当下这个自然环境和美国治理日新月异的时代，这一野心勃勃的方案令人失望。然而，这并不意味着该运动的未来岌岌可危。恰恰相反，教导人们比邻而居——高效地实现个人利益与社区福祉之间的妥协，努力制定现实的城市政策——在今天尤为重要。致密化活动家将社区和城市作为推动广泛变革的社会和政治实验室，动员此前满不在乎的人发声。如果他们坚持不懈，或许真能围绕城市规划议题组建政治联盟。而这个新党派必然是摇摆不定、谨小慎微的，而且群众基础薄弱，以技术官僚为主。然而，它也可能使人们重新了解城市政策辩论中的专业知识，而不是简单地说“不”。

附录：研究方法

关于城市规划和城市历史中的邻避主义思潮，相关著作早已汗牛充栋。许多人认为这个术语已经由于滥用而失去含义。对此我不敢苟同，作为一个文化社会学家，我好奇人们是如何利用城市形式来讨论当代政治的。我认为“邻避主义”这一说法仍能反映其所指代的现象，因此，我被“可以在我的后院”运动所吸引，人们组织起来谴责那些反对在自己的社区开发住房的房主。本书的撰写起源于 2016 年我对“可以在我的后院”一词的传播进行的媒体分析，我试图确定该术语的定义，以及人们如何利用该术语塑造新的行动主义。我很快发现，社交媒体、报纸、地方议会备忘录和博客上的海量信息尽管有用，却无法完全解释为何该运动的发展如此之快，或者参与者为何认为其与之前的住房可支付性运动有所不同？为此，本书利用了四种不同的数据，通过相互对比这些数据，理解何为当代致密化行动主义，及其所回应的土地利用方式的历史影响：我利用了关于住房开发的媒体数据和在线对话，对活动家会议进行的民族志观察，城市历史档案研究资料，以及——最重要的是——我跑遍了 5 个国家的 16 个城市，对 65 名“可以在我的后院”活动家进行了深度访谈。

本书分析了“可以在我的后院”运动，这是一个独特的中产阶级城市社会运动，它过去十年里在美国组建了数十个独立的团体。从广义上讲，这些团体争取住房可支付性的方式与过去数十年间其他城市活动家的方式大同小异。然而，与反绅士化团体不同，他们坚定地支持住房开发，对于保护或兴建公共住房兴趣不大。在本书中，我利用收集到的与美国、英国、加拿大、瑞典和澳大利亚城市的 60 多名住房保障活动家的访谈数据，说明了“可以在我的后院”团体何以高调鼓吹紧凑型大都市和混合用途（商住混合）住房开发。这些访谈历时五年，从 2017 年至 2020 年，其间我利用了“可以在我的后院”组织的网站、脸书主页、报纸文章、当面会议和在线会议，以及推特账号招募来的受访者。受访者来自各种以租户为中心的住房保障团体，涵盖从社会主义者到自由主义者的各色人等。“可以在我的后院”运动人士多是受过高等教育的专业人员，本书采访的大多数人都属于千禧一代。非千禧一代的受访者则表示，住房问题之所以被视为代际冲突，是因为它涉及未来城市愿景这一重要问题。在受访的“可以在我的后院”参与者中，29% 接受过城市规划或建筑学的正规训练。所有受访的“可以在我的后院”活动家都上过大学，许多拥有硕士学位，这证实了该运动中普遍缺乏阶级多样性。

长时间访谈

我采用滚雪球抽样法从“可以在我的后院”团体来招募受

访者：即要求受访者介绍其他人。然而，我试图控制样本数量，通过让参与者介绍他们所知的、与自己观点迥异的人，从而发掘团体成员之间的共识与友谊。这往往包括针对他们各自所在城市或社区的住房可支付性的网上讨论中，与其观点不同的人。我还试图通过与其他城市的“可以在我的后院”活动家进行对话，将研究范围从各章重点关注的城市（奥斯汀、博尔德、旧金山和墨尔本）转移开来，以消除地域因素的影响。这些访谈经常持续一个多小时，采用半结构化的技巧，既涵盖了关键问题，如参与者对保障房的立场、分区改革和活动家策略，同时为他们留出空间来讨论自己喜欢的话题。这常常会带来意外惊喜，比如许多英国受访者在不知情的情况下，都乐于讨论伦敦绿化带的历史和未来，以及住房保障活动家和环保主义者之间的冲突，而这正是我在第三章对科罗拉多州博尔德市的关注点。

除了关于“可以在我的后院”的叙述之外，我还在美国五个城市（奥斯汀、波士顿、丹佛、旧金山和纽约）对少数房主和反住房开发活动家进行了访谈，这为我们理解地方住房开发压力提供了另一种视角。受访的 21 名社区团体成员反对开发新住房，对他们的访谈有助于重构最近关于特定拟建公寓楼的辩论，梳理出网络上围绕“可以在我的后院”团体倡导事项所引发的怨恨。我在美国的五个城市招募了这些受访者，主要从推特或社区会议上，通过房主协会或反住房开发团体的网站联系到他们。受访者常常就特定的许可程序（分区批准）或地方住房开发公投等事项联合起来。

在美国，社区团体源远流长，它们最初是通过电子邮件组织起来的社会网络，旨在创造更紧密的社区归属感。但它们也运用其团体的影响力，积极游说当地的规划委员会或市议会。这些团体往往致力于保护房价、环境治理、限制交通量。有些团体还可能出资雇佣邻里联防队，在当地街道巡逻并与警方保持联系。本书中访谈的这一小部分活动家基本都有房，大多超过 40 岁。他们大多同意从代际角度来看待关于住房密度的分歧：即他们认为大型建筑物不符合其社区特色。他们担心公寓招徕的新居民可能会“不认同社区价值”，或者“不愿意花钱来维护其资产”。由于许多受访的活动家都名声在外，并且在社交媒体上非常活跃，因此所有受访者均未使用化名。对于不愿意透露姓名的受访者，本书也只是泛指，未使用化名。

城市档案

“可以在我的后院”行动主义是一个新现象：它出现不到十年，是社交媒体推动社会快速发展的一个运动范例。它从网络空间中迅速发酵，在数个美国城市成立本地团体，随后传播至多个国家，大部分是英语国家。然而，每当成立了新的地方团体，这些致密化活动家就因地制宜进行变通，尤其针对那些阻碍建设多户住宅（却对独栋住宅开绿灯）的法律和市政惯例来进行。为理解其所抗争的历史背景，我查阅了澳大利亚、英国和美国的二手资料和档案资料。为收集这些资料，我聘请了研究助理，帮我梳理规划委员会和市议会的报告、关于开发和住房的市政内部文件，以及关于建筑争端的新闻报道。档案资料最能系统地解释博尔德的绿化带建设历程，表明该市的“零住房开发”思潮起源于20世纪60年代末。在第三章中，我不仅参考了成百上千份档案文献，证明了博尔德厌恶人口增长的历史悠久，而且借鉴了大量的口述历史记录，说明当地法律是如何反映了这些情绪的。

社交媒体数据

“可以在我的后院”主义起源于旧金山湾区。该运动反映了技术产业在该地区的影响力，而当地分支组织的许多活动家也都就职于该行业。许多人试图减少雇主（对房地产市场）的影响力，转而依赖社交媒体的营销方式来宣传其理念。他们利用脸书群组功能来进行组织，在推特、红迪网等平台举行辩论。在撰写本书时，我查阅了2000多份与“可以在我的后院”运动相关的个人帖子（及其评论），还从地方和国家新闻资源处收集到238篇关于致密化行动主义的文章。在研究助理团队的帮助下，我按照主题（比如社区对建造公寓的异议、遗漏的中间地带致密化、停车、公共交通和社区绅士化）对这些推文进行了编码。

我还利用在线数据来招募受访者。在访谈之前查看受访者的网上言论，有助于打磨我的问题，基本了解他们对关键话题的看法。我还利用在线数据实时追踪该运动内部相互冲突的意识形态，或根据辩论话题进行搜索，比如新的建设项目中应配建多少套保障房。最重要的是，我在澳大利亚墨尔本教授社会学课程时，还能利用社交媒体数据持续三年追踪该运动在美国的进展。远离活动现场使我疲于奔波，我不得不频繁地往返美国来安排访谈，但这也给我带来了“可以在我的后院”行动主义的典型体验：推特上关于政策细节的持续斗争让这个运动变得血肉丰满。起初，这对我来说很空洞，但当我意识到许多人每天都参与这些线上辩论时，我的数据变得丰富起来。我作为一名民族志学家，起初一心只想当旁观者，后来逐渐认识到人们在社交媒体上关于城市空间的复杂争论颇具真知灼见。访谈与社交媒体数据形成了互补关系，这使我在争议发生时能及时追踪到它们，并纵向研究活动家团体的发展，揭示其演变历程。

对住房可支付性活动组织者进行参与式观察

由于该项目横跨数国，许多致密化活动家散居在美国各地，我无法创建多点民族志[①]对各地做到一视同仁。事实上，我虽然在美国参加会议，但本书引用的大部分参与式观察则在墨尔本进行，2017 年至 2020 年，我参加了当地活动家与议会的会议。我虽然作为观察者参与了这些会议，但有时也作为城市居民或公寓

---

① 多点民族志（multi-sited ethnography）由乔治·马库斯（George Marcus）提出，该方法围绕线索、路径、关系链条和关联地点展开研究。——译者注

租户（或身兼二职）提出我的意见。尽管在这些团体中，有些澳大利亚人的经历更加颠沛流离，但许多人都是典型的“可以在我的后院”运动人士：白人、中产阶级、40 岁以下、受过良好教育，对城市规划固执己见。我同样具备所有这些特点，我像个典型的“可以在我的后院”运动人士，在这些团体之中游刃有余。即便如此，惺惺相惜也不总是好事，我试图站在反住房开发活动家的角度，不断质问自己是否真的认可致密化运动。

我在进行民族志研究时，有一个巨大的优势，那就是我不是澳大利亚人，这让我能够做到“旁观者清”。由于我带着口音而且刚到澳大利亚不久，我可以向各种各样的人询问关于土地利用的最基本问题，以及独栋住宅的文化渊源。作为（并且扮演）一名好奇的局外人，我可以追问各种基本问题，比如原住民土地权、城市向未开发地区的扩张，以及林火管理，这些问题在澳大利亚已成为某种禁忌，在政治议程中随时随地都能引发争议。我充分利用了自己新来者的身份，要求受访者解释这些禁忌，而在通常情况下，人们会揣测对方的已有立场，为减少冲突选择闭口不谈。

在墨尔本不同行政区参加了各种会议后，我逐渐了解了那些关心住房的人是如何与地方议会互动的，以及他们是如何利用维多利亚州丰富的机制从一开始就参与城市政策的。和美国一样，墨尔本的管辖权也四分五裂，31 个内城社区拥有自己的议会。在与当地活动家的会谈中，我发现这显然为他们在更大区域内的活动增加了灵活性。但和美国不同的是，维多利亚州仍在相当程度上掌握着城市法规和财政大权，能够对保障房政策做出最终裁决。与规划和治理部门的州政府官员会面后，我通过观察新政策在多大程度上采纳了致密化活动家的意见来判断活动效果。

最后，我作为一名能够对拟议项目发表意见的城市政策学者，被卷入了澳大利亚（具体说是布里斯班和墨尔本）的“可以在我的后院”运动。起初这令人不适，因为这让我置身于我的研究对象的处境：主动提供有关城市开发的建议。我并不像我的受访者那样会在议会会议和规划委员会上慷慨陈词，然而在2017—2020年，我确实在私底下提出了自己的看法：这有效地反映了“可以在我的后院”运动的感染力。我们这帮研究社会运动的人早已习惯了“喋血街头”而非“运筹帷幄”，而致密化活动家试图以智囊团或影子政府机构为榜样来展开活动，这令我兴趣盎然。然而，这也反映了两大趋势：一是该行动主义要求深入学习复杂知识（气候变化、供应链、供水等）；二是为方便网络传播，问题变得碎片化了。前一个趋势意味着这个严肃的问题需要引起观众的持续关注，而后一个趋势则使问题变成稍纵即逝的挖苦嘲讽。同时看到“可以在我的后院”运动人士提供的这两种信息确实很有意思。有时候，它似乎希望目标受众愿意成为交通规划、可持续设计或分区制方面的专家；而在其他时候，它似乎又承认，当代行动主义要靠网络挑衅来推动。在这两种情况下，我都试图与我的对话者进行开诚布公的对话，最终使我受益良多。

致谢

本书的撰写历时五年，其间我辗转于三大洲，经历了全球新型冠状病毒大流行。尽管如此，纽约的前同事和墨尔本的新朋友与新同事仍给我提供了巨大的帮助。我尤其感激住房保障活动家花时间与我沟通他们的想法。

我非常感谢普林斯顿大学出版社的杰奎琳·德莱尼（Jacqueline Delaney）和莫兰·戈德斯坦（Molan Goldstein）。我尤其高兴能够与我的编辑梅根·莱文森（Meagan Levinson）共事，她很出色，从一开始就对这个项目充满信心，当这个项目在2020年陷入困境时，她仍保持着高度的耐心。

本书基于我在纽约大学读博时的研究，当时我就欧盟的旅游城市化①（urbanization for tourism）完成了我的第一个专业课项目和论文。我非常感激纽约大学社会学系的优秀同仁当时为我提供的指导，尤其是尼尔·布伦纳（Neil Brenner）、克雷格·卡尔霍恩（Craig Calhoun）、琳恩·哈尼（Lynne Haney）、露丝·霍洛维茨（Ruth Horowitz）、詹

① 旅游城市化是把旅游作为一种推动人类社会的经济转型、社会变迁和文化重构的动力来推动区域城市化的一种过程和现象，其内涵包括了城市的景区化和景区的城市化。——译者注

保罗·拜奥基（Gianpaolo Baiocchi）、伊多·塔沃里（Iddo Tavory）、理查德·森内特（Richard Sennett）、杰夫·曼扎（Jeff Manza）、科林·杰罗马克（Colin Jerolmack）、大卫·加兰（David Garland）、保拉·英格兰（Paula England）以及奈穗子·卡米奥（Nahoko Kameo）。此外，在我读本科期间，很荣幸地能够与乔治·舒尔曼（George Shulman）共事，他对我的教导历久弥新。在纽约读研期间，我有幸与一群优秀的同学一起学习，他们拓展了我在社会学其他领域的知识，他们的批评建议使我进步，我们在分享美食和参与联盟会议中建立了深厚的友谊。我尤其要感谢：安娜·斯卡佩利斯（Anna Skarpelis）、丹尼尔·阿尔达娜·科恩（Daniel Aldana Cohen）、凯特琳·彼得（Caitlin Petre）、大卫·瓦克斯穆斯（David Wachsmuth）、希拉里·安杰洛（Hillary Angelo）、迈克尔·古尔德–沃托夫斯基（Michael Gould-Wartofsky）、利兹·科斯洛夫（Liz Koslov）、内德·克劳利（Ned Crowley）、马克斯·贝斯布里斯（Max Besbris）、阿达内尔·乌斯马尼（Adaner Usmani）、阿比盖尔·韦茨曼（Abigail Weitzman）、雅各布·法伯（Jacob Faber）、雪莉·罗南（Shelly Ronen）、彼得·里奇（Peter Rich）、亚当·墨菲（Adam Murphree）、弗朗西斯科·维埃拉（Francisco Vieyra）、奈玛·布朗（Naima Brown）、穆里亚姆·哈雷·戴维斯（Muriam Haleh Davis）迈克·麦卡锡（Mike McCarthy）、埃亚勒·普雷斯（Eyal Press）、扎尔曼·纽菲尔德（Zalman Newfield）、山姆·丁格（Sam

Dinger）、布赖恩·麦凯布（Brian McCabe）、阿利克斯·鲁尔（Alix Rule）、萨拉·杜维萨克（Sara Duvisac）、埃尔坎·萨迪（Ercan Sadi）、波拉米·罗伊乔杜里（Poulami Roychowdury）、哈雷尔·夏皮拉（Harel Shapira）、索尼娅·普雷拉特（Sonia Prelat）、珍妮·金姆（Jeannie Kim）、伊丽莎·布朗（Eliza Brown）、埃里克·范·德文特（Eric Van Deventer）、米歇尔·奥布莱恩（Michelle O'Brien）、罗伯特·威尔·泰勒（Robert Wihr Taylor）、乔什·弗伦斯-弦乐（Josh Frens-String）、乔纳·伯奇（Jonah Birch）、马达维·切里安（Madhavi Cherian）、A.J. 鲍尔（A.J. Bauer）、布尔库·贝库特（Burcu Baykurt）、约翰尼·哈鲁什卡（Johnny Halushka）、雅普·维赫尔（Jaap Verheul）、大卫·克拉森（David Klassen）、莫妮卡·考迪略（M ó nica Caudillo）、詹姆斯·罗伯逊（James Robertson）、菲利普·埃尔德雅克（Filip Erdeljac）、纳达·马塔（Nada Matta）、露丝·布劳恩斯坦（Ruth Braunstein）以及杰里米·科汉（Jeremy Cohan）。我还要特别感谢苏菲·戈尼克（Sophie Gonick）、贝基·阿马托（Becky Amato）、汤姆·苏格鲁（Tom Sugrue）、凯特琳·扎洛姆（Caitlin Zaloom）、戈登·道格拉斯（Gordon Douglas）、杰西·科菲（Jess Coffey）和西拉·迪斯莫尔（Siera Dissmore），他们在公共知识与城市民主研究所（Institute for Public Knowledge and Urban Democracy Lab）为我提供了莫大的支持。

在我的学术生涯中，我很荣幸能够与世界各地的学者们共事，尤其是有幸成为NYLON[①]的一员。我尤其要感谢鲍里斯·沃尔曼（Boris Vormann）、劳拉·马什（Laura Marsh）、娜塔莉亚·贝塞多夫斯基（Natalia Besedovsky）、约瑟夫·本·普雷斯特（Joseph Ben Prestel）、汉娜·希尔布兰特（Hanna Hilbrandt）、大卫·麦登（David Madden）、蒂姆·埃登索（Tim Edensor）、凯瑟琳·罗宾逊（Katherine Robinson）、弗兰·唐基斯（Fran Tonkiss）、加雷斯·米灵顿（Gareth Millington）、玛丽亚·伊万切娃（Mariya Ivancheva）、莎拉·克努斯（Sarah Knuth）、安娜·阿切斯卡（Ana Aceska）、大卫·惠森（David Huyssen）、杜尼娅·范·托拉斯（Dunya van Trust）、埃拉娜·雷斯尼克（Elana Resnick）、米里亚姆·格林伯格（Miriam Greenberg）、莫娜·尼科拉（Mona Nicoara）、蒂姆·邦内尔（Tim Bunnell）、维拉格·莫尔纳（Virag Molnar）、詹姆斯·马克（James Mark）、阿尔贝托·科苏（Alberto Cossu）、琳达·皮克（Linda Peake）、亚伦·杰克斯（Aaron Jakes）、罗米特·乔杜里（Romit Chowdhury）、塞巴斯蒂安·古兹曼（Sebastián Guzmán）、珍娜·贝萨穆斯卡（Janna Besamusca）、米格尔·马丁内斯（Miguel Martinez）、洛伦佐·赞波尼（Lorenzo Zamponi）、克里斯滕·维尔德（Kirsten Weld）、汤姆·斯莱特（Tom Slater）、大卫·范佩（Davide

① NYLON是由纽约大学与伦敦经济学院于2001年创建的青年学者合作交流网络。——译者注

Vampe）、雷切尔·博克（Rachel Bok）、阿加塔·利西亚克（Agata Lisiak）、马丁·富勒（Martin Fuller）、戴安娜·佩特科娃（Diana Petkova）、安德烈亚斯·舍费尔（Andreas Schäfer）、坦尼娅·斯坦切娃（Tanya Stancheva）、沈佳颖（Jiaying Sim）、卡洛斯·皮奥科斯（Carlos Piocos）、杰米·吉伦（Jamie Gillen）、乔安娜·库西亚克（Joanna Kusiak）、丹尼尔·奈特（Daniel Knight）、戴斯·哲诺夫斯卡（Dace Dzenovska）、亚当·卡萨（Adam Kaasa）、凯蒂·斯伯林（Katie Sobering）、简·M. 雅各布斯（Jane M. Jacobs）、凯瑟琳·詹森（Katherine Jensen）、凯文·沃德（Kevin Ward）、哈维尔·奥耶罗（Javier Auyero）、尼诺·巴里奥拉（Nino Bariola）和戴瓦·雷佩奇凯特（Daiva Repečkaitė）与我交流想法。

在我搬到墨尔本的新家之后，墨尔本大学社会与政治科学学院以及墨尔本可持续社会研究所的许多优秀同人也给予了我大力的支持。我尤其要感谢我亲爱的同事和朋友，包括安娜·卡巴洛（Ana Carballo）、克莱顿·秦（Clayton Chin）、叶夫根尼·波斯特尼科夫（Evgeny Postnikov）、丽莎·麦金尼（Lisa MacKinney）、罗宾·埃克斯利（Robyn Eckersley）、彼得·克里斯托夫（Peter Christoff）、彼得·拉什（Peter Rush）、卡梅奥·达利（Cameo Dalley）、布伦丹·格里森（Brendan Gleeson）、米歇尔·阿库托（Michele Acuto）、克里斯托·雷格西（Crystal Legacy）、莫妮卡·明尼格尔（Monica Minnegal）、安迪·道森（Andy Dawson）、塔米·科恩（Tammy Kohn）、法比奥·马蒂奥利（Fabio Mattioli）、贝拉·贝洛耶维奇（Bela Belojevic）、梅丽莎·约翰斯顿（Melissa Johnston）、萨拉·梅格（Sara Meger）、埃里克·贝克克斯科夫（Erik Baekkeskov）、凯特·威廉姆斯（Kate Williams）、阿德里安·利特尔（Adrian Little）、卡拉·温斯顿（Carla Winston）、米歇尔·卡莫迪（Michelle Carmody）、芭芭拉·巴博萨·内维斯（Barbara Barbosa Neves）、卡罗琳·惠茨曼（Carolyn Whitzman）、大卫·比塞尔（David Bissell）、蒂姆·尼尔（Tim Neale）、克雷格·史密斯（Craig Smith）、索尼娅·莫尔纳（Sonja Molnar）和大卫·贾尔斯（David Giles）。此外，我承蒙关照加入墨尔本的社会学家小组，这里的同事才华横溢、相互扶持、雄心勃勃，他们是：丽兹·迪安（Liz Dean）、阿什·巴恩威尔（Ash Barnwell）、西涅·拉文（Signe Ravn）、伊尔玛·穆伊－雷西（Irma Mooi-Reci）、布伦丹·丘吉尔（Brendan Churchill）、林恩·克雷格（Lyn Craig）、雷尼·李（Rennie Lee）、凯伦·法夸尔森（Karen Farquharson）、妮基·穆迪（Nikki Moodie）、丹·伍德曼（Dan Woodman）、莉亚·鲁帕纳（Leah Ruppanner）、基思·麦克维利（Keith McVilly）以及贝琳达·休伊特（Belinda Hewitt）。

许多人都看过这项研究的介绍，但只有少数人深入研究了初稿并帮我进行了完善和编辑，我要感谢阿曼达·吉尔伯森（Amanda Gilbertson）、尼娜·塞罗娃（Nina Serova）、亚历克西斯·卡拉加斯（Alexis Kalagas）、格雷格·马丁（Greg

Martin）、史蒂文·罗伯茨（Steven Roberts）和杰弗里·米德（Geoffrey Mead）。尽管难免有失误（大部分是我自己的错误），但他们笔下生辉、字字珠玉。

在本书的写作过程中，我辗转各国，我的朋友们热情地为我提供了帮助，包括允许我在他们的卧榻上留宿，为我泡咖啡倒时差，并且与我讨论他们所在城市的人口密度问题。我由衷感激劳伦·罗伯茨（Lauren Roberts）、玛丽莎·佩雷拉·塔利（Marisa Pereira Tully）、莉亚·费德（Leah Feder）、普拉卡什·普鲁（Prakash Puru）、奇普·朗特里（Chip Rountree）、阿萨夫·施图尔–托林（Asaf Shtull-Trauring）、穆格·吉里森（Muge Girisen）、赛斯·普林斯（Seth Prins）、尼古拉·普格（Nicolau Puig）、凯特·卡萨利斯（Cate Capsalis）、阿萨夫·戈德堡（Asaf Goldberg）、阿里尔·劳森（Arielle Lawson）、劳拉·格雷伯（Laura Graber）、伊莎贝尔·沃尔施泰特和菲利普·沃尔施泰特（Isabel and Philip Wohlstetter）、凯瑟琳·惠特尼（Katherine Whitney）、亚历克斯·洛佩兹（Alex Lopez）、哈维·纳瓦罗·卡诺（Javi Navarro Cano）、罗伊·基米（Roy Kimmey）、达米恩·布莱特（Damien Bright）、海伦·马斯塔什和马克·马斯塔什（Helen and Mark Mastache）、丹·里瓦和梅根·里瓦（Dan and Megan Rivoire）、布雷特·米勒（Brett Miller）、大卫·桑切斯·蒂蒙（David Sánchez Timón）、伊莎贝尔·穆什卡·雷什特和察雅·穆什卡·雷什特（Isobel and Chaya Mushka Rechter）、劳伦·凯利（Lauren Kelly）、阿尼卡·尼古拉斯·庞德（Anika Nicolaas Ponder）、伯恩德·里德尔（Bernd Riedel）、梅根·莱萨德（Megan Lessard）、伊格纳西奥·伊诺霍萨（Ignacio Hinojosa）、桑吉塔·维亚斯（Sangita Vyas）、朱丽安·钱德勒（Julianne Chandler）以及佩德罗·罗德里格斯（Pedro Rodriguez）。

在我的学术生涯中，承蒙埃里克·克林伯格（Eric Klinenberg）和艾莉森·杨（Alison Young）两位导师的教诲，他们博学多闻，对我的学术成长起到了关键作用。他们教会了我学海无涯苦作舟，并在工作之余我们一同在厨房里大快朵颐。我由衷地感谢两位恩师。

路漫漫其修远兮，感谢我的家人蒂亚·莱辛（Tia Lessin）、卡尔·迪尔（Carl Deal）、迈克尔·霍勒兰（Michael Holleran）和詹姆斯·格伦伯格（James Grunberger）为我的工作提供了坚强的后盾。我还要特别感谢我最好的朋友，我的双胞胎兄弟，废寝忘食为我做编辑工作的塞缪尔·霍勒兰（Samuel Holleran）。

注释

导论

1. Sophocles, *Oedipus at Colonus*, trans. Francis Storr (New York: Open Road Media, 2014).

2. John R . Logan and Harvey L. Molotch, *Urban Fortunes: The Political Economy of Place* (Berkeley: University of California Press, 1987).

3. 经济困难也导致一些例外情况，比如土地所有者为了增加风险资本，忽视环境保护。关于水力压裂技术，可参考 Colin Jerolmack, *Up to Heaven and Down to Hell: Fracking, Freedom, and Community in an American Town* (Princeton, NJ: Princeton University Press, 2021).

4. Ted Steinberg, *American Green: The Obsessive Quest for the Perfect Lawn* (New York:W. W. Norton, 2006).

5. Vicki Been, "City NIMBYs," Journal of Land Use & Environmental Law 33, no. 2 (2018):217–50.

6. Robert Fogelson, *Bourgeois Nightmares: Suburbia, 1870–1930* (New Haven, CT: Yale University Press, 2007).

7. Thomas Sugrue, *The Origins of the Urban Crisis: Race and Inequality in Postwar Detroit* (Princeton, NJ: Princeton University Press, 2014).

8. Richard Rothstein, *The Colorof Law:A Forgotten History of How Our Government Segregated America* (New York: Liveright, 2017).

9. 维姬·贝恩（Vicki Been）的研究表明，邻避思维也已从郊区蔓延到市中心社区。维姬·贝恩的研究还表明，没有资产的租户也担心新开发项目将导致租金大幅增加，使他们不得不离开。Vicki Been, "City NIMBYs." *Journal of Land Use & Environmental Law* 33, no. 2 (2018): 217–50.

10. Richard Florida, *The New Urban Crisis: How Our Cities Are*

Increasing Inequality, Deepen-ing Segregation, and Failing the Middle Class — and What We Can Do about It (New York: Basic Books, 2017).

11. Been, “City NIMBYs,” 238–40.

12. Whitney Airgood-Obrycki, Ben Demers, Solomon Greene, et al. “Renters’ Responses to Financial Stress during the Pandemic,” Joint Center for Housing Studies of Harvard University, Cambridge, MA, 2021, https://www.jchs.harvard.edu/sites/default/files/research/files/harvard _jchs_renter_responses_covid_airgood-obrycki_etal_2021.pdf.

13. “Tracking the COVID-19 Recession’s Effects on Food, Housing, and Employment Hard-ships,” Center for Budget and Policy Priorities, Washington, DC, August 9, 2021, https://www .cbpp.org/research/poverty-and-inequality/tracking-the-covid-19-recessions-effects-on-food-housing-and

14. Trivess Moore and David Oswald, “Why Did the Miami Apartment Building Collapse? And Are Others in Danger?” *Conversation*, June 25, 2021, https://theconversation.com/why-did-the-miami-apartment-building-collapse-and-are-others-in-danger-163425.

15. Louis Wirth, “Urbanism as a Way of Life,” *American Journal of Sociology* 44, no.1 (1938): 14.

16. “San Francisco’s Housing Crisis Needs PoliticalWill,” *Financial Times*, November 9, 2019, https://www.ft.com/content/d618987a-021f-11ea-be59-e49b2a136b8d.

17. Adam Brinklow, “SF Might Finally Have Gained More New Homes than People in 2019,” *Curbed,* December 23, 2019, https://sf.curbed.com/2019/12/23/21035307/san-francisco-population-2018-2019-housing-gains-california-department-finance.

18. Matthew E. Khan, “The Environmental Impact of Suburbanization,” *Journal of Policy Analysis and Management* 19, no. 4 (2000): 569–86; William B. Meyer, *The Environmental Advantage of Cities: Countering Commonsense Antiurbanism* (Cambridge, MA: MIT Press, 2013).

19. UN Sustainable Development Goals, “Transforming Our World:

The 2030 Agenda for Sustainable Development," accessed December 2, 2020, https://sustainabledevelopment.un.org /post2015/transformingourworld.

20. Malte Steinbrink "'We Did the Slum!' —Urban Poverty Tourism in Historical Perspective," *Tourism Geographies* 14:2 (2012): 213–34, 213.

21. Robert E. Park and Ernest W. Burgess, *The City: Suggestions for Investigation of Human Behavior in the Urban Environment* (Chicago: University of Chicago Press, 1967 [1925]), 53.

22. Mitchell Duneier, *Ghetto: The Invention of a Place, the History of an Idea* (New York: Farrar, Straus and Giroux, 2017).

23. Wirth, "Urbanism as a Way of Life," 15.

24. For a discussion on density and political mobilization, see Colin McFarlane, "The Force of Density: Political Crowding and the City," *Urban Geography* 41, no. 10 (2020): 1310–17.

25. Ibid, 48.

26. Georg Simmel, *Simmel on Culture: Selected Writings*, ed. Mike Featherstone (London: Sage, 1997), 176.

27. Jane Jacobs, *The Death and Life of Great American Cities* (New York: Penguin, 2020 [1961]).

28. Max Holleran, "Bright Lights, Small Government: Why Libertarians Adore Jane Jacobs," *New Republic*, November 23, 2016, https://newrepublic.com/article/138071/bright-lights-small-government.

29. Jane Jacobs, *Vital Little Plans: The Short Works of Jane Jacobs,* ed. Samuel Zipp and Nathan Storring (New York: Random House, 2016).

30. Emily Talen, "Sense of Community and Neighborhood Form: An Assessment of the Social Doctrine of New Urbanism," *Urban Studies* 36, no. 8 (July 1999): 1361–79.

31. Andres Duany, Elizabeth Plater-Zyberk, and Jeff Speck, *Suburban Nation: The Rise of Sprawl and the Decline of the American Dream* (New York: North Point Press, 2000).

32. Svetlana Boym, *Architecture of the Off-Modern* (Princeton, NJ:

Princeton Architectural Press, 2009).

33. Neil Smith “New Globalism, New Urbanism: Gentrification as Global Urban Strategy,” *Antipode*, 34, no. 3 (2002): 427–50.

34. Emily Badger and Quoctrung Bui, “Cities Start to Question an American Ideal: A House with a Yard on Every Lot,” *New York Times,* June 18, 2019, https://www.nytimes.com/interactive /2019/06/18/upshot/cities-across-america-question-single-family-zoning.html.

35. For the British example, see John Boughton, *Municipal Dreams: The Rise and Fall of Coun-cil Housing* (New York: Verso, 2018). For more on the American divestment in public housing, see Sudhir Venkatesh, *American Project: The Rise and Fall of a Modern Ghetto* (Cambridge, MA: Harvard University Press, 2002).

36. Stephen J. K. Walters, *Boom Towns: Restoring the Urban American Dream* (Stanford, CA: Stanford University Press, 2014).

37. Vicki Been, Ingrid Gould Ellen, and Katherine O’Regan, “Supply Skepticism: Housing Supply and Affordability,” *Housing Policy Debate* 29:1 (2019): 25–40.

38. Andrés Rodríguez-Pose and Michael Storper, “Housing, Urban Growth and Inequalities: The Limits to Deregulation and Upzoning in Reducing Economic and Spatial Inequality,” *Urban Studies* 57, no. 2 (February 2020): 223–48.

39. Tom Agnotti and Sylvia Morse (eds), *Zoned Out! Race, Displacement and City Planning in New York City* (New York: Terreform, 2016); Andrejs Skaburskis, “Filtering, City Change and the Supply of Low-priced Housing in Canada,” *Urban Studies* 43, no. 3 (2006): 533–58.

40. Been, “City NIMBYs.”

41. Nils Kok, Paavo Monkkonen, and John M. Quigley, “Land Use Regulations and the Value of Land and Housing: An Intra-metropolitan Analysis,” *Journal of Urban Economics* 81 (2014): 136–48; Stuart S. Rosenthal, “Are Private Markets and Filtering a Viable Source of Low-Income

Housing? Estimates from a 'Repeat Income' Model," *American Economic Review* 104, no. 2 (2014): 687–706.

42. Xiaodi Li, "Do New Housing Units in Your Backyard Raise Your Rents?" NYU Furman Center Working Paper, December 16, 2019, https://blocksandlots.com/wp-content/uploads/2020 /02/Do-New-Housing-Units-in-Your-Backyard-Raise-Your-Rents-Xiaodi-Li.pdf.

43. Jake Wegmann and Karen Chapple, "Hidden Density in Single-Family Neighborhoods: Backyard Cottages as an Equitable Smart Growth Strategy," *Journal of Urbanism: International Research on Placemaking and Urban Sustainability* 7, no. 3 (2014): 307–29.

44. Been, Ellen, and O'Regan, "Supply Skepticism."

45. Gianpaolo Baiocchi and H. Jacob Carlson, "What Happens When 10 Million Tenants Can't Make Rent?" *New York Times*, March 3, 2021, https://www.nytimes.com/2021/03/03/opinion /affordable-housing-federal-agency.html.

46. Manuel B. Aalbers, "The Variegated Financialization of Housing," *InternationalJournal of Urban and Regional Research* 41, no. 4 (2017): 542–54; Brett Christophers, "How and Why U.S. Single-Family Housing Became an Investor Asset Class," *Journal of Urban History*, July 2021, https://doi.org/10.1177/00961442211029601.

47. Martine August and Alan Walks, "Gentrification, Suburban Decline, and the Financializa-tion of Multi-family Rental Housing: The Case of Toronto," *Geoforum* 89 (2018): 124–36.

48. Esther Sullivan, *Manufactured Insecurity: Mobile Home Parks and Americans' Tenuous Right to Place* (Berkeley: University of California Press, 2018).

49. Tim Logan, "Two Gatherings, Two Visions for Fixing Boston's Housing Crisis," *Boston Globe*, September 20, 2018, https://www.bostonglobe.com/business/2018/09/20/two-gatherings-two-visions-for-fixing-boston-housing-crisis/aB9HnRP3QGmSHxM07bV8WI/story.html.

50. A version of this chapter appeared as the article Max Holleran,

"Millennial 'YIMBYs' and Boomer 'NIMBYs': Generational Views on Housing Affordability in the United States," *Sociological Review* 69, no. 4 (2021): 846–61, https://doi.org/10.1177/0038026120916121.

51. Doug McAdam and Hilary Boudet, *Putting Social Movements in Their Place: Explaining Opposition to Energy Projects in the United States, 2000–2005* (Cambridge: Cambridge University Press, 2012).

52. Robert Fishman, *Urban Utopias in the Twentieth Century: Ebenezer Howard, Frank Lloyd Wright, Le Corbusier* (Cambridge, MA: MIT Press, 1982).

53. Joshua Long, *Weird City: Sense of Place and Creative Resistance in Austin, Texas* (Austin: University of Texas Press, 2010).

54. Sharon Zukin, *Naked City: The Death and Life of Authentic Urban Places* (New York: Oxford University Press, 2009).

第1章　湾区住房可支付性的终结

1. Lawrence Ferlinghetti, "In Golden Gate Park That Day...," *Coney Island of the Mind* (New York: New Directions, 1958).

2. Alison Isenberg, *Designing San Francisco: Art, Land, and Urban Renewal in the City by the Bay* (Princeton, NJ: Princeton University Press, 2017).

3. Fred Turner, *From Counterculture to Cyberculture: Stewart Brand, the Whole Earth Network, and the Rise of Digital Utopianism* (Chicago: University of Chicago Press, 2008).

4. Clayton Howard, "Building a 'Family-Friendly' Metropolis: Sexuality, the State, and Post-war Housing Policy," *Journal of Urban History* 39, no. 5 (2013): 941.

5. Howard, "'Family-Friendly' Metropolis," 947.

6. Turner, *From Counterculture to Cyberculture.*

7. Adam Brinklow, "San Francisco Market Rents Soar up to 105 Percent above Average," *Curbed San Francisco*, October 2, 2019, https://sf.curbed.com/2019/10/2/20895578/san-francisco-median-rents-market-census-

september-2019.

8. Michael D. Shear, Thomas Fuller, and Peter Baker, "San Francisco to Get Environmental Violation for Homeslessness, Trump Says," *New York Times,* September 18, 2019, https://www .nytimes.com/2019/09/18/us/politics/trump-san-francisco-homeless.html.

9. Benjamin Schneider, "The Dirty Truth about San Francisco's Sidewalks," *CityLab*, August 2, 2018.

10. Alec MacGillis, *Fulfillment: Winning and Losing in One-Click America* (New York: Farrar, Straus, and Giroux, 2021).

11. 这一术语最初为比尔·德·白思豪（Bill de Blasio）竞选纽约市长时所用，但只适用于大部分生活成本高昂的美国大城市。

12. Conor Dougherty and Andrew Burton, "A 2:15 Alarm, 2 Trains and a Bus Get Her to Work by 7AM," *New York Times*, August 17, 2017,https://www.nytimes.com/2017/08/17/business /economy/san-francisco-commute.html.

13. Christin Ayers, "San Jose Median Home Price Drops $1.2 Million," CBS SF Bay Area, April 23, 2019.

14. Sarah Holder, "The Cities Where Job Growth Is Outpacing New Homes," *CityLab*, Sep-tember 10, 2019.

15. Blanca Torres, "Housing's Tale of Two Cities: Seattle Builds, S.F. Lags," *San Francisco Business Times*, April 28, 2017.

16. John Baranski, *Housing the City by the Bay: Tenant Activism, Civil Rights, and Class Politics in San Francisco* (Stanford, CA: Stanford University Press, 2019).

17. Victoria Fierce, "YIMBY Socialism," *Medium*, April 22, 2017.

18. Deepa Varma, "The Big Lie about California's Housing Crisis," *San Francisco Chronicle* July 27, 2017, https://www.sfexaminer.com/opinion/the-big-lie-about-californias-housing-crisis/.

19. Laura E. Ferguson, "A Gateway without a Port: Making and Contesting San Francisco's Early Waterfront," *Journal of Urban History* 44, no. 4 (2018): 610.

20. John R . Logan and Harvey L. Molotch, *Urban Fortunes: The Political Economy of Place* (Berkeley: University of California Press, 2007).

21. Tony Robinson, “Gentrification and Grassroots Resistance in San Francisco’s Tenderloin,” *Urban Affairs Review* 30, no. 4 (March 1995): 487.

22. Nikil Saval, *Cubed: The Secret History of the Workplace* (New York: Anchor, 2015).

23. “San Francisco City and County Census,” *Bay Area Census*, June 2020.

24. “Bay Area Census, Historical Data” *Bay Area Census*, accessed June 2020.

25. Louise Nelson Dyble, “The Defeat of the Golden Gate Authority: A Special District, A Council of Governments, and the Fate of Regional Planning in the San Francisco Bay Area,” *Journal of Urban History* 34, no. 2 (January 2008): 293–95.

26. Quoted in Baranski, *Housing the City by the Bay*, 147.

27. Baranski, *Housing the City by the Bay*.

28. Isenberg, *Designing San Francisco*, 325.

29. Paul Goldberger, “Transamerica Building: What Was All the Fuss About?” *New York Times*, March 2, 1977.

30. Baranski, “Housing the City by the Bay,” 134.

31. Howard, “‘Family-Friendly’ Metropolis,” 944.

32. “Brown Assails Prop. 14 as ‘Cudgel of Bigotry,’” *Los Angeles Times*, October 8, 1964, p. 18.

33. Carol Hager and Mary Alice Haddad, *Nimby Is Beautiful: Cases of Local Activism and Environmental Innovation around the World* (New York: Berghahn, 2015).

34. Conor Dougherty, *Golden Gates: Fighting for Housing in America* (New York: Penguin, 2020).

35. Jeffrey I. Chapman, *Proposition 13: Some Unintended Consequences* (Sacramento, CA: Public Policy Institute of California Report, 1998).

36. Alex Schafran, “Origins of an Urban Crisis: The Restructuring of the San Francisco Bay Area and the Geography of Foreclosure,” *International Journal of Urban and Regional Research* 37, no. 2 (March 2013): 663–88.

37. Richard E. DeLeon. “The Urban Antiregime: Progressive Politics in San Francisco,” *Urban Affairs Quarterly* 27, no. 4 (June 1992): 561– 62.

38. DeLeon, “Urban Antiregime,” 563.

39. Robinson, “Gentrification and Grassroots,” 498.

40. John Stehlin, “The Post-Industrial ‘Shop Floor’ : Emerging Forms of Gentrification in San Francisco’s Innovation Economy,” *Antipode* 48, no.2 (2016): 480.

41. Jathan Sadowski, *Too Smart: How Digital Capitalism Is Extracting Data, Controlling Our Lives, and Taking Over the World* (Cambridge, MA: MIT Press, 2020).

42. Keller Easterling, *Extrastatecraft: The Power of Infrastructure Space* (New York: Verso, 2016).

43. Nikhil Annand, Akil Gupta, and Hannah Appel (eds.), *The Promise of Infrastructure* (Dur-ham, NC: Duke University Press, 2018).

44. Susan Leigh Star and Karen Ruhleder, “Steps toward an Ecology of Infrastructure: Design and Access for Large Information Spaces,” *Information Systems Research* 7, no. 1 (1996): 111–34.

45. Sharon Zukin, *Naked City: The Death and Life of Authentic Urban Places* (New York: Oxford University Press, 2011).

46. Neil Smith, *The New Urban Frontier: Gentrification and the Revanchist City* (New York: Routledge, 1996).

47. Baranski, *Housing the City by the Bay*, 199.

48. Simon Marvin and Stephen Graham, *Splintering Urbanism: Networked Infrastructures, Technological Mobilities and the Urban Condition* (New York: Routledge, 2001): 215.

49. Adam Brinklow, “More Than 60 Percent of SF Renters Have Rent Control, Says City,” *Curbed San Francisco*, July 12, 2018, https://sf.curbed.

com/2018/7/12/17565192/housing-needs-trends-report-rent-control-san-francisco.

50. “Consumer Expenditures for the San Francisco Area: 2017–18,” Western Information Office, US Bureau of Labour Statistics, accessed June 2020, https://www.bls.gov/regions/west /news-release/consumerexpenditures_sanfrancisco.htm.

51. Joe Matthews, “‘Protecting Community Character’ Is a Governing Philosophy That’s Hurt-ing Californians,” *Desert Sun*, December 28, 2018.

52. Ibid.

53. Julian Mark, “How the Developer of SF’s ‘Historic’ Laundromat Quietly Won,” *Mission Local*, February 4, 2019.

54. Tim Redmond, “Nimbys, SFBARF, and a Clueless Writer at the NY Times” *48 Hills*, April 23, 2016.

55. Ben CS, “Tim Redmond and the Selfishness of the Old and Rich,” *Medium*, April 27, 2016.

56. Redmond, “Nimbys, SFBARF, and a Clueless Writer.”

57. Japonica Brown-Saracino, *A Neighborhood That Never Changes: Gentrification, Social Preservation, and the Search for Authenticity* (Chicago: University of Chicago Press, 2009).

58. Erin McCormick, “Rise of the Yimbys: The Angry Millennials with a Radical Housing Solution,” *Guardian*, October 2, 2017.

59. Erin McElroy and Andrew Szeto, “The Racial Contours of YIMBY/NIMBY Bay Area Gentrification,” *Berekeley PlanningJournal* 29 (2017): 7–46.

60. Scott Beyer, “Nativism: The Thread Connecting Progressive NIMBYs with Donald Trump,” *Forbes*, November 30, 2016.

61. Conor Doughtery, *Golden Gates: Fighting for Housing in America* (New York: Penguin, 2020).

62. Angela Nagle, *Kill All Normies: Online Culture Warsfrom 4chan and Tumblr to Trump and the Alt-Right* (London: Zero Books, 2017).

63. Reddit comment, R/YIMBY, 2017.

64. Matt Levin, "'Yesin My Backyard' Movement, YIMBY, Grows as Bay Area Housing Tight-ens," WBUR, August 8, 2018, https://www.wbur.org/hereandnow/2018/08/08/yimby-bay-area-housing-regulations.

65. "Zucchini Rebuttal," YouTube, June 26, 2017, https://www.youtube.com/watch?v =Rqxxg3sFt24.

66. Marty Branagan, "The Last Laugh: Humor in Community Activism," *Community Development Journal* 42, no. 4 (2007): 470–81.

67. Trisha Thanani, "SF Supervisors Reject Housing Complex That Would Cast Shadow on SoMA Park" *San Francisco Chronicle*, April 9, 2019, https://www.sfchronicle.com/politics/article /SF-supervisors-reject-housing-project-that-would-13755026.php#photo-17201635.

68. Ellie Anzilotti, "Welcome to Housing Twitter, the Shoutiest Debate on the Internet," *Fast Company*, August 29, 2019.

69. Åsa Wettergren, "Fun and Laughter: Culture Jamming and the Emotional Regime of Late Capitalism," *Social Movement Studies* 8, no. 1 (2009): 1–15.

70. Richard Schragger, *City Power: Urban Governance in a Global Age* (New York: Oxford University Press, 2016).

71. "CASA Compact," Committee to House the Bay Area, January 2019.

72. Mary Jo Bowling, "Housing Activists Say Sue the Suburbs, Starting with Lafayette," *Curbed San Francisco*, September 4, 2015.

73. Jared Brey, "The YIMBY Group That Is Suing Small Cities," *Next City*, August 15, 2019.

74. Nancy Raquel Mirabal, "Geographies of Displacement: Latina/os, Oral History, and The Politics of Gentrification in San Francisco's Mission District," *Public Historian* 31, no. 2 (2009): 7–31; S. Easton, L. Lees, P. Hubbard, and N. Tate, "Measuring and Mapping Displacement: The Problem of Quantification in the Battle against Gentrification," *Urban Studies* 57, no. 2 (2020): 286–306.

75. Reddit comment, R/YIMBY, 2020, 76.https://www.reddit.com/r/

LandlordLove/comments/il6rwm/yimby_is_an_astroturfed_movement_in_support_of/.

76. Conor Dougherty, *Golden Gates: Fighting for Housing in America* (New York: Penguin, 2020).

77. Loretta Lees, “Gentrification and Social Mixing: Towards an Inclusive Urban Renais-sance?” *Urban Studies* 45, no. 12 (2008): 2449–70.

78. Joe Rivano Barros, “Artist vs. Artist: Recent Tenants Fight Eviction from Inner Mission,” *Mission Local*, July 23, 2015, https://missionlocal.org/2015/07/artists-vs-artists-deal-between-inner-mission-and-developer-jeopardized-by-recent-tenants/.

79. Sarah Tan, “S.F. Planning Panel Approves ‘Beast on Bryant’ Development,” KQED, June 3, 2016, https://www.kqed.org/news/10976875/s-f-planning-department-approves-beast-on-bryant-development.

80. John Elberling, “What We Won—and Lost—with the Beast on Byrant,” *48 Hills*, June 5, 2016, https://48hills.org/2016/06/won-lost-beast-bryant/.

81. Joe Eskenazi, “Developer’s ‘I Am Not a Monster’ Ad Blitz Makes Few Friends,” *Mission Local*, September 18, 2017, https://missionlocal.org/2017/09/developers-i-am-not-a-monster-ad-blitz-makes-few-friends/.

82. Ibid.

83. Ibid.

84. Laura Waxmann, “Tensions over Mission District Gentrification Flare at Hearing on 16th Street Project,” *San Francisco Examiner*, February 8, 2019.

85. Tim Redmond, “Chilly Reception for the New Monster in the Mission Plan,” *48 Hills*, February 8, 2019.

86. Brock Keeling, “The ‘Monster in the Mission’ Is Officially Dead,” *Curbed San Francisco*, February 24, 2020.

87. Theda Skocpol and Vanessa Williamson, *The Tea Party and the Remaking of Republican Conservatism* (New York: Oxford University Press,

2016). 这提供了另外一种解释，说明一些新的社会运动是如何发展到直接进入选举政治的，但也表明这些运动（如“可以在我的后院”运动）往往不是纯粹的草根运动，而是有富裕的机构为其背书。

88. McCormick, “Rise of the Yimbys.”

89. “Beverly Hills Getting First New Apartments in 21 Years,” USC Lusk Centre for Real Estate, Los Angeles, March 17, 2003, https://lusk.usc.edu/news/beverly-hills-getting-first-new-apartments-21-years.

90. Erin Baldassari, “Sen. Wiener Wants to Abolish Single-Family-Only Neighborhoods in California,” KQED, March 9, 2020, https://www.kqed.org/news/11805850/sen-wiener-wants-to-abolish-single-family-only-neighborhoods-in-california.

91. Henry Grabar, “Why Was California’s Radical Housing Bill So Unpopular?” *Slate*, April 20, 2018.

92. Benjamin Ross, “A Tangle for the Anti-Development Left,” *Dissent*, March 14, 2018.

93. Dan Brekke, “It’s SB 827, the Sequel: Weiner Introduces Revamped Bill to Spur Housing Near Transit,” KQED, December 4.

94. Patrick Range McDonald, “Selling Out California: Scott Wiener’s Money Ties to Big Real Estate,” Housing Is a Human Right.

95. Ibid.

96. Jenna Chandler, “California Transit Density Proposal SB 50 on Pause until2020” *CurbedLos Angeles*, May 16, 2019.

97. Alissa Walker, “The Real Reason California’s Upzoning Bill Failed,” *Curbed*, February 7, 2020.

第2章　千禧一代“可以在我的后院”运动人士与婴儿潮一代邻避主义者

1. Ben Sasse, *The Vanishing American Adult: Our Coming-of-Age Crisis—and How to Rebuild a Culture of Self-Reliance.* (New York: Macmillan, 2017).

2. Malcolm Harris, *Kids These Days: Human Capital and the Making of*

Millennials (New York: Little, Brown, 2017).

3. Adam Okulicz-Kozaryn and Rubia R. Valente, “No Urban Malaise for Millennials,” *Regional Studies* 53, no. 2 (2019): 195–205.

4. Jung Choi, Jun Zhu, Laurie Goodman, Bhargavi Ganesh, and Sarah Strochak, “Millennial Homeownership: Why Is It So Low and How Can We Increase It?” Research report, Urban Institute, 2018, accessed January 2019.

5. Karen Zraick, “San Francisco Is So Expensive, You Can Make Six Figures and Still Be ‘Low Income,’” *New York Times*.

6. Anya Kamenetz, *Generation Debt: How Our Future Was Sold Out for Student Loans, BadJobs, No Benefits, and Tax Cuts for Rich Geezers—And How to Fight Back* (New York: Riverhead, 2006).

7. Veikko Eranti, “Re-visiting NIMBY: From Conflicting Interests to Conflicting Valuations,” *Sociological Review* 65 (2017): 285–301.

8. Richard Schragger, *City Power: Urban Governance in a Global Age* (New York: Oxford University Press, 2016).

9. Peter Ganong and Daniel Shoag, “Why Has Regional Income Convergence in the U.S. Declined?” *Journal of Urban Economics* 102 (2017): 76–90.

10. Enrico Moretti, *The New Geography of Jobs* (New York: Mariner Books, 2013).

11. Richard Florida, *The New Urban Crisis: How Our Cities Are Increasing Inequality, Deepen-ing Segregation, and Failing the Middle Class—and What We Can Do about It* (New York: Basic Books, 2017).

12. Dan Woodman and Johannah Wyn, “Class, Gender and Generation Matter: Using the Concept of Social Generation to Study Inequality and Social Change,” *Journal of Youth Studies* 18 (2015): 1402–10.

13. Joan Williams, *White Working Class: Overcoming Class Cluelessness in America.* (Cambridge, MA: Harvard Business Review Press, 2017).

14. Greg Martin, *Understanding Social Movements* (New York:

Routledge, 2015).

15. Robert Fishman, *Bourgeois Utopias: The Rise and Fall of Suburbia* (New York: Basic Books, 1987).

16. Dolores Hayden, *Building Suburbia: Green Fields and Urban Growth 1820–2000* (New York: Vintage, 2004).

17. Thomas Sugrue, *The Origins of the Urban Crisis: Race and Inequality in Postwar Detroit* (Princeton, NJ: Princeton University Press, 2014).

18. William Julius Wilson, *The Truly Disadvantaged: The Inner City, the Underclass, and Public Policy* (1987; repr. Chicago: University of Chicago Press, 1990).

19. David I. Kertzer. "Generation as a Sociological Problem," *Annual Review of Sociology* 9 (1983): 125–49.

20. Joshua Bloom and Waldo Martin, *Black against Empire: The History and Politics of the Black Panther Party*, George Gund Foundation Imprint in African American Studies (Berkeley: University of California Press, 2016).

21. Setha Low, *Behind the Gates: Life, Security, and the Pursuit of Happiness in Fortress America* (New York: Routledge, 2004).

22. Sugrue, *The Origins of the Urban Crisis: Race and Inequality in Postwar Detroit.*

23. Robert Fogelson. *Bourgeois Nightmares: Suburbia, 1870–1930* (New Haven, CT: Yale University Press, 2007).

24. Richard Rothstein. *The Color of Law: A Forgotten History of How our Government Segregated America* (New York: Liveright, 2017).

25. Low, *Behind the Gates.*

26. Sugrue, *Origins of the Urban Crisis.*

27. US Census Bureau Quick Facts, 2019.

28. Brian McCabe, *No Place Like Home: Wealth, Community, and the Politics of Homeownership* (New York: Oxford University Press, 2016).

29. Low, *Behind the Gates.*

30. Eranti, “Re-visiting NIMBY.”

31. McCabe, *No Place Like Home*.

32. Ulrich Beck, *Risk Society: Towards a New Modernity* (London: Sage, 1992).

33. Steven Conn, *Americans against the City: Anti-urbanism in the Twentieth Century* (New York: Oxford University Press, 2014).

34. Sharon Zukin, *Naked City: The Death and Life of Authentic Urban Places* (New York: Oxford University Press, 2009).

35. Saskia Sassen, *Cities in a World Economy* (New York: Sage, 1994).

36. Zukin, *Naked City*.

37. Jane Jacobs, *The Death and Life of Great American Cities* (New York: Vintage, 1991).

38. Florida, *New Urban Crisis*.

39. Meagan M. Ehlenz, Deirdre Pfeiffer, and Genevieve Pearthree, “Downtown Revitalization in the Era of Millennials: How Developer Perceptions of Millennial Market Demands Are Shaping Urban Landscapes,” *Urban Geography* 41, no. 1 (2020): 79–102.

40. Markus Moos, “From Gentrification to Youthification? The Increasing Importance of Young Age in Delineating High-Density Living,” *Urban Studies* 53, no. 14 (2016): 2903–20.

41. Choi et al., “Millennial Homeownership.”

42. Richard Fry, “Gen X Rebounds as the Only Generation to Recover the Wealth Lost after the Housing Crash,” Pew Research Center, 2018, http://www.pewresearch.org/fact-tank/2018/07/23 /gen-x-rebounds-as-the-only-generation-to-recover-the-wealth-lost-after-the-housing-crash/.

43. Reid Cramer, “Framing the Millennial Wealth Gap: Demographic Realities and Diver-gent Trajectories,” New America Report, 2016, https://www.newamerica.org/millennials/reports /emerging-millennial-wealth-gap/framing-the-millennial-wealth-gap-demographic-realities-and-divergent-trajectories/.

44. David Owen, *Green Metropolis: What the City Can Teach the Country about True Sustain-ability* (New York: Riverhead Books, 2010).

45. Nick Gallent, "Re-connecting 'People and Planning' : Parish Plans and the English Local-ism Agenda," *Town Planning Review* 84, no. 3 (2013): 371–96.

46. Martin, *Understanding Social Movements*.

47. Ibid.

48. Katherine VanHoose and Federico Savini, "The Social Capital of Urban Activism: Practices in London and Amsterdam," *City* 21, no. 3–4 (2017): 293–311.

49. Harris, *Kids These Days*.

50. Alan France and Steven Roberts, The Problem of Social Generations: A Critique of the New Emerging Orthodoxy in Youth Studies, *Journal of Youth Studies* 18 (2015): 215–30.

51. Stephen Halebsky, "Explaining the Outcomes of Anti-superstore Movements: A Comparative Analysis of Six Communities," *Mobilization* 11, no. 4 (2006): 443– 60.

52. Eric Klinenberg, *Palaces for the People: How Social Infrastructure Can Help Fight Inequality, Polarization, and the Decline of Civic Life* (New York: Crown, 2018).

53. Elijah Anderson *The Cosmopolitan Canopy: Race and Civility in Everyday Life* (New York:W. W. Norton, 2011).

54. Martin, *Understanding Social Movements*.

55. Logan and Molotch, *Urban Fortunes*.

56. Wilson, *The Truly Disadvantaged*.

57. McCabe, *No Place Like Home*.

58. France and Roberts, "The Problem of Social Generations."

59. Conn, *Americans against the City*.

60. Daniel Aldana Cohen, "A Green New Deal for Housing," *Jacobin*, February 8, 2019.

61. Martin, *Understanding Social Movements*.

62. Williams, *White Working Class*.

63. Japonica Brown-Saracino, *A Neighborhood That Never Changes: Gentrification, Social Preservation, and the Search for Authenticity* (Chicago: University of Chicago Press, 2010).

64. Fry, “Gen X Rebounds.”

65. Imogen Tyler, “Classificatory Struggles: Class, Culture, and Inequality in Neoliberal Times,” *Sociological Review* 63, no. 2 (2015): 493–511.

66. Sasse, *Vanishing American Adult*.

67. Harris, *Kids These Days*.

68. France and Roberts, “The Problem of Social Generations.”

69. 关于远离沿海地区的老一辈房主围绕洪水测绘和公平过渡的类似讨论，请参见 Rebecca Elliott, *Underwater: Loss, Flood Insurance, and the Moral Economy of Climate Change in the United States* (New York: Columbia University Press, 2021).

70. Richard Sennett and Jonathan Cobb, *The Hidden Injuries of Class* (New York: W. W. Nor-ton, 1972).

71. Brown-Saracino, *A Neighborhood That Never Changes*.

第 3 章　在岩石和绿化带之间：博尔德的住房保障与环保主义行动

1. “Bikes in Boulder,” City of Boulder, Colorado, accessed June 2020, https://bouldercolorado .gov/goboulder/bike.

2. Michael Roberts, “Only in Boulder: Almost a Decade of Pet Guardianship,” *Westword*, March 30, 2009, https://www.westword.com/news/only-in-boulder-almost-a-decade-of-pet-guardianship-5906222.

3. Zillow data, https://www.zillow.com/boulder-co/home-values/.

4. Marc Perry, “Population Growth in the 1990s: Patterns within the United States,” *Popula-tion Research and Policy Review* 21, no. 1/2 (April

2002): 55–71.

5. City of Boulder, Open Space and Mountain Parks, Department Information, https:// bouldercolorado.gov/osmp/department-information-and-osmp-history.

6. John Grindrod, *Outskirts: Living Life on the Edge of the Green Belt* (London: Sceptre, 2017).

7. Housing Colorado, "Paycheck to Paycheck: Colorado Report —May 2019," https://cdn .ymaws.com/www.housingcolorado.org/resource/resmgr/paycheck_to_paycheck_report /Paycheck_to_Paycheck_May_201.pdf.

8. 这种说法并不新颖，但是"可以在我的后院"将其用于动员千禧一代。居住密度一直是城市规划的首要关切。 See Colin McFarlane, "De/re-densification," *City* 24, no. 1–2 (2020): 314–24.

9. David Owen, *Green Metropolis: What the City Can Teach the Country about True Sustainability* (New York: Riverhead, 2009).

10. Dorceta Taylor, *The Rise of the American Conservation Movement: Power, Privilege, and Environmental Protection* (Durham, NC: Duke University Press, 2016).

11. Peter Dauvergne, *Environmentalism of the Rich* (Cambridge, MA: MIT Press, 2016).

12. Richard C. Schragger, *City Power: Urban Governance in a Global Age* (New York: Oxford University Press, 2016).

13. Grindrod, *Outskirts*, 147.

14. Stanley Buder, *Visionaries and Planners: The Garden City Movement and the Modern Community* (New York: Oxford University Press, 1990).

15. Peter Hall and Colin Ward, *Sociable Cities: The Legacy of Ebenezer Howard* (New York: Wiley, 1999).

16. Buder, *Visionaries and Planners.*

17. Steven Conn, *Americans against the City: Anti-urbanism in the Twentieth Century* (New York: Oxford University Press, 2014).

18. Joseph L. Arnold, *The New Deal in the Suburbs: A History of the Greenbelt Town Program, 1935–1954* (Columbus: Ohio State University Press, 1971).

19. Phoebe Cutler, *The Public Landscape of the New Deal* (New Haven, CT: Yale University Press, 1985).

20. Kenneth T. Jackson, *Crabgrass Frontier: The Suburbanization of the United States* (New York: Oxford University Press, 1987).

21. Mike Davis, *Ecology of Fear: Los Angeles and the Imagination of Disaster* (New York: Vintage, 1999).

22. Grindrod, *Outskirts.*

23. Franklin R. Moore, “Proprietary Patterns,” *South Boulder Creek: A Feasibility Study* (1968), pamphlet in Carnegie Local History Library, Boulder, CO.

24. Robert Gottlieb, *Forcing the Spring: The Transformation of the American Environmental Movement* (Washington DC: Island Press, 2005).

25. City of Boulder, *Lessons from the Greenbelt Program* (1971), pamphlet in Carnegie Local History Library, Boulder, CO.

26. “The Greenbelt: How Much Is Enough?” *Daily Camera*, May 14, 1987.

27. Andrew Needham, *Power Lines: Phoenix and the Making of the Modern Southwest* (Prince-ton, NJ: Princeton University Press, 2014).

28. Conn, *Americans against the City.*

29. 这个大厅可追溯至 1898 年，当时设有公共表演场地。这是 19 世纪末风靡美国的社区文化充实计划——肖陶扩运动的一部分。

30. Bob McKelvey, 2002, Oral History Project, Carnegie Local History Library, Boulder, CO.

31. Taylor, *Rise of the American Conservation Movement.*

32. Robyn Eckersley, *The Green State: Rethinking Democracy and Sovereignty* (Cambridge, MA: MIT Press, 2004).

33. Ruth M. Wright, 1978, Oral History Project, Carnegie Local History

Library, Boulder, CO.

34. "Greenbelt Conference Planned," *Town and County Shopper*, June 22, 1967.

35. Boulder, *Lessons from the Greenbelt Program*.

36. "Greenbelts Committee Endorses Charter Change," *Daily Camera*, September 23, 1969, 10.

37. "Greenbelt Offer Rejected by Lack of Council Action," *Daily Camera*, October 16, 1968.

38. "Open Space Concept Wins Council Support," *Daily Camera*, November 22, 1968.

39. "Greenbelt Offer Rejected by Lack of Council Action," *Daily Camera*, October 16, 1968.

40. Feasibility study (1968), Greenbelt File Archive, Carnegie Local History Library, Boulder, CO.

41. "Greenbelt Program in Grave Trouble," *Daily Camera*, May 2, 1974.

42. Gottlieb, *Forcing the Spring.*

43. Alison Bashford, *Global Population: History, Geopolitics, and Life on Earth* (New York: Columbia University Press, 2014).

44. 科罗拉多大学建造的几栋居民楼是一个重要的例外情况，当时运用了其作为国家机构的地位，单方面推翻地方规划法规，引发当地居民不满。

45. Clay Evans, "25 Years Later, Boulder Is at a Turning Point," *Daily Camera*, January 28, 1996, 1.

46. "The Greenbelt: How Much Is Enough?" *Daily Camera*, May 14, 1987.

47. Gottlieb, *Forcing the Spring.*

48. Mary Riddel, "Housing Market Dynamics under Stochastic Growth: An Application to the Housing Market in Boulder, Colorado," *Journal of Regional Science* 40, no. 4 (2000): 771–88.

49. KatharineJ. Jackson, "The Need for Regional Management of

Growth: Boulder, Colorado, as a Case Study," *Urban Lawyer* 37 no. 2 (2005): 299–322.

50. See Max Besbris, *Upsold: Real Estate Agents, Prices, and Neighborhood Inequality* (Chicago: University of Chicago Press, 2020).

51. "Renter Cost Burdens, Metropolitan and Micropolitan Areas," Joint Center for Housing Stud-ies, Harvard University, 2016.

52. Paul Danish, "Boulder's Insane Densification," *Boulder Weekly*, April 16, 2015.

53. 虽然博尔德和郊区之间现在有公交线路连接，但是使用率不高。区域交通区（博尔德 - 丹佛公交和铁路系统）在维持乘客量、开通新铁路线和保持价格竞争力上都遇到了困难。Angela Evans, "RTD Says Frequent Riders Should Pay the Highest Prices," *Boulder Weekly*, April 25, 2019.

54. "Boulder's Growth: A Succinct History," Livable Boulder, accessed June 2020.

55. Kriston Capps, "14 Incredible Objections to a Single Boulder Housing Development," *Bloomberg CityLab*, January 7, 2016.

56. Eric Budd, "Boulder Could Enshrine Class and Race Exclusion into Its City Charter," *Articulate Discontent*, October 19, 2015.

57. "Latinos in the 2016 Election: Colorado," Pew Research Center, 2016. Chelsea Castellano and Eric Budd, "Boulder Can Choose Compassion over Exclusion," *Boulder Weekly*, November 24, 2021.

第 4 章　独特的怪异气质：奥斯汀为平房而战

1. Mary Patillo, *Black on the Block: The Politics of Race and Class in the City* (Chicago: University of Chicago Press, 2007); Japonica Brown-Saracino, *A Neighborhood That Never Changes: Gentrifica-tion, Social Preservation, and the Search for Authenticity* (Chicago: University of Chicago Press, 2009).

2. Sharon Zukin, *Naked City: The Death and Life of Authentic Urban*

Places (New York: Oxford University Press, 2009).

3. James Howard Kunstler, *The Geography of Nowhere: The Rise and Decline of America's Man Made Landscape* (New York: Simon and Schuster, 1994).

4. Ferdinand Tönnies, *Tönnies: Community and Civil Society* (New York: Cambridge Uni-versity Press, 2012); Max Weber, *Economy and Society*, vol. 2 (Berkeley: University of California Press, 1978).

5. Eric Klinenberg, *Heat Wave: A Social Autopsy of Disaster in Chicago* (Chicago: University of Chicago Press, 2002); Rebecca Solnit, *A Paradise Builtin Hell: The Extraordinary Communities That Arise in Disaster* (New York: Penguin, 2009).

6. Sylvie Tissot, *Good Neighbors: Gentrifying Diversity in Boston's South End* (New York: Verso, 2015).

7. Patrick Sharkey, *Stuck in Place: Urban Neighborhoods and the End of Progress toward Racial Equality* (Chicago: University of Chicago Press, 2013), 60.

8. Benjamin Ross, *Dead End: Suburban Sprawl and the Rebirth of American Urbanism* (New York: Oxford University Press, 2014), 30.

9. Rachel Feit, "The Ghost of Developers Past," *Austin Chronicle*, May 25, 2012.

10. Will Anderson, "Austin's Population Keeps Popping; Here's How Many People Are Added Each Day," *Austin Business Journal*, March 22, 2018.

11. "Imagine Austin," City of Austin, TX, accessed June 2020.

12. Matt Largey, "A Word about Your Responses to Our CodeNEXT Language Story," KUT 90.5 Radio, December 14, 2017.

13. Aubrey Byron, "CodeNEXT or None, Austin Has an Identity Crisis," *Strong Towns*, September 17, 2018.

14. Syeda Hasan, "Austin City Council Votes Unanimously to Scrap CodeNEXT," KUT 90.5 Radio, August 9, 2018.

15. Heather Way, Elizabeth Mueller, and Jake Wegmann, "Uprooted:

Residential Displacement in Austin's Gentrifying Neighborhoods and What Can Be Done about It?" report, University of Texas at Austin Center for Sustainable Development, 2018.

16. Joshua Long, *Weird City: Sense of Place and Creative Resistance in Austin* (Austin: University of Texas Press, 2010).

17. Richard Lloyd, *Neo-Bohemia: Art and Commerce in the Postindustrial City* (New York: Routledge, 2010).

18. Zukin, *Naked City*, 3.

19. Corrie Maclaggan, "Austin's Black Population Leaving City, Report Says," *New York Times*, July 17, 2014.

20. Richard Florida, *The Rise of the Creative Class* (New York: Hachette, 2019).

21. Long, *Weird City*.

22. "The Economic Impact of the Creative Sector in Austin," Record Industry Association of America, 2020.

23. William Scott Swearingen, *Environmental City: People, Place, Politics, and the Meaning of Modern Austin* (Austin: University of Texas Press, 2010).

24. Jed Kolko, "Seattle Climbs but Austin Sprawls: The Myth of the Return to Cities," *New York Times*, May 22, 2017.

25. Florida, *Creative Class*.

26. Long, *Weird City*.

27. F. Steiner, "Envision Central Texas," in *Emergent Urbanism: Evolution in Urban Form, Texas*, ed. S. Black, F. Steiner, M. Ballas, and J. Gipson (Austin: University of Texas, School of Architecture, 2008); Reid Ewing and Shima Hamidi, "Measuring Sprawl 2014," *Smart Growth America*, April 2014.

28. Way, Mueller, and Wegmann, "Uprooted," 88.

29. Elizabeth Findell, "Latest Debate about Merits, Demerits of CodeNEXT Hits Usual Points," *Austin American Statesman*, May 30, 2018.

30. David Harvey, *Rebel Cities: From the Right to the City to the Urban*

Revolution (New York: Verso, 2012).

31. "Imagine Austin Population and Jobs Forecast," City of Austin, TX, accessed June 2020.

32. Eric Tang, "Those Who Left," UT Report.

33. Neil Smith, *The New Urban Frontier: Gentrification and the Revanchist City* (New York: Routledge, 1996).

34. Andrew Busch, "Building 'A City of Upper-Middle-Class Citizens': Labor Markets, Segregation, and Growth in Austin, Texas, 1950–1973," *Journal of Urban History* 39, no. 5 (September 2013): 975–96.

35. Mike Clark-Madison, "What's Wrong with Public Housing?" *Austin Chronicle,* August 21, 2001.

36. Eliot M. Tretter, "Contesting Sustainability: 'SMART Growth' and the Redevelopment of Austin's Eastside," *InternationalJournal of Urban and Regional Research* 37, no. 1: 297–310.

37. Cecilia Ballí, "What Nobody Says about Austin," *Texas Monthly*, February 2013.

38. Javier Auyero (ed.), *Invisible in Austin: Life and Labor in an American City* (Austin: University of Texas Press, 2015).

39. Ross, *Dead End,* 95.

40. Keeanga-Yamahtta Taylor, *Race for Profit: How Banks and the Real Estate Industry Under-mined Black Homeownership* (Chapel Hill: University of North Carolina Press, 2019).

41. Auyero, *Invisible in Austin.*

42. Ken Herman, "What's Next for Rosewood Courts," *Statesman*, April 13, 2018.

43. Tang, "Those Who Left."

44. Nick Barbaro, "Public Notice: Planning for Better Plans," *Austin Chronicle*, November 18, 2016.

45. Jane Jacobs, *The Death and Life of Great American Cities* (New York: Random House, 2011).

46. Michael King, “Ambiguous Oracle: Company’s New Austin Campus Displaces Longtime Residents,” *Austin Chronicle*, December 29, 2015.

47. Peter Tatian, G. Kingsley, Joseph Parilla, and Rolf Pendal, “Building Successful Neigh-borhoods,” What Works Collaborative, April 2012.

48. Way, Mueller, and Wegmann, “Uprooted,” 57.

49. Derek Hyra, “The Back-to-the-City Movement: Neighbourhood Redevelopment and Processes of Political and Cultural Displacement,” *Urban Studies* 52, no. 10 (August 2015): 1753–73.

50. Ross, *Dead End.*

51. Kate McGee, “One Mile and One Week Apart, Two Brothers Meet Similar Fates Walking in Austin” KUT 90.5 Radio, May 10, 2016.

52. “Why Austin’s ‘Rail Fail’ in 2000 Still Resonates Today,” KUT 90.5 Radio, October 1, 2014.

53. Eric Goff, “Is the Prop1 PAC running a campaign for Republican Rail?” *Aura: An Austinfor Everyone*, October 21, 2014.

54. Henry Grabar, “The 20-Lane Highway Texas Wants to Force through Austin,” *Slate*, Octo-ber 19, 2021.

55. Goff, “Is the Prop1 PAC running a campaign.”

56. Aubrey Byron, “CodeNEXT or None,” *Strong Towns*, September 17, 2018.

57. Aura: An Austin for Everyone (@AURAatx), “In the next 25 years, 650 square miles of currently rural area will be paved over to become suburban and urban,” Twitter, June 18, 2018.

58. Brandon Formby, “Austin Group Aims to Reframe Debates around City’s Growth, Development,” *Texas Tribune*, April 12, 2017.

59. Elizabeth Megan Shannon, “Quantifying the Impacts of Regulatory Delay on Housing Affordability and Quality in Austin, Texas” (master’s thesis, University of Texas at Austin, 2015), https://repositories.lib.utexas.edu/handle/2152/32194.

60. Brian McCabe, *No Place Like Home: Wealth, Community and the*

Politics of Homeownership (New York: Oxford University Press, 2016).

61. Ananya Roy, quoted in an interview with Jay Caspian Kang, "Want to Solve the Housing Crisis? Take Over Hotels," *New York Times*.

62. Denise Scott Brown, Robert Venturi, and Steven Izenour, *Learning from Las Vegas: The Forgotten Symbolism of Architectural Form* (Cambridge, MA: MIT Press, 1977).

第 5 章 "可以在我的后院"主义走向世界

1. Calla Wahlquist, "Melbourne 'World' s Most Livable City'for Seventh Year Running," *Guardian*, August 16, 2017.

2. Michael Stutchbury, "The Luckiest Country," *World Policy Journal* 28, no. 1 (2011): 41–51.

3. Craig Butt and Jamie Brown, "Melbourne House Prices: Million-Dollar Suburbs Mapped," *Domain*, August 5, 2017.

4. "Homelessness Statistics," Homelessness Australia, accessed June 2020, https://www.homelessnessaustralia.org.au/about/homelessness-statistics.

5. "The Impact of COVID-19 on Australia's Residential Property Market," KPMG Economics, 2021, https://assets.kpmg/content/dam/kpmg/au/pdf/2021/covid-impact-australia-residential-property-market.pdf.

6. Kate Raynor and Laura Panza, "The Impact of COVID-19 on Victorian Share Households," University of Melbourne Hallmark Research Initiative for Affordable Housing, 2020, https:// research.unimelb.edu.au/__data/assets/pdf_file/0028/165934/The-impact-of-COVID-19-on-Victorian-share-households.pdf.

7. Roger Keil, *Suburban Planet: Making the World Urban from the Outside In* (New York: Wiley, 2017).

8. "How Diverse Is My Suburb?" *SBS News*, accessed June 2020, https://www.sbs.com.au /news/interactive/how-diverse-is-my-suburb.

9. Glen Searle and Crystal Legacy, "Australian Mega Transport Business Cases: Missing Costs and Benefits," *Urban Policy and Research* 37, no. 4

(2019): 458–73.

10. Lizabeth Cohen, *SavingAmerica's Cities: Ed Logue and the Struggle to Renew Urban America in the Suburban Age* (New York: Farrar, Straus and Giroux, 2019).

11. Setha Low, *Behind the Gates: Life, Security, and the Pursuit of Happiness in Fortress America* (New York: Routledge, 2004); and Dolores Hayden, *Building Suburbia: Green Fields and Urban Growth, 1820–2000* (New York: Pantheon Books, 2003).

12. Thomas Brinkhoff, “City Population, Malmö,” accessed June 2020.

13. John Logan and Harvey Molotch, *Urban Fortunes: The Political Economy of Place* (Berke-ley: University of California Press, 2007).

14. Loïc Wacquant, *Urban Outcasts: A Comparative Sociology of Advanced Marginality* (London: Polity, 2007).

15. Quoted in Paul Theroux, “The Last Man of Letters,” *New York Times Books*, May 25, 1997, https://archive.nytimes.com/www.nytimes.com/books/97/05/25/bookend/bookend.html.

16. Douglas Stuart, *Shuggie Bain* (New York: Grove, 2020).

17. Bristol YIMBY website, via Wayback Machine, https://web .archive.org /web /20190509135600/https://bristolyimby.com/.

18. Samuel Stein, *Capital City: Gentrification and the RealEstate State* (New York: Verso, 2019).

19. 这或多或少与激进规划中的参与新理念形成对比，激进规划要求通过规划活动重振民主实践，并不会经常在规划委员会面前表现出的敌意。与此同时，“可以在我的后院”运动人士更喜欢在规划会议上激起敌意并从中受益；Andy Inch, “Ordinary Citizens and the Political Cultures of Planning: In Search of the Subject of a New Democratic Ethos,” *Planning Theory* 14, no. 4 (2015): 404–24.

20. Peter Hall, “The Containment of Urban England,” *Geographical-Journal* 140, no. 3 (1974), pp. 386–408.

21. Emily Badger and Quoctrung Bui, “Cities Start to Question an

American Ideal: A House with a Yard on Every Lot," *New York Times*.

22. George Orwell, *The Road to Wigan Pier* (Manchester: Macmillan, 2021).

23. Andrew Gamble, *The Free Economy and the Strong State: The Politics of Thatcherism* (London: Palgrave Macmillan, 1988); Bob Jessop, "New Labour or the Normalization of Neo-liberalism?" *British Politics* 2, no. 2 (2007): 282–88.

24. Alan Holmans, "Historical Statistics of Housing in Britain," Cambridge Centre for Housing & Planning Research, November 2005.

25. "Housing and Home Ownership in the UK," Office for National Statistics, January 22, 2015.

26. Robert Booth, "Tory MPs Back Plan to Give People a Vote on New Housing in Their Areas," *Guardian*, October 25, 2021.

27. "Living Longer: Changes in Housing Tenure over Time," *Office for National Statistics*, February 10, 2020.

28. Although in many areas, including London, the greenbelt continues to protect public land, but growth has gone far beyond it.

29. "Housing Crisis Affects Estimated 8.4 Million in England," *BBC News*, September 23, 2019, https://www.bbc.com/news/uk-49787913.

30. Stanley Buder, *Visionaries and Planners: The Garden City Movement and the Modern Com-munity* (New York: Oxford University Press, 1990); Marco Amati and Makoto Yokohari, "The Establishment of the London Greenbelt: Reaching Consensus over Purchasing Land," *Journal of Planning History* 6, no. 4 (2007): 311–37.

31. Department for Work and Pensions, *Households Below Average Income, 1994/95–2017/18* [data collection], 13th ed. (UK Data Service 2019), SN: 5828.

32. Saskia Sassen, *The Global City: New York, London, Tokyo* (Princeton, NJ: Princeton Uni-versity Press, 2013).

33. "House Price Statistics," UK House Price Index, accessed April

2020.

34. “Regional Gross Disposable Household Income: 1997 to 2017,” Office for National Statistics, May 22, 2019.

35. Philomena Murray and Alex Brianson, “Rethinking Britain’s Role in a Differentiated Europe after Brexit: A Comparative Regionalism Perspective,” *JCMS: Journal of Common Mar-ket Studies* 57 (2019): 1431–42.

36. Stutchbury, “Luckiest Country.”

37. Su-Lin Tan, “Chinese Investment in Real Estate Grows to $32b: FIRB,” *Australian Finan-cial Review*, May 9, 2017.

38. John Budarick, “Media Outlets Are Racialising Melbourne’s ‘African Gang’ Problem,” *ABC News*, August 2, 2018.

39. Ben Graham, “Pauline Hanson Axed from Channel 9 after Towers Rant,” News.com.au, July 6, 2020.

40. Besha Rodell, “Melbourne Haggles over the Future of Its Most Popular Market,” *New York Times*, June 12, 2017.

41. Graeme Davison, *City Dreamers: The Urban Imagination in Australia* (Sydney: New South Books, 2016).

42. Paul Mees and Lucy Groenhart, “Travel to Work in Australian Cities: 1976–2011,” *Austra-lian Planner* 51, no. 1 (2014): 66–75.

43. Kenneth T. Jackson, *Crabgrass Frontier: The Suburbanization of the United States* (New York: Oxford University Press, 1987); Neil Smith, *The New Urban Frontier: Gentrification and the Revanchist City* (New York: Routledge, 1996).

44. Robin Boyd, *The Australian Ugliness* (Melbourne: Text Publishing, 2012), 93.

45. Ibid., 100.

46. Joy Damousi, “Assimilation in Modern Australia,” in *Memory and Migration in the Shadow of War: Australia’s Greek Immigrants after World War II and the Greek Civil War* (Cambridge: Cambridge University Press, 2015): 73–74.

47. Davison, City Dreamers.

48. Jana Perković, "Six-Pack Living: Type Street Apartment," *Assemble Papers*, accessed June 2020, https://assemblepapers.com.au/2019/07/16/six-pack-living-type-street-apartment/.

49. Frank Bongiorno, *The Eighties: The Decade That Transformed Australia* (Melbourne: Black Inc. Books, 2017).

50. Ian W. McLean, *Why Australia Prospered: The Shifting Sources of Economic Growth* (Prince-ton, NJ: Princeton University Press, 2012).

51. Lindsay Bennett, "Weekend Newspaper 'Renaissance' : Domain Magazine Hits Record 1.6m Readers" *AdNews*, August 29, 2017.

52. Sam Levin, "Millionaire Tells Millennials: If You Want a House, Stop Buying Avocado Toast," *Guardian*, May 16, 2017.

53. Linda Qiu and Daniel Victor, "Fact-checking a Mogul's Claims about Avocado Toast, Millennials and Home Buying," *New York Times*, May 15, 2017.

54. Simon Johanson, "Chinese Investors Are Pushing into Melbourne and Sydney," *The Age*, October 11, 2014.

55. Simon Johanson, "Up to Half of Chinese Buyers Leave Apartments Vacant," *The Age*, August 22, 2017. 这个问题在美国也很明显：请参见 Jake Wegmann, "Residenceswithout Residents: Assessing the Geography of Ghost Dwellings in Big U.S. Cities,"*Journal of Urban Affairs* 42, no. 8 (2020): 1103–24.

56. Alanna Boyd, *Astronaut Families and Parachute Children: The Cycle of Migration of Chi-nese Business Migrants in Melbourne* (unpublished master's thesis, University of Melbourne, 2005); Val Colic-Peisker and Ling Deng, "Chinese Business Migrants in Australia: Middle-Class Transnationalism and 'Dual Embeddedness,'" *Journal of Sociology* 55, no. 2 (June 2019): 234–51; David Ley, *Millionaire Migrants: Trans-Pacific Life Lines* (New York: Wiley, 2010).

57. Heidi Han, "Chinese-Australian Real Estate Billboard Defaced with

Anti-Asian Posters in Sydney," *SBS Mandarin*, February 23, 2017.

58. "Pauline Hanson's 1996 Maiden Speech to Parliament: Full Transcript," *Sydney Morning Herald*, September 15, 2016.

59. "2016 Census QuickStats—Box Hill (Vic)," Australian Bureau of Statistics, accessed June 2020.

60. Ceridwen Spark, "Ignored, Discounted, Not Taken Seriously: This Is Life in Melbourne's West," *Sydney Morning Herald*, January 8, 2011.

61. Kathy Lord, "Sudanese Gangs a 'Real Concern' in Melbourne, Prime Minister Malcolm Turnbull Says," *ABC News*, July 17, 2018.

62. "Trump's Ambassador to Netherlands Finally Admits 'No-Go Zone' Claims," *BBC News*, January 12, 2018.

63. Calla Wahlquist, "Is Melbourne in the Grip of African Crime Gangs? The Facts behind the Lurid Headlines," *Guardian*, January 3, 2018.

64. Luke Henriques-Gomes, "South Sudanese Australians Report Racial Abuse Intensi-fied after 'African Gangs' Claims," *Guardian*, November 4, 2018.

65. "Gun-toting Preacher Says Deport Sudanese Gangs," *Sunshine Coast Daily*, September 6, 2018.

66. Victor ian Depar tment of Planning , "Housing Development Data 2005 to 2016—Metropolitan Melbourne," September 2020.

67. Sharon Zukin, *Loft Living: Culture and Capital in Urban Change* (New Brunswick, NJ: Rutgers University Press, 1989); Richard Lloyd, *Neo-Bohemia: Art and Commerce in the Postin-dustrial City* (New York: Routledge, 2010).

68. "2016 Census QuickStats: Footscray," Australian Bureau of Statistics, accessed June 2020.

69. "Suburb Profile: Footscray," *Domain*, accessed June 2020.

70. "Building More Social Housing in Melbourne's West," Office of the Premier of Victoria,June 2020.

71. Kate Russell, "Two Sides of the Coin—The Launch Housing Project Debate (Pt. 1)," *Westsider*, May 11, 2017.

72. Sharon Bradley, "'Having to Ask for Somewhere to Live, It's Difficult Indeed' : Single, Female, Homeless. Australia's Shameful Crisis," *Sydney Morning Herald*, February 8, 2020.

73. Matthew Palm, Katrina Raynor, and Carolyn Whitzman, "Project 30,000: Producing Social and Affordable Housing on Government Land," working paper, University of Melbourne School of Design, 2018.

74. Ramon Oldenburg and Dennis Brissett, "The Third Place," *Qualitative Sociology* 5 (1982): 265–84; Paul Hickman, "'Third Places' and Social Interaction in Deprived Neighbourhoods in Great Britain," *Journal of Housing and the Built Environment* 28 (2013): 221–36.

75. "Australia's Changing Industry Structure," Australian Jobs Report, Australian Government, June 2020.

76. Timothy Moore, "Flat White Urbanism," *Conversation*, June 2, 2017.

77. Tony Dalton, "Another Suburban Transition? Responding to Climate Change in the Aus-tralian Suburbs," in *Urban Sustainability Transitions: Theory and Practice of Urban Sustainability Transitions*, ed. T. Moore, F. de Haan, R. Horne, and B. Gleeson (Singapore: Springer, 2018).

78. Timothy Neale, Jessica K. Weir, and Tara K. McGee, "Knowing Wildfire Risk: Scientific Interactions with Risk Mitigation Policy and Practice in Victoria, Australia," *Geoforum* 72 (2016):16–25.

79. Jamie Tarabay, "Why These Fires Are Like Nothing We've Seen Before," *New York Times*, January 21, 2020.

80. Margaret Cook, *A River with a City Problem: A History of Brisbane Floods* (Brisbane: University of Queensland Press, 2019).

81. "Regional Population Growth, Australia 2018–2019," Australian Bureau of Statistics, March 25, 2020.

82. Brian Bennion, "Residents Angered after Disputed Unit Development Approved," *Courier Mail*, July 6, 2017.

83. Residential Statistics, Queensland State Government Department of Housing and Public Works.

84. Evgeny Morozov, *To Save Everything, Click Here: The Folly of Technological Solutionism* (New York: Public Affairs, 2013).

85. Richard A. Walker, *Pictures of a Gone City: Tech and the Dark Side of Prosperity in the San Francisco Bay Area* (Oakland, CA: PM Press, 2018).

结语

1. Caitlin Oprysko, “In grievance-filled speech, St. Louis couple warn of chaos in the suburbs if Democrats elected,” *Politico*, August 24, 2020.

2. Colin Gordon, *Mapping Decline: St. Louis and the Fate of the American City* (Philadelphia: University of Pennsylvania Press, 2009).

3. Joe Holleman, “Spotlight: Cocktails at Archbishop’s House Builds Interest in Family His-tory,” *St. Louis Post-Dispatch*, June 25, 2017.

4. Colin McFarlane, “Repopulating Density: COVID-19 and the Politics of Urban Value.” *Urban Studies*, June 2021.

5. CNN/SSRS Poll, June 12, 2020, accessed September 2020, http://cdn.cnn.com/cnn/2020 /images/06/12/rel7a.-.reactions.pdf.

6. Stonnington City Council East Ward Candidate Statements, Victorian Electoral Commis-sion Mailer, 2020.

7. Shima Hamidi, Sadegh Sabouri, and Reid Ewing, “Does Density Aggravate the COVID-19 Pandemic?” *Journal of the American Planning Association* 86, no. 4 (2020): 495–509.

8. William H. Frey, “Covid-19’s Recent Spread Shifts to Suburban, Whiter, and More Republican-leaning Areas,” *Brookings*, April 22.

9. Jessica Menton, “Get Me Out of Here! Americans Flee Crowded Cities amid COVID-19, Consider Permanent Moves,” *USA Today*, May 1, 2020.

10. Ian Bogost, “Revenge of the Suburbs,” *Atlantic* June 19, 2020.

11. Brendan Churchill, “COVID-19 and the Immediate Impact on Young People and Employ-ment in Australia: A Gendered Analysis,” *Gender Work Organization* 28 (2021): 783–94.

12. This also involved a renewed emphasis on spatial control in a

number of locations: see Alison Young, “The Limits of the City: Atmospheres of Lockdown,” *BritishJournal of Criminology* 61, no. 4 (2021): 985–1004.

13. Philip Oltermann, “Pop-up Bike Lanes Help with Coronavirus Physical Distancing in Germany,” *Guardian*, April 13, 2020, https://www.theguardian.com/world/2020/apr/13/pop-up-bike-lanes-help-with-coronavirus-social-distancing-in-germany.

14. David Mark, “Australia Is Facing a ‘Once-in-a-lifetime Opportunity’ as Cycling Booms, Advocates Say,” *ABC News*, May 17, 2020, https://www.abc.net.au/news/2020-05-17/coronavirus-brings-once-in-a-lifetime-opportunity-for-cycling/12247870.

15. Eric Klinenberg, *Palaces for the People: How Social Infrastructure Can Help Fight Inequality, Polarization, and the Decline of Civic Life* (New York: Penguin, 2018).

16. Michael Manville, Paavo Monkkonen, Michael Lens, and Richard Green, “COVID-19 and Renter Distress: Evidence from Los Angeles” (UCLA, Lewis Center for Regional Policy Studies, 2020), https://escholarship.org/uc/item/7sv4n7pr.

17. “The State of the Nation’s Housing 2021,” Joint Center for Housing Studies at Harvard University.

18. Miriam Zuk and Karen Chapple, “Housing Production, Filtering and Displacement: Untan-gling the Relationships” (Berkeley: University of California, Institute of Governmental Studies, May 2016).

19. Richard A. Walker, *Pictures of a Gone City: Tech and the Dark Side of Prosperity in the San Francisco Bay Area* (Oakland, CA: PM Press, 2018).

20. Paul M. Ong, Chhandara Pech, and Megan Potter, “California Neighborhoods and COVID-19 Vulnerabilities” (Los Angeles: UCLA Center for Neighborhood Knowledge, October 1, 2020).

21. Jung-eun Lee, “Insularity or Solidarity? The Impacts of Political Opportunity Structure and Social Movement Sector on Alliance Formation,” *Mobilization: An International Quarterly* 16, no. 3: 303–24.

22. Katharine Gammon, “How LA’s Getty Center Built a Fire-proof Fortress for Priceless Art,” *Guardian*, October 29, 2019, https://www.theguardian.com/us-news/2019/oct/28/california-wildfires-getty-fire-museum-art.

23. Rebecca Elliott, “‘Scarier than Another Storm’: Values at Risk in the Mapping and Insuring of U.S. Floodplains,” *British Journal of Sociology* 70, no. 3 (2019): 1067–90.

24. Liz Koslov, “The Case for Retreat,” *Public Culture* 28, no. 2 (2016): 359–87.

25. Abrahm Lustgarten, “How Climate Change Will Reshape America,” *New York Times*, September 15, 2020, https://www.nytimes.com/interactive/2020/09/15/magazine/climate-crisis-migration-america.html.

26. 像记者马修·伊格莱西亚斯（Matthew Yglesias）这样的人认为，增加人口有利于提高美国的福祉。其观点可参考其著作，*One Billion Americans: The Case for Thinking Bigger* (New York: Penguin, 2020). 比利·弗莱明（Billy Flemming）等人就人口稠密的城市进行了更温和的分析，“The 2100 Project:An Atlas for the Green New Deal” (Philadelphia: University of Pennsylvania, McHarg Center, 2020), https://mcharg.upenn.edu/2100-project-atlas-green-new-deal.

27. John Stanley and Roz Hansen, “People Love the Idea of 20-minute Neighbourhoods; So Why Isn’t It Top of the Agenda?” *Conversation*, February 20, 2020.

28. Imogen Tyler, *Stigma: The Machinery of Inequality* (London: Zed Books, 2020).